Harald Jenner / Joachim Kneme (Hg.)

NATIONALSOZIALISTISCHE EUTHANASIEVERBRECHEN UND EINRICHTUNGEN DER INNEREN MISSION

- Eine Übersicht -

Im Auftrag des Verbandes evangelischer
Einrichtungen für Menschen mit geistiger
und seelischer Behinderung e.V.
VEEMB

1997

Redaktion: Harald Jenner

in Zusammenarbeit mit dem
Arbeitskreis Zeitgeschichte des VEEMB:

Christoph Beck
Uwe Kaminsky
Wolf Kätzner
Maria Kiss
Joachim Klieme

Die Deutsche Bibliothek - CIP-Einheitsaufnahme

Nationalsozialistische Euthanasieverbrechen und Einrichtungen der Inneren Mission : eine Übersicht / im Auftr. des Verbandes Evangelischer Einrichtungen für Menschen mit Geistiger und Seelischer Behinderung e.V. VEEMB. Harald Jenner/Joachim Klieme (Hrsg.). - 1. Aufl. - Reutlingen : Diakonie-Verl. ; Stuttgart : VEEMB, 1997
    ISBN 3-930061-45-7

Herausgeber: Harald Jenner, Joachim Klieme im Auftrag des VEEMB,
               Verband evangelischer Einrichtungen für
               Menschen mit geistiger und seelischer Behinderung e.V.
               – Fachverband des Diakonischen Werkes der EKD –
               Postfach 101142, 70010 Stuttgart

Diakonieverlag Reutlingen, 1. Auflage 1997

Herstellung: Graphische Werkstätten der Gustav Werner Stiftung zum Bruderhaus; Reutlingen (Werkstatt für Behinderte)

ISBN 3-930061-45-7

Inhalt

Zum Geleit	*Erich Eltzner, Jürgen Gohde*	7
Vorwort	*Joachim Klieme*	9
Einleitung		11
Zur Terminologie des Handbuches		12
Die Innere Mission und die nationalsozialistischen Krankenmorde		13
	Uwe Kaminsky, Harald Jenner	
Erläuterungen zur Dokumentation der Evangelischen Einrichtungen		33
Die Einrichtungen der Inneren Mission 1933-1945		37
Provinz Hessen-Nassau		39
Hessen-Darmstadt		
	Arolsen	41
	Aue	43
	Frankfurt, Nathalienhaus	45
	Niederramstadt	47
	Oberursel, Hohemark	49
	Scheuern	51
	Treysa	53
Provinz Ostpreußen		55
	Angerburg	57
	Carlshof	59
Reichsgau Danzig-Westpreußen		61
	Bischofswerder	63
Provinz Pommern		65
	Belgard	67
	Kückenmühle	69
Provinz Brandenburg		71
	Erkner	73
	Fürstenwalde	75
	Guben	77
	Hoffnungstal	79
	Züllichau	81
Berlin		83
	Johannesstift	85
	Nikolassee	87
Baden		89
	Kork	91
	Mosbach	93
Württemberg		97
	Grafeneck	99
	Mariaberg	103
	Reutlingen	105

Schwäbisch Hall	107
Stetten	109
Tettnang	113
Wilhelmsdorf	115
Winnenden	117
Mecklenburg	119
Lübtheen	121
Bayern	123
Neuendettelsau	125
Bayrische Pfalz, Saarpfalz, Reichsgau Westmark	127
Landau	129
Rockenhausen	131
Provinz Sachsen und Anhalt	133
Bernburg, St. Johannes	135
Gefell	137
Magdeburg	139
Neinstedt	141
Wernigerode	143
Sachsen	145
Chemnitz	147
Friedeberg	149
Groß Hennersdorf	151
Kleinschweidnitz	153
Klein Wachau	155
Leipzig-Borsdorf	157
Moritzburg	159
Oelsnitz	161
Radebeul	163
Sohland	165
Thüringen	167
Apolda	169
Arnstadt	171
Bad Blankenburg	173
Bad Frankenhausen	175
Finneck/Rastenberg	177
Hohenleuben	179
Quittelsdorf	181
Provinz Hannover	183
Gifhorn	185
Hildesheim	187
Jeggen	189
Rotenburg/Hann.	191

Provinz Schleswig-Holstein	195
Kropp	197
Lübeck	199
Rickling	201
Provinzen Nieder- und Oberschlesien	203
Jauer	205
Kraschnitz	207
Kreuzburg	209
Marklissa-Schadewald	211
Miechowitz	213
Neumarkt	215
Schreiberhau	217
Tomersdorf/Rothenburg	219
Braunschweig	221
Neuerkerode	223
Reichsgau Wartheland	227
Pleschen	229
Tonndorf	231
Rheinprovinz	233
Bad Kreuznach	235
Bielstein	237
Kaiserswerth	239
Lintorf	241
Mönchengladbach	243
Ratingen	247
Remscheid	249
Waldbröl	253
Provinz Westfalen	255
Bethel	257
Lemgo	261
Wittekindshof	263
Hamburg	265
Alsterdorf	267
Anscharhöhe	269
Reichsgau Oberdonau	271
Gallneukirchen	273
Auswertung der Erhebungsergebnisse *Harald Jenner*	275
Bibliographie *Christoph Beck*	291
Die Autoren	320

Zum Geleit

Lebensrecht und Lebenswert, darüber bahnt sich in unserer Gesellschaft wieder ein Streit an. Als Diakonie müssen wir fragen: Wo stehen wir in dieser Diskussion und was bestimmt unser Handeln in der Diakonie gerade im Blick auf Menschen mit Behinderungen? Der Bewahrung und Entfaltung menschlichen Lebens ist diakonische Arbeit verpflichtet. So wahr dieser Satz ist, begleitet uns aber auch die Erinnerung an eine schlimme Vergangenheit, wo dem Wert vom Leben das böse Wort vom "lebensunwerten" Leben gegenüberstand.

Diese Zeit darf nicht verschwiegen, verdrängt und vergessen werden.

Dem Arbeitskreis "Zeitgeschichte" unserer Verbandes ist unter dem Vorsitz von Dr. Klieme zu danken, daß er so beharrlich bei der Sache geblieben ist und unter der Mitarbeit von Dr. Jenner diese Dokumentation vorgelegt hat. Ihre Publikation wird durch einen Druckkostenzuschuß des Diakonischen Werkes der EKD gefördert.

Hinter den Zahlen begegnen uns wieder die Bilder von den grauen Bussen, die Menschen mit Behinderungen aus unseren Einrichtungen abgeholt haben. Jede einzelne Zahl in dieser Dokumentation hat ein eigenes Gesicht eines Menschen mit Behinderungen.

Im Oktober 1939 unterzeichnete Hitler einen auf den 1. September 1939 zurückdatierten Geheimbefehl, daß "bei nach menschlichem Ermessen unheilbar Kranken bei kritischster Beurteilung der Gnadentod gewährt werden kann".

Über 50 Jahre sind ins Land gegangen. Viele, die die Darstellung und Debatte ethischer Fragen in der Bundesrepublik Deutschland aufmerksam verfolgen, fühlen sich zur Zeit erschreckt zurückversetzt in die 20-er und 30-er Jahre. Der Ungeist der Bewertung menschlichen Lebens nach Nützlichkeitserwägungen geht wieder um. Mit neuen wissenschaftlichen Möglichkeiten der Gentechnologie und pränataler Diagnostik werden ethische Entscheidungen gefordert, die die Bewertung von menschlichem Leben zur Folge haben. Die Forderung, Sterbehilfe als passive und aktive Euthanasie zuzulassen, sowie der Vollzug von Abtreibungen von behindertem, ungeborenen Leben, setzt die Bewertung menschlichen Lebens voraus, die mit christlichen Überzeugungen von der bedingungslosen Annahme des Lebens durch Gott unvereinbar ist.

Wir müssen bekennen, daß wir als Diakonie und Kirche nicht immer und überall diesen Anspruch durchgesetzt haben. Wir klagen über das Vergangene und bitten um Vergebung.

Gerade die vorliegende Dokumentation muß uns auffordern, jedem Sog zu widerstehen, der das Recht auf Leben antasten könnte. Die Erinnerung an das Geschehen im 3. Reich ist nicht nur eine Frage der Vergangenheit, sondern hat immer auch etwas mit unserer Gegenwart zu tun.

Jürgen Gohde, Pfarrer 　　　　　　　　Erich Eltzner, Pfarrer
Präsident des Diakonischen Werkes der EKD　　*1. Vorsitzender des VEEMB*

Vorwort

Im Mai 1987 fand in Maria Laach eine Tagung der Evangelischen Akademie Mülheim über Fragen zur Geschichte der Diakonie im "Dritten Reich" statt. In den dortigen Beratungen zeigte es sich, daß vier Jahrzehnte nach dem Ende der NS-Herrschaft noch immer lediglich von einem Teil der diakonischen Einrichtungen fundierte Informationen darüber vorlagen, welches Schicksal ihren Heimbewohnern in Rahmen von Zwangssterilisierung und "Euthanasie" auferlegt worden war. Jochen-Christoph Kaiser regte damals an, die Erarbeitung eines Gesamtüberblickes über die einschlägigen Vorgänge in den betroffenen Einrichtungen der Inneren Mission in Angriff zu nehmen.

Die Realisierung dieses Projektes, die mir wegen der außerordentlichen Komplexität des zu untersuchenden Feldes von vornherein nur als ein Gruppenvorhaben und nicht als Einzelleistung denkbar erschien, wurde dann dadurch möglich, daß der Verband evangelischer Einrichtungen für Menschen mit geistiger und seelischer Behinderung e.V. (VEEMB) die organisatorische und finanzielle Gesamtverantwortung übernahm, einen "Arbeitskreis Zeitgeschichte" berief und den Historiker Dr. Harald Jenner mit der Redaktion des angestrebten Übersichtsbandes beauftragte. Der Verband hat sich mit der Zielsetzung dieses Projektes uneingeschränkt identifiziert und den Erarbeitungsprozeß, der sich durch die z.T. langwierigen Informationskontakte mit über 80 Einrichtungen länger als erwartet hinzog, mit viel Geduld und Großzügigkeit begleitet. Später hat auch Kurt Nowak das Zustandekommen des Überblickes mit wichtigen Anregungen gefördert.

Den Mitgliedern des Arbeitskreises bin ich persönlich für das intensive gemeinsame Disponieren und Lernen sehr zum Dank verpflichtet. Weil es auch für die Geschichte der Diakonie gilt, daß historische Fakten mehrdeutig sind, haben wir es uns nicht erspart, die hier und da unter uns hervortretenden unterschiedlichen Sachbeurteilungen zum Themenkreis der angestrebten Veröffentlichung ausführlich miteinander zu diskutieren, damit die Befragungskontakte des Redakteurs mit den Einrichtungen - anhand des von uns erstellten Erhebungsbogens - auf einer einhelligen konzeptionellen Grundlage aufbauen konnten.

Erfreulicherweise haben wir von der weit überwiegenden Zahl aller angefragten Einrichtungen bereitwillig Auskünfte erhalten. In manchen Fällen wurde die Bereitschaft zur Auskunftserteilung eingeschränkt durch die Tatsache, daß anstaltsinterne Archivunterlagen noch der Auswertung harren; wir hoffen, solchen Einrichtungen mit unserer Vorlage Anregungen für ihre Archivaufarbeitung geben zu können. Daß es auch einzelne Einrichtungen gab, zu denen der Befragungszugang schwierig war, weil sie nach wie vor grundsätzliche Vorbehalte gegenüber einer Aufklärung ihrer internen Geschichte im "Dritten Reich" haben, sei nur am Rande vermerkt.

Von ihrer ursprünglichen Zweckbestimmung her dient die hier vorgelegte Übersicht zunächst dazu, eine historiographische Lücke zu füllen. Leider ist uns das nicht vollständig gelungen, wie die Durchsicht der einzelnen Anstaltstexte zeigt. Es bleiben noch Lücken bestehen. Wir müssen davon ausgehen, daß noch immer nicht alle Opfer der NS-Herrschaft aus dem Bereich der Inneren Mission erfaßt werden konnten. Und wir bedauern dies im Blick darauf, daß uns bei der Erarbeitung dieser Übersicht nicht nur fachlich-methodische Aspekte geleitet haben, sondern auch Betroffenheiten, die hier nicht verschwiegen werden sollen:

– Es berührt uns, in Gestalt von nüchternen Fakten zu erfahren, was nationalsozialistische Zwangssterilisierung und Krankenmorde auch an Heimbewohnern diakonischer Einrichtungen angerichtet haben. Jedes einzelne Opfer weist hin auf die ihm in der "Volksgemeinschaft" verweigerte Gemeinsamkeit.
– Es berührt uns die Beobachtung, daß eine Trauerarbeit um diese Opfer in der Regel erst nach Jahrzehnten des Schweigens eingesetzt hat.
– Es berührt uns, daß die Diakonie verstrickt war in die Durchführung der Gewaltmaßnahmen. Angesichts dieser Verstrickung erscheint es nicht erlaubt, wahrheitswidrig-heroisierend mit der damals tätigen Vätergeneration umzugehen, es verbietet sich aber auch, ihr ex post denunziatorisch-selbstgerecht zu begegnen. Zeitgeschichtliche Aufklärung in der Diakonie muß sich davor hüten, Menschen vorführen zu wollen.
– Es berührt uns die Erkenntnis, daß wir gegenwärtig wieder dazu herausgefordert sind, uns mit längst überwunden geglaubten sozialdarwinistischen Denkmustern, die zu den zentralen Begründungen der NS-Gewaltmaßnahmen gehörten, verantwortlich auseinanderzusetzen.

Wolfenbüttel, im Mai 1997 *Joachim Klieme*

Einleitung

Der VEEMB als Fachverband innerhalb des heutigen Diakonischen Werks und Nachfolger des „Verbandes Deutscher Evangelischer Heilerziehungs-, Heil- und Pflegeanstalten" stellt sich mit dem vorliegenden Handbuch einer Chronistenpflicht und will zugleich zu einer Würdigung der Opfer nationalsozialistischer Gewaltmaßnahmen aus den Einrichtungen der damaligen Inneren Mission beitragen. Die hier zusammengetragene Gesamtübersicht über die nationalsozialistischen Eingriffe in die damaligen Anstaltsstrukturen und darüber, wieweit die Bewohner davon betroffen waren, will nicht nur zur weiteren Aufarbeitung der Vorgänge in den Einrichtungen in der NS-Zeit anregen, sondern auch Erklärungs- und Deutungshilfen für die Geschichte der Einzeleinrichtungen anbieten. Schließlich soll die historische Erinnerung auch die Sensibilität und die kritische Urteilsfähigkeit gegenüber der aktuellen, sich ausweitenden „Euthanasie"-Mentalität im Gefolge neuer Sparbeschlüsse und der internationalen Euthanasiedebatte fördern.

Es ist den Bearbeitern bewußt, daß es eine lückenhafte Übersicht bleiben muß. In vielen Fällen werden Einzelheiten nie mehr oder nur mit großem Forschungsaufwand, ans Tageslicht zu fördern sein. Doch auch fehlendes Wissen über manche Ereignisse kann ein Licht auf die Situation werfen.
Es wird der Versuch unternommen, die relativ große Gruppe der evangelischen Einrichtungen für psychisch Kranke und geistig Behinderte, die zu Beginn des „Dritten Reiches" etwa 10-15% aller entsprechenden Anstaltsbetten im damaligen Deutschland umfaßte, vollständig darzustellen, nachdem bislang nur Einzeldarstellungen oder Gesamtdarstellungen mit Einzelbeispielen vorliegen. Genaue Angaben über Bettenzahlen sind sehr schwierig, da sie nicht für alle Jahre vorhanden sind. Insgesamt sind für das Deutsche Reich ca. 280.000 Anstaltsbetten für Menschen mit den verschiedensten Formen geistiger Behinderungen anzunehmen. Im folgenden sind 86 Einrichtungen der Inneren Mission mit ca. 30.000 Betten verzeichnet.

Eine ausführliche Einrichtungsbibliographie nennt die Literatur über jede einzelne Einrichtung.

Zur Terminologie des Handbuches

1. Der Tod der aus den deutschen Heil- und Pflegeanstalten im Rahmen der sogenannten Aktion T4 (bis August 1941) verlegten Patienten oder Heimbewohner in Tötungsanstalten muß nach heutigem Empfinden und aktueller Rechtsprechung eindeutig als Ermordung bezeichnet werden. Unklarer ist die Situation bei den zahlreichen zwischen August 1941 und Mai 1945 aus ihren Heimen und Einrichtungen verlegten Menschen. Nicht in allen Fällen stand dabei der Tod dieser Patienten und Heimbewohner als Absicht im Vordergrund. Auch sie wurden in vielen Fällen in staatlichen Einrichtungen bewußt getötet, sei es durch Medikamente oder Verhungernlassen. In anderen Fällen führte schon allein die Verlegung hochbetagter Menschen unter schlimmsten Begleitumständen oder die (Nicht-)Versorgung in total überfüllten Heimen oder Anstalten zum Tode. In Einzelfällen handelte es sich um kranke oder alte Patienten, deren Tod auch in der ursprünglichen Einrichtung eingetreten wäre. Man kann jedoch davon ausgehen, daß - trotz zeitbedingter Unzulänglichkeit der Betreuung in der heimatlichen Einrichtung - der Todesfall in einer fremden Einrichtung wohl fast immer früher, auf jeden Fall aber unter entwürdigenden Umständen, erfolgte. Im folgenden wird daher auch für die Zeit von August 1941 bis 1945 von ermordeten Menschen die Rede sein, obwohl der juristische Tatbestand des Mordes nicht in allen Fällen zu beweisen ist.

2. Der Einfachheit halber spricht der Text nur von Bewohnern, eingeschlossen sind dabei auch die Bewohnerinnen. Wenn es sich um Einrichtungen nur für Männer oder Frauen handelt, ist dies ausdrücklich vermerkt.

3. Zur Terminologie für dieses Handbuch gehört auch der Hinweis, daß es nach historischen Quellen erarbeitet wurde. Daher werden Begriffe wie „Schwachsinnige, Idioten, Krüppel" etc. übernommen, soweit sie zur Geschichte der Einrichtung gehören. Für die Bearbeiter des Handbuches, die über Menschen mit geistiger und seelischer Behinderung und ihr Schicksal in der Zeit des Nationalsozialismus forschen und schreiben, versteht es sich von selbst, daß sie mit der Übernahme zeitgenössischer Begriffe keine Form der Diskriminierung beabsichtigen.

Harald Jenner   Uwe Kaminsky

Die Innere Mission und die nationalsozialistischen Krankenmorde

Zur Rezeption der NS-Zeit in der Diakonie nach 1945

Die Betrachtung der Geschichte der Inneren Mission, der historischen Vorläuferin der späteren Diakonie, während der Zeit des Nationalsozialismus hat ihre eigene Geschichte, die nicht frei ist von mythischen Überhöhungen. Die Bedrohung sowohl von Einrichtungen wie von Einzelpersonen der Inneren Mission durch den seine Weltanschauung absolut setzenden Nationalsozialismus wurde oftmals als selbstverständlicher Ausweis eigenen Gegnertums genommen und damit das Bild eines Widerstandes aus christlichen wie humanitären Beweggründen gezeichnet. Aspekte der Mitwirkung und des fehlenden Widerspruchs zum NS-Regime konnten dabei lange Zeit übersehen bleiben.

Gerade der Bereich der nationalsozialistischen Massenverbrechen, der das Handeln vieler Anstaltsleiter der Inneren Mission oft ganz unmittelbar betraf, nämlich die Zwangssterilisation und die "Euthanasie", blieb in vielen Einrichtungen im dunklen. Bei der Zwangssterilisation mag dies nicht weiter verwundern, ist sie doch bis heute nicht in den Kanon der Verfolgungstatbestände nach dem Bundesentschädigungsgesetz aufgenommen und ihr Unrechtscharakter von staatlicher Seite nur halbherzig durch die Einrichtung eines Härtefonds für die noch lebenden Opfer im Jahre 1988 anerkannt. Auch in der Inneren Mission existierte in der unmittelbaren Nachkriegszeit kein Unrechtsbewußtsein wegen der Zwangssterilisation [1], deren weitere Durchführung in den deutschen Fürsorgeeinrichtungen wohl nur alliierte Verbote verhindert haben. Bei der nationalsozialistischen "Euthanasie" war dies anders. Hier existierte das Gefühl, auf der richtigen, weil gegnerischen Seite zum Nationalsozialismus gestanden zu haben, das von den Alliierten und der Mehrzahl der deutschen Bevölkerung bestätigt wurde.

Bereits im Nürnberger Ärzteprozeß 1946 und in zahlreichen Prozessen gegen Ärzte und Verantwortliche regionaler Fürsorgebehörden in der unmittelbaren Nachkriegszeit tauchten Vertreter der evangelischen Kirche und evangelischer Einrichtungen als moralische Instanz auf, deren loyale Widerständigkeit oft zum Verhaltensvorbild erhoben wurde [2]. Das Verständnis der Vertreter der Inneren Mission für die verstrickten Täter aus dem staatlichen Bereich war recht groß, fühlte man sich doch einem gemeinsamen bürgerlichen Milieu zugehörig und geistesverwandt. Zudem sahen viele der evangelischen Leumundszeugen in der juristischen Freisprechung der Angeklagten auch das eigene Verhalten der Mitwirkung, z.B. bei der Zusammenstellung von Transporten, als Folge der Zwangssituation in der NS-Diktatur gewürdigt.

Frühe Reflexionen

Der Widerstand der evangelischen Kirche gegen die Euthanasie ist besonders in der unmittelbaren Nachkriegszeit durch die Widerständler selbst beschrieben worden. Hier sind zu nennen Paul Gerhard Braune, Anstaltsleiter der Betheler Zweiganstalt Lobetal in Bernau bei Berlin und Ludwig Schlaich, Anstaltsleiter von Stetten in Württemberg. Sie veröffentlichten schon 1947 Berichte über ihre Bemühungen, die auf eine Beendigung der Krankenmorde hinausliefen[3]. Die nächste größere Veröffentlichung zu dem Euthanasiekomplex machte 1964 Hans Christoph von Hase, der im Auftrag von "Innerer Mission und Hilfswerk der Evangelischen Kirche in Deutschland" teils bekannt, teils neue retrospektive Berichte, besonders aus dem Bereich der Bekennenden Kirche, vorlegte[4]. Diese beiden ersten Bearbeitungen des Themas waren eng verwoben mit den juristischen Bewältigungsversuchen der nationalsozialistischen Massenverbrechen 1947 und 1964 in der Bundesrepublik. Zu denken ist dabei einmal an den Nürnberger Ärzteprozeß (9.12.1946 bis 20.8.1947) und an den vorbereiteten großen Prozeß gegen Werner Heyde alias Sawade 1963, einen der medizinischen Leiter der "Aktion T4". Im Rahmen der Vorermittlungen zu diesen großen Prozessen erfolgten Anfragen an die Kirche und die Innere Mission, die erkunden sollten, wie diese von den Krankenmorde betroffen waren und in welcher Weise man mit den angeklagten Tätern umgegangen war.[5].

Die erste historisch-systematische Auseinandersetzung mit dem Thema der "Euthanasie" und Zwangssterilisation besonders auf evangelischer Seite lieferte der Leipziger Kirchenhistoriker Kurt Nowak in seiner 1971 eingereichten Dissertation[6]. In seiner bis ins 19. Jahrhundert zurückgehenden Darstellung widmete er sich auch dem Widerstand des Betheler Anstaltsleiters Friedrich von Bodelschwingh gegen die sogenannte "T 4-Aktion" 1940/41. Das Buch Ernst Klees[7] über die "Euthanasie" im NS-Staat, weniger historisch-systematisch als vielmehr beschreibend und moralisierend, brachte Quellen aus dem Hauptarchiv der von Bodelschwinghschen Anstalten Bethel in die weitere Forschung ein. Zum Teil fanden sich diese in der erstmals 1970 von Anneliese Hochmuth[8] veröffentlichten Dokumentation über Bethel zwischen 1939 und 1945, allerdings ohne Quellenbelege. Die Monographie von Hans-Walter Schmuhl[9] über Rassenhygiene und Nationalsozialismus führte zusätzlich zu den von Klee benutzten Akten des Betheler Archivs auch Akten aus dem landeskirchlichen Archiv Stuttgart in die Debatte ein. Die hierin beschriebenen Versuche Bodelschwinghs zur Abwehr der "T4-Aktion" erhielten eine Ergänzung bezüglich der Rolle Karsten Jaspersens, des leitenden Arztes an der psychiatrischen und Nervenabteilung der westfälischen Diakonissenanstalt Sarepta in Bethel. Als neue Quelle diente dabei ein umfangreicher Briefwechsel aus der Hinterlassenschaft von Jaspersen[10]. Ein systematisches Zusammentragen der bisherigen Ergebnisse und eine erneute Auswertung des Betheler Aktenmaterials versuchte Stefan Kühl in einer Arbeit für die Bielefelder Universität[11]. Die ersten speziellen Studien zur Geschichte einzelner Anstalten wurden aus Hephata/Treysa, Eben-Ezer/Lemgo, Neuerkerode und den Alsterdorfer Anstalten/Hamburg[12] vorgelegt. Für den Bereich der DDR erfaßte das dortige Diakonische Werk 1986 die Quellensituation in den Einrichtungen und veröffentliche erste Informationen in dem Mitteilungsblatt "Fröhlich Helfen"[13]. Zuletzt hat Uwe Kaminsky in einer detaillierten Studie über die Anstalten der Inneren Mission im Rheinland und mit vergleichendem Blick auf andere Landesteile die Erkenntnisse über die Verweigerung evangelischer Anstaltsleiter bereichert und neu interpretiert[14].

Ergebnisse

Für den evangelischen Bereich zeigten die erwähnten Bearbeitungen der Geschichte der "Euthanasie", unter besonderer Berücksichtigung der "T4-Aktion" wie schwankend die Haltung des Betheler Anstaltsleiters Friedrich v. Bodelschwingh als Repräsentant der Inneren Mission angesichts der Zugeständnissen war, die der Präsident der Inneren Mission, Constantin Frick, im Herbst 1940 im Reichsinnenministerium machte. Von einer Ablehnung der Krankenmorde bewegten sich die Vertreter der Inneren Mission zu einer Haltung, die Staatsloyalität und verzögernde Verweigerung zusammenbringen wollte.

Die Wichtigkeit regionaler Differenzierung bei der Betrachtung des Euthanasiegeschehens wurde in den Studien der jüngsten Zeit ebenso betont wie die zeitliche Abfolge und Differenziertheit unterschiedlicher Krankenmordaktionen, die ohne die katalytische Wirkung des Krieges wohl nicht zur massenweisen Ausführung gekommen wären. Die Innere Mission sah sich zudem verschiedenen Bedrohungen ihrer konfessionellen Fürsorgearbeit durch NSDAP und Staat ausgesetzt, die sich teilweise objektiv nachweisbar, teilweise subjektiv empfunden, mit Verlegungen von Patienten verquickten.

Skizze der Geschichte der Inneren Mission im "Dritten Reich"[15]

Die Innere Mission als kirchlicher Fürsorgeträger und staatlicher Treuhänder im Bereich der Wohlfahrtspflege bewegte sich seit dem Ende der Weimarer Republik in einem Spannungsfeld zwischen Verstaatlichung und Verkirchlichung, das es ihr nicht leicht machte, den Zumutungen der NS-Zeit kompromißlos zu begegnen. Die nationalsozialistische Erbgesundheitspolitik mit ihren für die Betroffenen diskriminierenden Maßnahmen gehörte nicht zu den zentralen Konfliktfeldern in Kirche und Innerer Mission. Die Aufmerksamkeit und das Interesse der Inneren Mission waren abgelenkt von diesem in der Rückschau als wesentlich angesehenen Konfliktfeld der Menschlichkeit. Dies hatte 1933/34 seine Gründe in der unkritischen Begeisterung für die als "nationalen Aufbruch" stilisierte Machtübernahme Hitlers und in den Konflikten des bald einsetzenden Kirchenkampfes, die keinen Raum für darüber hinausweisende Erwägungen der menschlichen Existenz ließen. Der Herrschaftsantritt des Nationalsozialismus weckte bei den Verantwortlichen in der Inneren Mission Hoffnungen auf einen moralischen Aufstieg Deutschlands. Hier sah man das eigene Bemühen um Sittlichkeit gestärkt, wollte teilhaben und kämpfte um eine angemessene Position in der "nationalen Revolution".

Da sich die Nationalsozialisten im Frühjahr 1933 mit deutsch-nationalen und konservativen Kräften umgaben, wuchsen bei den Vertretern von evangelischer Kirche und Innerer Mission die eigenen Hoffnungen und Wünsche auf eine gesellschaftliche Umgestaltung im traditionellen Sinne. Das Spektrum der eigenen Ziele bestand grob zusammengefaßt aus einer Rechristianisierung der Gesellschaft, die den Kampf gegen Säkularismus, Bolschewismus und Demokratie zum Inhalt hatte. Aber auch gegen die als erniedrigend empfundenen Folgen des Versailler Vertrages hoffte man nunmehr vorgehen zu können. Wenngleich sich diese politische Mentalität auch innerhalb der Inneren Mission verbreitet hatte, galt für ihre sozialpraktische Arbeit eine starke unpolitische Fixierung auf den Staat und dessen Rahmengesetzgebung und weniger auf politische Konfliktlinien als entscheidend. Schwerpunktmäßig hatte bereits 1923 die Verschiebung der Fürsorgegesetzgebung aus dem Bereich parlamentarischer Kontrolle zur ministerialbürokratischen Verwaltung begonnen. Die Wohlfahrtsverbände bevorzugten dabei eine "rein fachliche Kooperation" mit den staatlichen Fürsorgeverwaltungen gegenüber einer Politisierung durch Parteien und Parlament[16].

In den Jahren nach 1933 standen im Mittelpunkt des Interesses der Vertreter der Inneren Mission die Auseinandersetzungen mit der NSDAP, ihrem Wohlfahrtsverband, der NSV, und dem nationalsozialistisch geprägten Staat. Neben den von hier drohenden äußeren Gefährdungen der eigenen Arbeit bestanden ebenso Divergenzen innerhalb der Inneren Mission, die sich, wenn auch nicht in offener

Parteinahme, so doch in Sympathien einzelner Anstaltsleiter für eine der im evangelischen Kirchenkampf stehenden Gruppen, "Glaubensbewegung Deutsche Christen" oder "Bekennende Kirche", spiegelten.

Die Innere Mission als Verband verfocht im immer stärker werdenden Kirchenstreit eine Position der Neutralität und vermied es bewußt, sich einer Seite zuordnen zu lassen. Bereits im Dezember 1933 hatte die Konferenz aller Landesgeschäftsführer die kirchenpolitische Neutralität der Inneren Mission verkündet. Diese Haltung erschien aus Verantwortung für die Einrichtungen die vorteilhafteste zu sein, da die Klientel der Einrichtungen sowohl aus Gebieten mit Vorherrschaft der Deutschen Christen wie der Bekennenden Kirche kam. Zudem befürchtete man ein Auseinanderbrechen der Gesamtorganisation. Seit Ende 1937 schließlich verlor der kirchenpolitische Streit an Bedeutung.

Bedrohung durch die NSV

Die äußere Bedrohung der Inneren Mission als konfessioneller Wohlfahrtsverband erfolgte durch die NSV, die sich ihrerseits als der nationalsozialistische Wohlfahrtsverband zunehmend exponierte. Die anderen Wohlfahrtspflegeorganisationen galten ihr als unliebsame Konkurrenten, die aufgrund der Größe der gewachsenen Organisationen zunächst unverzichtbar waren. Die NSV stellte die Fürsorge für die "Vollwertigen" in den Mittelpunkt der eigenen Arbeit. "Volkspflege" und "Menschenführung" waren ihre Schlagworte, wobei die NSV sich mit Blick auf die forcierte Ideologie der "erbbiologischen" und "rassenhygienischen" Ausgrenzung zunächst der "förderungswürdigen" Klientel annahm. Das bedeutete in der Praxis ein großes Engagement in der Erholungsfürsorge und dem Erziehungsbereich, sofern dieser nicht von der Hitlerjugend (HJ) abgedeckt wurde. Die konfessionellen Verbände sollten demgegenüber das Feld der Fürsorge für "Minderwertige", für die Alten und Gebrechlichen sowie psychisch Kranken und Behinderten, abdecken[17]. Doch gerade mit dieser angestrebten Beschränkung konnten sich die konfessionellen Wohlfahrtspflegeorganisationen nicht einverstanden erklären und gaben ihre Arbeiten in den von der NSV beanspruchten Feldern nicht auf. Die hieraus resultierenden Konflikte prägten sich regional und je nach Wohlfahrtspflegeorganisation unterschiedlich stark aus. Die Unterstützung der NSV durch Gauleiter, Landes- oder Provinzialverwaltungen war keineswegs einheitlich, und die regionalen NSV-Stellen waren je nach eigener Personalstruktur unterschiedlich stark bestrebt, die konfessionellen Verbände abzudrängen[18]. Die regionalen Verbände der NSV testeten bewußt die Reaktionen der konfessionellen Verbände und wurden vom Hauptamt der NSV unter ihrem Leiter Erich Hilgenfeld entweder bestärkt oder auch zurückgewiesen. Die NSV brachte die anderen Verbände um ihre traditionellen Privilegien und spielte sich selbst mit dem ideologischen Primat der "Menschenführung", "Volkskörperpflege" und "Volksfürsorge" in den Vordergrund. Die dabei angewandten Mittel waren vielfältig; finanzielle Benachteiligung der konfessionellen Verbände gegenüber der NSV, Sammlungsverbote, veränderte Steuergesetzgebung, Entkonfessionalisierung der Wohlfahrtspflege unter dem Aspekt angeblicher Kostenersparnis. Erfolge und Mißerfolge der NSV waren dabei regional sehr unterschiedlich, hingen sie doch wesentlich von der Rückendeckung durch die jeweiligen Gauleiter ab. Oftmals konnten sich die Gauleitungen, die nach den Behördensäuberungen der Jahre 1933/1934 und der Ausschaltung der SA nach neuen Betätigungsmöglichkeiten suchten, mit dem Angriff der NSV auf die konfessionelle Wohlfahrtspflege profilieren[19].

Auf Reichsebene versuchte die NSV noch vor Kriegsbeginn durch ein "Unterstellungsgesetz" eine Eingliederung der Verbände der freien Wohlfahrtspflege zu erreichen[20]. Vorbild einer solchen Unterordnung unter die NSV war die Eingliederung der Inneren Mission in Österreich nach dem Anschluß an das Deutsche Reich. Hier hatte die NSV zunächst ein Aufsichtsrecht gegenüber der Inneren Mission durchsetzen können und dann mittels ihrer Dominanz in einer "Arbeitsgemeinschaft für die freie Wohlfahrtspflege in der Ostmark" die Arbeit der konfessionellen Verbände auf das Gebiet der geschlossenen Fürsorge begrenzt. Alle anderen Einrichtungen und Arbeitsfelder waren an die NSV zu übergeben[21]. Das 1938/39 geplante "Gesetz über die freie Wohlfahrtspflege" scheiterte angesichts der Wichtigkeit der konfessionellen Wohlfahrtsverbände für die bereits geplante Mobilisierung von Pflegekräften für den Kriegsfall. Das Oberkommando der Wehrmacht fürchtete um die Einsatzbereitschaft der zahlreichen konfessionellen Schwestern im geplanten Krieg[22]. Die Innere Mission begab sich angesichts der äußeren Bedrohung noch stärker in den Schutz der Amtskirche. Die lange Jahre zuvor als Gefahr begriffene Verkirchlichung der Inneren Mission wurde im Juni 1940 durch einen Erlaß der Kirchenkanzlei[23], der der Inneren Mission dennoch eigene Freiheit ließ, vorangetrieben. Die Verhandlungen mit der NSV über ein die gegenseitigen Arbeitsgebiete abgrenzendes "planwirtschaftliches Abkommen" liefen weiter. Zu einem Abkommen zwischen Innerer Mission und NSV ist es letztlich nicht gekommen. Die NSV mußte ihre zentralen Versuche zur Eingliederung der konfessionellen Wohlfahrtsverbände während der Kriegszeit einstellen.

Innere Mission und Zwangssterilisation

Die Innere Mission stand in Spannung zur Eugenik, die als ideologisch befrachtete Wissenschaft seit Ende des 19. Jahrhunderts an Boden gewann. Bis 1930 waren Vertreter der Inneren Mission mehrheitlich uninteressiert an dem Thema Eugenik, was sich in der Folge der wirtschaftlichen und sozialfürsorgerischen Krise änderte und bis zur, wenn auch uneinheitlichen, Bejahung der Sterilisation als sozialfürsorgerischer Zwangsmaßnahme führte. Die gleichzeitig bezweckte Einflußnahme auf eine Ablehnung der "Euthanasie" mißlang unter den Bedingungen der nationalsozialistischen Herrschaft.

In Anbetracht der Fülle von Konfliktfeldern, denen sich die Innere Mission im NS-Staat gegenüber sah, stand die Teilnahme an der Durchführung der staatlichen Erbgesundheitsgesetzgebung jenseits einer theologischen Fundamentalkritik und galt gerade in den ersten Jahren der NS-Herrschaft auch als ein Zeichen politischer Loyalität. Man war sogar bestrebt, sie nach eigenen Vorstellungen mitzugestalten. Begünstigend kam das dem deutschen Protestantismus eigene "gemeinschaftsorientierte Verantwortungsbewußtsein" hinzu, das einen überparteilichen Begriff von Gesellschaft besaß. In der Metapher von der "Volksgemeinschaft", die mit den negativ-eugenischen Maßnahmen der nationalsozialistischen Erbgesundheitsgesetzgebung zu schützen war, fand ein solches ganzheitliches Volksdenken seine Konkretisierung. Zudem fühlte sich der Protestantismus, der im Vergleich zum Katholizismus stärker um eine Vermittlung von Glauben und Wissenschaft bemüht war, von der neuen Wissenschaft der Eugenik stark angesprochen. Sie wurde in ihrer internen wissenschaftlichen Logik kritiklos anerkannt und auch als Instrument zur Bekämpfung von Unsittlichkeit angesehen[24]. Besonders hier waren die evangelischen Anstalts- und Heimleiter empfänglich. Das Muster autoritärer Fürsorglichkeit hatte offenbar die Aneignung der rassenhygienischen Forderungen negativer Eugenik als Antwortversuch auf die sozialfürsorgerische Krise zu Beginn der 1930er Jahre vorbereitet. Die Bestimmung über die geistige, körperliche und seelische Freiheit der eigenen Klientel war Grundlage bisheriger Fürsorgetätigkeit. Die Asylierung Fürsorgebedürftiger war eine staatlich geförderte Maßnahme schon vor dem Ersten Weltkrieg gewesen und hatte praktisch auch Fortpflanzungshinderung zur Folge gehabt. Hieran anknüpfend akzeptierte man die Methode, Fürsorgezöglinge künstlich unfruchtbar zu machen.

Sah man anfänglich innerhalb der Inneren Mission noch die Einwilligung der Betroffenen oder deren Angehörigen vor, so verschwanden eigene prinzipielle Einwände gegen die vom NS-Staat eingeführte Zwangssterilisation mit der Veröffentlichung des Gesetzes. Im allgemein begrüßten politischen Umbruch 1933 sahen die Verantwortlichen der Inneren Mission die erhoffte "nationale Revolution", der gegenüber man loyal zu sein hatte. Mit der gesetzlichen Regelung der Zwangssterilisation war die Diskussionsebene in die staatliche Sphäre verlagert. Nicht mehr das "ob", sondern das "wie" stand zur Erörterung an. Dabei wollte sich die Innere Mission bewußt fernhalten von den Extremen der staatlichen Zwangseingriffe, wie den Operationen gegen den Willen der Betroffenen bzw. deren Angehörigen und der eugenischen Abtreibung, doch manifestierte sich hierin eine bedenkliche

Verantwortungsscheidung gegenüber dem Staat, dem man bereitwillig zugestand, was er forderte und dies theologisch auch noch verbrämte.

Volkssittlichkeit

Die Motive und Ziele auf Seiten der Inneren Mission sind durchaus andere gewesen als auf Seiten der Eugeniker bzw. Rassenhygieniker. Für die Innere Mission stand an erster Stelle das traditionelle Ziel der Volkssittlichkeit, das besonders ausgeprägt in den Einrichtungen der Gefährdetenfürsorge sichtbar wurde. Asylierung zur erzieherischen Beeinflussung der Betroffenen ging mit dem Schutz der Gesellschaft vor der damit eingesperrten sittlichen Gefahr einher. Das Ideal der Rassenhygieniker von einer "erbgesunden" Gesellschaft deckte sich nicht mit dem Ideal von Volkssittlichkeit. Dennoch harmonisierten die Vertreter der Inneren Mission die Sterilisationsforderung der aufkommenden Eugenik mit ihrem eigenen Ideal. Der schon in der Weimarer Republik geäußerte Wunsch nach einem Bewahrungsgesetz, mit dem die Zwangssterilisation ergänzt werden sollte, unterstreicht wie sehr man sozialpädagogische Einwirkung im Dienste volkserzieherischer Evangelisation sah. Die Idee der sittlichen Erziehung des Einzelnen und die damit verbundene Hebung der sittlichen Haltung des Volkes widersprach der Entlassung Sterilisierter aus der geschlossenen Fürsorge aus finanziellen Erwägungen, welches wiederum den Eugeniker zufriedenstellte. Die Innere Mission war neben der erzwungenen Unfruchtbarmachung eher an vorbeugender Eheberatung und nachgehender Fürsorge und Seelsorge interessiert. Dabei stand das eigene Volkssittlichkeitsideal im Hintergrund, das man durch die "sexuelle Hemmungslosigkeit" der Sterilisierten gefährdet sah. Selbst die Ablehnung der "Euthanasie" hatte neben ihren christlichen Motiven auch das Argument für sich, daß dies als Maßnahme volkssittlich schädlich sei. Das prinzipielle Eingehen auf die gesetzlich fixierte Zwangssterilisation war auf Seiten der Inneren Mission der eigenen Staatsloyalität geschuldet, die es nicht zuließ, ein staatliches Gesetz zu behindern oder gar zu sabotieren. Hinzu trat der bewußte konfessionspolitische Gegensatz zur katholischen Kirche und zur Caritas, so daß man die eigene Mitarbeit an der Zwangssterilisation besonders betonen konnte. Zudem spielte der Gedanke, daß durch ein offensives Eingehen auf die staatliche Erbgesundheitspolitik auch eine Mitgestaltung dieser Politik im eigenen Sinne erwirkt werden könne, im Centralausschuß, dem Spitzengremium der Inneren Mission, eine Rolle.

Die erstmals 1931 in Treysa unter der Ägide des Leiters des Referates Gesundheitsfürsorge des Centralausschusses, Hans Harmsen, zusammenkommende erste Fachkonferenz für Eugenik (von 1932 bis 1934 Ausschuß für eugenetische Fragen und seit 1934 Ständiger Ausschuß für Rassenhygiene und Rassenpflege genannt) war ein wichtiges Gremium evangelischer Anstaltsleiter und -ärzte zur Diskussion der Erbgesundheitsgesetzgebung sowie praktischer Fragen, welche die evangelischen Einrichtungen betrafen. Der Evangelische Reichserziehungsverband, die Evangelische Konferenz für Gefährdetenfürsorge und der Verband Deutscher Evangelischer Heilerziehungs- Heil- und Pflegeanstalten[25] waren weitere verbandliche Zusammenschlüsse, die sich in den folgenden Jahren mit dem Themenfeld auseinandersetzten.

Man glaubte, daß man die sich radikalisierende Entwicklung zu einer "Vernichtung lebensunwerten Lebens" begrenzen könnte. Veränderungen in der Gesetzesauslegung waren allerdings das Resultat von Machtkämpfen zwischen staatlicher und parteiamtlicher Gesundheitsbürokratie. Die auf den staatlichen Flügel setzende Innere Mission hatte dabei keinen Einfluß. Insgesamt waren bis Ende 1936 die "Erbkranken" in der geschlossenen Anstaltsfürsorge - also auch in den Anstalten und Heimen der Inneren Mission - auf eine mögliche Sterilisierung geprüft und angezeigt. Im Bereich der Fürsorgeerziehung betraf dies rund 6 Prozent aller nach 1933 betreuten Zöglinge, in manchen Heimen galt dies jedoch für jeden fünften Fürsorgezögling. In den Heil- und Pflegeanstalten war bis Herbst 1935 im Durchschnitt jeder achte Anstaltspatient sterilisiert worden, wobei die Anteile innerhalb konfessioneller Einrichtungen mit Pflegecharakter aufgrund der dauernden Anstaltspflegebedürftigkeit der Patienten geringer waren als in staatlichen Einrichtungen. Von evangelischen "Anstalten für Schwachsinnige, Epileptiker, Nerven- und Geisteskranke, für Krüppel, Trinker, Blinde und Taubstumme" waren nach einer Erhebung des Centralausschusses bis Ende 1935 5715 Bewohner zur Sterilisation angezeigt und 1862 sterilisiert worden. Es lagen bei dieser Erhebung allerdings nicht von allen Einrichtungen Informationen vor. Diejenigen Zöglinge und Patienten, die von der veränderten Gesetzesauslegung profitieren konnten, waren entweder Neuaufnahmen oder bereits erbbiologisch beurteilt, aber aus Gründen des Widerspruchs, der unklaren Diagnose oder aber dauernder Anstaltspflegebedürftigkeit zurückgestellt. Der statistisch nachweisbare Rückgang der Sterilisationszahlen seit 1936 war insgesamt weniger ein Resultat der neuen Gesetzesauslegung als vielmehr eine Folge davon, daß die möglichen Betroffenen bereits überprüft und ggf. sterilisiert worden waren[26]. Mit Kriegsbeginn ließen die Sterilisationen stark nach, wenngleich weiterhin Patienten und Zöglinge aus Einrichtungen sterilisiert wurden. Bis zum Ende des Krieges wurden schätzungsweise 400.000 Menschen in Deutschland zwangssterilisiert.

Euthanasie

Debatten über den Bereich der Euthanasie wurden im Umfeld des Sterilisationsgesetzes im eugenetischen Fachausschuß der Inneren Mission 1933/34 und 1937 geführt. Radikalisierungen sollten verhindert werden. Als die Ausweitung des Sterilisationsgesetzes auf die Abtreibung aus eugenischer Indikation drohte, erklärte die Innere Mission zunächst öffentlich ihren Protest unter Benennung der Grenzüberschreitung hinsichtlich der Bedrohung des Lebens, "des bereits geborenen, ja auch des erwachsenen und zeugungsfähig gewordenen Erbkranken"[27]. Bewirken konnte sie dadurch wenig. Mitte 1935 trat die staatliche Regelung, die eine Abtreibung bei gleichzeitiger Unfruchtbarmachung bis zum sechsten Schwangerschaftsmonat legalisierte, in Kraft. Der Eingriff sollte nur nicht in evangelischen Krankenhäusern und Anstalten durchgeführt werden.

Innerhalb der Inneren Mission galten das biblische Tötungsverbot und die Gottesbildlichkeit des Menschen als eindeutige Hindernisse für eine "Vernichtung lebensunwerten Lebens". Das rassenhygienische Denken der Inneren Mission wollte die Volkssittlichkeit stärken und konnte dazu keinen Krankenmord dulden, der unter dem Aspekt der Lockerung des Tötungsverbotes als Schwächung der Sittlichkeit begriffen werden mußte. Dennoch verkannte die Innere Mission die radikalisierende Dynamik der Entwicklung, welche besonders die konkurrierenden Parteistellen in Richtung auf die "Euthanasie" erzeugten.

Widerstand evangelischer Anstaltsleiter - Verzögernde Verweigerung

In den Ländern bzw. preußischen Provinzen Brandenburg, Württemberg und Sachsen waren die zur Auswahl der zu tötenden Anstaltspatienten dienenden Meldebögen bereits im Oktober 1939 verteilt worden. Die nördlichen und westlichen Landesteile erhielten die Meldebögen erst im Juli/August 1940. Die Anstalten im Rheinland und in Westfalen besaßen dadurch ein Vorwissen über den Zweck der als "planwirtschaftliche Maßnahmen" angekündigten Meldebögen. Angesichts des Vorwissens und der gemeinsamen Betroffenheit handelten die Anstalten der Inneren Mission in Westdeutschland in gegenseitiger Absprache[28]. Sie verweigerten, jede einzeln für sich, die Ausfüllung der Fragebögen mit der legalistischen Begründung, daß sie fürchteten, sich eines Verbrechens schuldig zu machen.

In evangelischen Anstalten im Rheinland und in Westfalen sprachen sich die Anstaltsleiter ab und verweigerten die den Krankenmord einleitenden Meldebögen auszufüllen. Eine zentrale Rolle spielte dabei die Anstalt Bethel mit ihrem Leiter Friedrich v. Bodelschwingh. Im Frühjahr 1940 erfuhr der Centralausschuß für Innere Mission von den ersten Todesfällen nach Abtransport in andere Anstalten. Paul Gerhard Braune, stellvertretender Vorsitzender des Centralausschusses in Berlin und als Leiter der Betheler Zweiggründung Lobetal bei Berlin auch Vertrauter Bodelschwinghs, erhielt im Frühjahr 1940 den Auftrag, die dem Central-

ausschuß in Berlin bekanntgewordenen Fälle, die auf eine Mordaktion hinwiesen, zusammenzufassen. Die von ihm gesammelten Informationen verarbeitete er Anfang Juli 1940 zu einer gegen die Krankenmorde protestierenden Denkschrift, die der Centralausschuß für Innere Mission mit einem Begleitschreiben der Leitung der Deutschen Evangelischen Kirche an die Reichskanzlei weiterreichte[29].
Braune wurde am 12. August 1940 von der Gestapo verhaftet. Der Präsident des Centralausschusses Constantin Frick verhandelte im September im Reichsinnenministerium. Hier zeigte man ihm offenbar die geheime Führerermächtigung für den euphemistisch als "Gnadentod" bezeichneten Krankenmord. Er sagte daraufhin eine Mitwirkung der Anstalten bei der Ausfüllung der Meldebögen zu. Damit waren die Anstalten nun keineswegs einverstanden. Sie drängten Frick zu einer Rücknahme seiner zu weitgehenden Zusagen. Selbst wollte man keinen einzigen Meldebogen ausfüllen, war aber bereit, einem Amtsarzt mit Auskunft zur Seite zu stehen. Diese Form des Kompromisses, den wohl v. Bodelschwingh angesichts des chancenlos erscheinenden Widerstands in die Diskussion brachte, sollte aus Sicht der Verantwortlichen wiederum eine Teilnahme am "Kampf" um die Patienten ermöglichen. Als "Anwalt der Kranken" sollten die Anstaltsärzte gegenüber den vom Reichsinnenministerium entsandten Ärztekommissionen auftreten. Das Modell Bethel, wonach im Vorfeld der Kommissionsbesuche die eigenen Kranken in ein mehrstufiges Kategorienschema eingeordnet wurden, was manche zu eindeutigen potentiellen Euthanasieopfern machte, um eine Mehrzahl der Kranken zu retten, strahlte auch auf andere Regionen aus. Im Sommer 1941 kamen die staatlichen Kommissionen in die rheinischen Einrichtungen und füllten meist nur nach Einsicht in die Krankengeschichte die Meldebögen über die Patienten aus. Eine Verlegung der Patienten der evangelischen Einrichtungen aus dem Rheinland und Westfalen fand bis zum Stopp der "Aktion T4" im August 1941 nicht mehr statt.

Vergleicht man dieses Verhalten der rheinischen und westfälischen Leiter evangelischer Anstalten mit dem zeitgleichen Verhalten in anderen Landesteilen, so wird dabei ein übergeordneter Konsens sichtbar, nach dem man sich unabhängig voneinander ähnlich verhielt. In Baden gingen die Anstaltsleiter der Anstalten Kork und Mosbach, als sie den Sinn der Verlegungslisten kannten, dazu über, zu versuchen, möglichst viele Kranke dadurch zu retten, daß sie diese als arbeitsfähig bezeichneten. Zudem versuchten sie in Einzelverhandlungen noch beim Abtransport die Zahl der Betroffenen zu mindern. Sie ließen sich darauf ein, über Leben und Tod der Patienten mitzuentscheiden[30]. In Württemberg entstand eine ähnliche Situation, die Ludwig Schlaich aus Stetten 1947 so umschrieb:
"Es bestand keinerlei Hoffnung irgendwie durchsetzen zu können, daß die Aktion eingestellt würde. So standen wir vor der Alternative entweder unsere Kranken im Stich zu lassen - und darauf wäre es auch hinausgelaufen, wenn wir ins KZ ge-

wandert wären - und unser Gewissen zu salvieren oder aber wenigstens zu versuchen, möglichst viele unserer Kranken zu retten. Wir haben uns dahin entschieden, daß die Verantwortung für unsere Kranken schwerer wiege als die Verantwortung für unser Gewissen"[31].

Schlaich versuchte zusammen mit den Anstaltsärzten und dem Anstaltsrektor außer durch Benachrichtigung der Angehörigen durch Mund-zu-Mund-Propaganda und Eingaben bei "höchsten Reichsstellen", eine gesetzliche Regelung, die den Personenkreis eingrenzte zu erreichen. Mit dem württembergischen Innenministerium verhandelte man darüber, eine vermehrte Zurückstellung von Kranken zu erwirken[32]. Dabei bedeutete die Entscheidung für das Überleben der einen auch eine Entscheidung gegen das Weiterleben anderer.

Betrachtet man das hier nur als Beispiel vorgestellte Verhalten der evangelischen Anstaltsleiter anläßlich der "Aktion T4", so wird deutlich, wie gebrochen die Verweigerungshaltung gegenüber der "Euthanasie" war. Der Widerstand gegen die Krankentötungen entsprang keinem Dissens über Kriegsziele, Unterdrückungs- und Ausgrenzungsmechanismen des NS-Staates. Er entzündete sich stärker am in Moral und Sitte verankerten Tötungsverbot und den befürchteten sittlichen Folgen seiner Überschreitung. Anfänglich galt eine Information der Verantwortlichen in Staat und Justiz als ausreichender Widerstand im Rahmen der gesamtpolitischen Kooperation mit dem NS-Staat. Als dann zunehmend klar wurde, daß auch der staatliche Bereich federführend beteiligt war, galt als letzte Steigerungsform eines Binnenprotestes die Denkschrift Braunes, die an die Reichskanzlei als vermeintliche politische Führungszentrale des Dritten Reiches adressiert war. Zu offenen Protestformen oder der Aufforderung an die evangelischen Anstaltsleiter, die Abtransporte zu boykottieren, konnten sich die Verantwortlichen im Centralausschuß für Innere Mission nicht entschließen. Die Wahl solcher Protestformen blieb den einzelnen Anstaltsleitern und ihrer Eigenverantwortung überlassen. Hier gilt die Feststellung Kurt Nowaks, daß das Problem nicht ein "ethisch-moralisches Versagen des Protestantismus an sich, sondern ein kirchlicher Verhaltensstil, welcher die Eindeutigkeit der ethischen Grundentscheidung in der Praxis nicht durchzuhalten vermochte", war[33]. Die Weigerung Bodelschwinghs und der rheinischen Anstaltsleiter, die Meldebogen zurückzusenden, war eine erste offene, kollektive Form des "Widerstandes", wenngleich auch sie im Windschatten der kirchenoffiziellen internen Eingabe mit der Denkschrift Braunes stand, und diese Form, die Erfassung der Mordopfer zu verweigern, nur in den Landesteilen möglich war, in denen man bereits um die Bedeutung der "planwirtschaftlichen Maßnahmen" wußte. Erst vor diesem Hintergrund erschließt sich die Bedeutung der Denkschrift Braunes für Verweigerungshandeln innerhalb der Inneren Mission. Braunes Eingabe stärkte den sich weigernden Anstaltsleitern den Rücken. Wer sich darauf einließ, die eigenen Kranken zu selektieren, tat dies aus staatsloyalen und berechnenden Motiven. So hoffte man wenigstens in der eigenen Anstalt die Opferzahlen zu reduzieren.

Neben "lutherischem Obrigkeitsgehorsam" und "pro-domo-Denken"[34] entsprang die eigene Mitwirkung auch einem lange eingeübten Pragmatismus im Umgang mit staatlichen Stellen. Nicht durch Öffentlichkeit, sondern durch Ministerialpolitik setzte man bereits seit der Weimarer Republik die eigenen Ziele durch. Kompromisse zum Erhalt der eigenen Einrichtung zu schließen, war man seit den dreißiger Jahren, auch unter der Bedrohung durch die NSV, gezwungen gewesen. Als übergeordnetes Ziel hatte sich herauskristallisiert, die eigene Einrichtung mit den darin betreuten Pflegebefohlenen und dem christlichen Personal zu erhalten und weiterzuführen[35]. Angesichts des nicht mehr abwendbaren Zugriffs des Staates hielt man eine begrenzende Mitwirkung für den Weg, um möglichst vielen Kranken und Behinderten noch Schutz bieten zu können. Eine Alternative hätte nur der offene Konflikt mit dem Staat sein können, der nicht gewagt wurde.

Der Blick auf die in den einzelnen Landesteilen zwischen Juni 1940 und Februar 1941 in bestimmten staatlichen Anstalten gesammelten und abtransportierten jüdischen Patienten aus Heil- und Pflegeanstalten beleuchtet diese ungenutzte Alternative widerständigen Handelns. Obwohl beispielsweise im Rheinland angesichts der Beteiligung der "Gekrat" durchaus Vorbehalte gegen eine Mitwirkung an dieser Sonderaktion bestanden, brachten bis auf einzelne Ausnahmen alle evangelische Anstalten ihre jüdischen Patienten zu den staatlichen Sammelanstalten, von wo die Patienten zu Tötungseinrichtungen deportiert wurden[36].

Auch bei Verlegungen in den Jahren 1942 bis 1945, als die Anstaltsleiter das Todesschicksal der Anstaltsbewohner zunächst nur befürchteten, dann ahnten und schließlich wußten, ordneten sich die Anstaltsverantwortlichen den katastrophenschutzpolitischen Räumungsdiktaten unter. Grundsätzlicher Widerspruch gegen die Planungen, die einer sozialdarwinistischen Verdrängungslogik folgten und die Schwächsten unter den Kranken zu Betroffenen der Verlegungen machten, kam nicht auf. Angesichts der Unausweichlichkeit der Räumungsdiktate dominierte eine pragmatische Einstellung bei den Einrichtungen, was erlaubte, die Selektion der eigenen Kranken durchzuführen.

Zur regionalen Betrachtung der Krankenmorde

Es ist schwierg, zusammenfassend zu beschreiben, wie die Anstaltsleiter der Inneren Mission auf die Krankenmordaktion reagierten und auf welche Weise sie wärend der Kriegszeit davon betroffen waren. Nur genaue regionale Studien könnten zur Aufklärung darüber beitragen[37]. Das vorliegende Handbuch kann hierfür nur Hinweise geben und einen ersten Systematisierungsversuch anbieten.

Die Krankenmordaktionen begannen mit der in der Literatur "Aktion T4" genannten größten systematischen und zentralen Mordaktion, die von Oktober 1939 bis August 1941 dauerte. Ihre Einstellung auf Hitlers Befehl am 24. August 1941 markiert einen Einschnitt, wenngleich weitere Mordaktionen an bestimmten Bevölkerungsgruppen (Kinder, geisteskranke Straftäter, Juden und ausländische Arbeiter) in quantitativ wesentlich geringeren Umfanges fortgeführt oder neubegonnen wurden und eine Kontinuität im Vernichtungswillen des NS-Staates belegen. Die "Aktion T4" verlief regional sehr uneinheitlich, was organisatorische, technische und politische Gründe hatte. Tötungszentren, die mit Gaskammer und Kremaorium auszurüsten waren, ließen sich zunächst nur in Südwestdeutschland (Grafeneck), Mitteldeutschland (Brandenburg, Pirna und Bernburg) und Österreich (Linz) aufbauen, wohingegen im Westen und Norden Deutschlands keine entsprechende Einrichtung gefunden wurde. Erst im Januar 1941 nahm die Anstalt Hadamar in Hessen ihren Betrieb auf, wohin seit dem Frühjahr 1941 erste Transporte aus den nordwestdeutschen Landesteilen gingen.

Die Verlegungen und Morde an Anstaltspatienten nach dem August 1941 erfolgten dezentral und standen hauptsächlich in Verbindung mit den katastrophenschutzpolitischen Maßnahmen regionaler Behörden angesichts der Luftangriffe auf deutsche Städte. Dabei wurde nur ein Teil der stattfindenden Verlegungen und Tötungen zentral gesteuert: Ein Graubereich regional forcierter Aktionen ist vielfach noch unerforscht.

Zudem wirkten als regional verstärkende Faktoren bereits seit Kriegsbeginn die Beschlagnahme und Räumung von Anstalten für kriegswichtige Zwecke. Hiervon wurden Anstaltsbewohner in den frontnahen Gebieten Deutschlands beroffen. Wenn auch die Mehrzahl der Verlegungen nicht im Zusammenhang mit der "Aktion T4" stand, so konnten doch in Einzelfällen Bewohner zu Opfern des Krankenmordes werden. Auch die Umsiedlungen der "Volksdeutschen" seit Kriegsbeginn verstärkte das Interesse an der Nutzung der Gebäude der Heil- und Pflegeanstalten für eine vorübergehende Unterbringung. Evangelische Einrichtungen als konfessionelle Träger der Fürsorge für Behinderte und der psychiatrischen Versorgung waren zudem mehrfach betroffen. Sie waren Ziele der als Verstaatlichung zu verstehenden Entkonfessionalisierungsbestrebungen des NS-Staates. Diese grundsätzliche Gefährdung hatte jedoch regional sehr unterschiedliche Auswirkungen auf die einzelnen Einrichtungen.

Das früheste Beispiel für die Betroffenheit evangelischer Einrichtungen der Behindertenfürsorge durch den Entkonfessionalisierungsdruck findet sich in Hessen-Nassau. Dort drohten der Anstaltsdezernent Bernotat und der Landeshauptmann Traupel die konfessionellen Anstalten zu entleeren, falls die Anstalten nicht ihre Satzungen änderten und sie in die Anstaltsleitung beriefen. Hier kam es zu einer Konzentration der Patienten und Überbelegung staatlicher Anstalten bereits seit 1937. Neben dem Ziel der Entkonfessionalisierung sollte dies zu einer besseren ökonomischen Auslastung der staatlichen Einrichtungen führen. Wenngleich diese Eingriffe keine geplante Vorbereitung für den Zugriff auf die Patienten im Rahmen der späteren Krankenmordaktionen darstellten, so waren die in die staatlichen Einrichtungen überführten Patienten doch ungeschützt den späteren Zugriffen der die "Euthanasie" betreibenden Stellen ausgeliefert.

Diese Eingriffe fanden vor der zentral geplanten "Aktion T4" statt und beweisen die bereits in der Vorkriegszeit durch die rassenhygienische Propaganda und Erbgesundheitspolitik stattfindende schleichende Entwertung des Lebens von Psychiatriepatienten. Ihre Lebensbedürfnisse galten wenig und wurden ökonomischen wie politischen Erwägungen untergeordnet. Mit Beginn des Krieges verstärkte sich die NS-typische Mißachtung der Individualrechte. Anstalten für Behinderte und psychisch Kranke wurden zur Verfügungsmasse angesichts kriegsbedingter Interessen. Dies trifft für Ostpreußen sowie Pommern zu, wo in den Jahren 1939 und 1940 Entkonfessionalisierungen und Beschlagnahmungen der Gebäude, die evangelischen Einrichtungen Carlshof und Kückenmühle betrafen. Ein Teil der verlegten Kückenmühler Anstaltsbewohner wurde Opfer der "Aktion T4".

Frühe Krankenmorde durch Einsatzkommandos der SS und später Gaswagen fanden bereits zu Kriegsbeginn an den Patienten der Anstalten in den Landesteilen Danzig-Westpreußen, Ostpreußen und Pommern statt.

Im Rahmen der "Aktion T4" waren zunächst seit Oktober 1939 die Landesteile Berlin, Brandenburg, Sachsen, Thüringen, Bayern, Baden und Württemberg durch Versendung von Meldebögen und Verlegungen von Patienten in die Tötungseinrichtungen betroffen. Die Einrichtungen in den nord- und westdeutschen Ländern versuchte man erst im Juni 1940 mit der Zusendung von Meldebögen zu erfassen. Seit 1941 fielen Patienten aus Einrichtungen in Hessen, Westfalen, dem Rheinland, Hannover sowie Hamburg und Schleswig-Holstein den Krankenmorden der "Aktion T4" zum Opfer. In diesen Landesteilen dehnte sich in der Zeit nach dem Ende der "Aktion T4" der Luftkrieg stark aus. Dies führte beginnend in Norddeutschland (Rothenburg) zu erneuten Räumungen und Beschlagnahmungen von Anstalten seit dem Herbst 1941. In Wellen setzten sich die Verlegungen bis zum Kriegsende fort. Die Anstaltsbewohner kamen in Einrichtungen, in denen weiterhin durch Nahrungsentzug und Medikamente dezentral getötet wurde. Die Arbeitsfähigkeit erwies sich dabei als das entscheidende Selektionskriterium, das für einzelne Patienten über die Einbeziehung in die Verlegungen und das Überleben in den Tötungseinrichtungen entschied.

Anmerkungen

1 Siehe Wenzel, Theodor, Eugenik oder Barmherzigkeit als Grundlage der sozialen Hilfe, in: Die Innere Mission 1947, H. 5/6, S. 1-11, in dem er die Eugenik nicht nur von ihrem vermeintlichen Mißbrauch unter der NS-Herrschaft beurteilt sehen wollte. Im gleichen Heft auf den nachfolgenden Seiten berichtete Gerhard Braune vom "Kampf der Inneren Mission gegen die Euthanasie".

2 Vgl. die Hinweise auf evangelische Funktionsträger als Zeugen im Düsseldorfer "Euthanasie"-Prozeß für die Region nördliches Rheinland 1947/48 (Vgl. Justiz und NS-Verbrechen, Bd. 3, S. 499ff., sowie Kaminsky, Uwe, Zwangssterilisation und "Euthanasie", S. 518ff.), im westfälischen "Euthanasie"-Prozeß 1947/48 (Vgl. Teppe, Karl, Bewältigung von Vergangenheit? Der westfälische "Euthanasie"-Prozeß, in: Kersting, Franz-Werner/Teppe, Karl/ Walter, Bernd, (Hg.) Nach Hadamar, Paderborn 1993. S. 203-252), "Euthanasie"-Prozeß in Hannover 1950 (Vgl. Justiz und NS-Verbrechen, Bd. 7, S. 119ff). Der Direktor der evangelischen Anstalt Scheuern (Hessen-Nassau) war sogar selbst zusammen mit dem Arzt der Einrichtung wegen Beihilfe zum Mord vor dem Koblenzer Landgericht angeklagt, wurde jedoch trotz Mitwirkung wegen erwiesener Sabotage "in der furchtbaren Zwangslage jener Zeit" freigesprochen (Vgl. Justiz und NS-Verbrechen, Bd. 3, S. 249-272, hier S. 266).

3 Siehe Paul Gerhard Braune, Der Kampf der Inneren Mission gegen die Euthanasie, in: Die Innere Mission 1947, H. 5/6, S. 12-44 (mit dem abgedruckten Brief des Landesbischofs Wurm und den Protesten von Amtsgerichtsrat Kreyssig) auch Ludwig Schlaich, Lebensunwert? Stuttgart 1947.

4 Hans Christoph von Hase (Hg.), Evangelische Dokumente zur Ermordung der "unheilbar Kranken" unter der nationalsozialistischen Herrschaft in den Jahren 1939-1945, Stuttgart o.D. (1964)

5 Innerhalb der Diakonie setzte 1963 eine groß angelegte Befragung ein. Siehe das Rundschreiben vom 5. Juni, das v. Hase im Auftrag der Hauptgeschäftsstelle Innere Mission und Hilfswerk der EKD an die Landesverbände für die Gemeindedienste bzw. Bezirksstellen gesandt hat (Archiv Diakonisches Werk der EKD, im folgenden zitiert als ADW, HGSt 3750 A). Ähnlich fragte die Caritas bereits 1959 ihre Einrichtungen ab (siehe die Antworten in Archiv Deutscher Caritasverband 732.27 Mappe 2).

6 Nowak, Kurt, "Euthanasie" und Sterilisierung im "Dritten Reich". Die Konfrontation der evangelischen und katholischen Kirche mit dem "Gesetz zur Verhütung erbkranken Nachwuchses" und die "Euthanasie"-Aktion, Göttingen ^{2}1980.

7 Klee, Ernst, "Euthanasie" im NS-Staat. Die "Vernichtung lebensunwerten Lebens", Frankfurt 1983 und diesem folgend: ders., Dokumente zu "Euthanasie", Frankfurt 1985.

8 Hochmuth, Anneliese (Hgn.), Bethel in den Jahren 1939-1943. Eine Dokumentation zur Vernichtung lebensunwerten Lebens, Bielefeld 1970 (Bethel-Arbeitsheft 1).

9 Schmuhl, Hans-Walter, Rassenhygiene, Natonalsozialismus, Euthanasie, Göttingen, 1987, bes. S. 327-343

10 S. hierzu die in Manuskriptform im Betheler Archiv vorliegende Arbeit von Hamann, Peter, Zwangssterilisierung und Euthanasie oder: Wie Dr. Karsten Jaspersen den Fortschritt der Psychiatrie bremste (1988), sowie Thierfelder, Jörg, Karsten Jaspersens Kampf gegen die NS-Krankenmorde, in: Strohm, Theodor/ Thierfelder, Jörg (Hg.), Diakonie im "Dritten Reich". Neuere Ergebnisse zeitgeschichtlicher Forschung, Heidelberg 1990, S. 226-239.

11 Kühl, Stefan, Bethel zwischen Anpassung und Widerstand. Die Auseinandersetzung der von Bodelschwinghschen Anstalten mit der Zwangssterilisation und den Kranken- und Behindertenmorden im Nationalsozialismus, Bielefeld 1990 (hg. vom ASTA der Universität Bielefeld).

12 Literaturangaben s. Bibliographie.

13 Fröhlich Helfen, I 1986.

14 Kaminsky, Uwe, Zwangssterilisation und "Euthanasie" im Rheinland. Evangelische Erziehungsanstalten sowie Heil- und Pflegeanstalten 1933-1945, Köln 1995 (=Schriftenreihe des Vereins für Rheinische Kirchengeschichte 116).

15 Vgl. zu den folgenden Ausführungen Kaminsky, Uwe, Zwangssterilisation und "Euthanasie", S. 107-136; ferner Kaiser, Jochen-Christoph, Sozialer Protestantismus im 20. Jahrhundert, München 1989. S. 391-443.
16 Vgl. Sachße, Christoph/ Tennstedt, Florian, Der Wohlfahrtsstaat im Nationalsozialismus, Stuttgart, 1992, S. 133.
17 Siehe ausführlich zur Entstehung, dem Aufbau und den Arbeitsbereichen der NSV Eckhard Hansen, Wohlfahrtspolitik im NS-Staat. Motivation, Konflikte und Machtstrukturen im "Sozialismus der Tat" des Dritten Reiches, Augsburg 1991, S. 7-34; Zum Verhältnis von Innerer Mission zur NSV siehe Kaiser, Sozialer Protestantismus, S. 185-206 und 422-443; sowie ders., NS-Volkswohlfahrt und Innere Mission im "Dritten Reich", in: Strohm/ Thierfelder (Hg.), Diakonie im "Dritten Reich", S. 37-59.
18 Siehe Hansen, Wohlfahrtspolitik im NS-Staat, S. 105-118. Es ist das Verdienst der Arbeit Hansens, die Wichtigkeit der regionalen und lokalen Ebene für die Ausdehnung der NSV im Rahmen der polykratischen NS-Herrschaftsstruktur herausgearbeitet zu haben. Vgl. auch Sachße/Tennstedt, Der Wohlfahrtsstaat im Nationalsozialismus, S. 132-150.
19 Zu den Gauleitern vgl. Hüttenberger,Peter, Die Gauleiter. Studie zum Wandel des Machtgefüges in der NSDAP, Stuttgart 1969, S. 118; Hansen, Wohlfahrtspolitik im NS-Staat, S. 70.
20 Siehe hierzu aus der Sicht Ohls Bericht über die Gesamtlage zur Vorstandssitzung am 21.7.1939, in: Archiv des Diakonischen Werkes der Evangelischen Kirche des Rheinlandes (ADWRh), Ohl 6.1.5.
21 Siehe Kaiser, Sozialer Protestantismus, S. 428-430.
22 Vgl. hierzu Hansen, Wohlfahrtspolitik im NS-Staat, S. 107-108, sowie Kaiser, Sozialer Protestantismus, S. 219-220.
23 Am 12.8.1940 veröffentlichte der Leiter der Deutschen Evangelischen Kirchenkanzlei einen Erlaß über die Innere Mission (Gesetzblatt der Deutschen Evangelischen Kirche 1940, S. 39f.), der offenbar seit Oktober 1939 beraten worden war.
24 Vgl. Nowak, Kurt, Der deutsche Protestantismus und die Unfruchtbarmachung der Erbkranken. Kritische Erwägungen zur humanitären Dimension christlicher Existenz im "Dritten Reich", in: van Norden,Günther (Hg.), Zwischen Bekenntnis und Anpassung. Aufsätze zum Kirchenkampf in rheinischen Gemeinden, in Kirche und Gesellschaft, Köln 1985, S. 178-192, bes. S. 181-186. Bezüglich der Akzeptanz der Eugenik im protestantischen Milieu vgl. Schwartz,Michael, Konfessionelle Milieus und Weimarer Eugenik, in: Historische Zeitschrift, 261, 1995, S. 403 - 448, bes. 430ff.
25 Der Verband Deutscher Evangelischer Heilerziehungs- Heil- und Pflegeanstalten umfaßte nach einer eigenen Statistik, die 1938 versucht wurde, (54 von 85 Anstalten machten Angaben) 24.877 Anstaltsbewohner (davon 12.922 "Schwachbegabte", 5.333 Epileptiker, 4.221 Geisteskranke), von denen nur 2.899 als Privatpfleglinge galten. Unter den 4.917 Angestellten waren 1.072 Diakonissen und 489 Diakone (siehe Auszug aus der Statistik in ADWRh Ohl 86.3).
26 Vgl. allgemein Kaminsky, Zwangssterilisation und "Euthanasie", S. 150-193, 213-222, 259-264.
27 Siehe hierzu die Erklärung des Hauptausschusses des Centralausschusses für Innere Mission "Die Schwangerschaftsunterbrechung Erbbelasteter bei gleichzeitiger Unfruchtbarmachung", in: Gesundheitsfürsorge, 9. Jg., 1935, S. 2-4.
28 Siehe hierzu die Überlieferung in der Akte "Euthanasie" ADWRh, Ohl 86.2 und in den Akten des Hauptarchivs der v. Bodelschwinghschen Anstalten in Bethel besonders 2/39-187.
29 Der Wortlaut der Denkschrift ist an verschiedenen Stellen veröffentlicht. Erstmals in der Zeitschrift Innere Mission 1947, H. 5/6, S. 23-34, dann in den Evangelischen Dokumenten, S. 14-22.
30 Rückleben, Hermann, Deportation und Tötung, von Geisteskranken aus den badischen Anstalten der Inneren Mission Kork und Mosbach, Karlsruhe 1981, S. 21-46 und 75-77.
31 Schlaich, Lebensunwert? S. 28f.

32 Ebda., S. 29-41 und Kalusche, Martin, „Das Schloß an der Grenze". Kooperation und Konfrontation mit dem Nationalsozialismus in der Heil- und Pflegeanstalt Stetten i.R., Heidelberg 1997 (Diss. theol.).
33 Nowak, Kurt, Sterilisation, Krankenmord und Innere Mission, in: Thom, Achim/ Caregorodcev, Genadij (Hg.), Medizin unterm Hakenkreuz, S. 173.
34 So Nowak, "Euthanasie" und Sterilisierung, S. 138; ihm folgend Schmuhl, Rassenhygiene, S. 343.
35 Zu einem ähnlichen Ergebnis kamen am Beispiel der Neuendettelsauer Anstalten auch Müller, Christine-Ruth/ Siemen, Ludwig, Warum sie sterben mußten, Neustadt a.d. A., 1991, S. 104-108 und 167-170.
36 Siehe Kaminsky, Zwangssterilisation und "Euthanasie", S. 400-407.
37 Siehe als Beispiel Kaminsky, Zwangssterilisation und "Euthanasie", S. 324-529, woraus nachfolgende Beispiele entnommen sind. Siehe allgemein zum Verhalten von Kirche und Innerer Mission gegenüber den Krankenmorden Nowak, "Euthanasie" und Sterilisierung, S. 131-158; ders., Sterilisation, Krankenmord und Innere Mission im "Dritten Reich", S. 171-177; ders., Kirchlicher Widerstand gegen die "Euthanasie", S. 157-164; Schmuhl, Rassenhygiene, S. 312-346.

Erläuterungen zur Dokumentation der Evangelischen Einrichtungen

Um alle evangelischen Einrichtungen mit ihrer Geschichte in der NS-Zeit zu erfassen, hat der Arbeitskreis ein Erhebungsraster erarbeitet, in das die erhaltenen Informationen eingearbeitet wurden. Die Informationen stammen von Autoren, die sich speziell mit der Geschichte einzelner Einrichtungen befaßt haben, von der heutigen Leitung oder einzelnen mit der Geschichtsbearbeitung beauftragten Mitarbeitern sowie aus der veröffentlichten Literatur. Eigene Forschungen wurden nur im Ausnahmefällen unternommen. Die Angaben wurden um einzelne Informationen aus der Literatur und Archiven ergänzt. Bei der Frage nach den Meldebögen (Frage 9) wird die Angabe aus den Einrichtungen um die Zahl ergänzt, die in einer im August 1941 von den Organisatoren der Mordaktion erstellten Liste (Bundesarchiv Potsdam, R 96 I ,6) mit der Zahl der zurückgesandten Meldebögen angegeben ist (= Berliner Anstaltsliste vom 31.8.1941). Bei Frage 8 wurden häufig Datums-Ergänzungen vorgenommen.

Teilweise wurden Einzelheiten aus den Planungsunterlagen der Reichsarbeitsgemeinschaft Heil- und Pflegeanstalten, (BA Potsdam R 96 I 7,15,16) insbesondere bei Frage 11, nachgetragen.

Aufgenommen wurden alle evangelischen Einrichtungen, in denen geistig Behinderte zwischen 1933 und 1945 mehr als nur kurzfristig aufgenommen waren. 86 Einrichtungen, die diesen Kriterien entsprechen, wurden für die Zeit des Nationalsozialismus in Deutschland ermittelt. Sanatorien mit nur kurmäßig angelegtem Aufenthalt werden daher nicht erfaßt. Die evangelischen (Fürsorge-) Erziehungseinrichtungen sind, soweit keine geistesschwachen Jugendlichen aufgenommen wurden, nicht aufgeführt. Auch "Frauenheime" wurden nur einbezogen, wenn sie auch geistesschwache Frauen aufnahmen. Anstalten, die allein der Betreuung und Ausbildung von Körperbehinderten dienen, sind ebenso unberücksichtigt geblieben wie Arbeiterkolonien und Altersheime. Auch aus diesen Einrichtungen der Inneren Mission sind in Sterilisationen und in Einzelfällen Verlegungen bekannt, die aber hier ebenfalls unberücksichtigt bleiben.
Die Einrichtungen sind in den Ländern oder preußischen Provinzen, zu denen sie gehörten, in alphabetischer Reihenfolge aufgeführt. Die Anordnung der Länder oder Provinzen ergibt sich aus der Chronologie der Eingriffe in die Arbeit der Einrichtungen. Das bedeutet z.B., daß in der am frühesten unter nationalsozialistischen Einschränkungen leidenden Region Hessen auch die kleinen Einrichtungen wie in Frankfurt und Oberursel mit aufgeführt sind, obwohl sie selbst zunächst nicht betroffen waren.

Jeder Region ist zum besseren Verständnis eine Karte der Verwaltungsgliederung des Deutschen Reichs von 1941 mit den annektierten Gebieten und ein kurzer

Einführungstext beigefügt, der die wesentlichen Zusammenhänge auch zu den Krankenmorden in den staatlichen Einrichtungen nennt und auf wichtige verwaltungsgeschichtliche Ereignisse hinweist. Aus inhaltlichen Gründen werden Hessen und die preußische Provinz Hessen-Nassau, Lippe-Detmold und die Provinz Westfalen, Anhalt und die Provinz Sachsen zusammen dargestellt. Nicht vertreten sind Oldenburg, Bremen und Schaumburg-Lippe, das Saargebiet sowie das annektierte Gebiet von Elsaß-Lothringen, da es dort im Untersuchungszeitraum keine entsprechenden evangelischen Einrichtungen gab.

Die einzelnen Fragen:

1. Gründungsgeschichte der Einrichtung und des Beginns ihrer Behindertenarbeit
Hier wird nur auf die Gründung und die Entwicklung der Behindertenarbeit eingegangen. Hinweise zur Gründungsgeschichte der Einrichtung als Diakonissenanstalt, Diakonenanstalt, Krankenhaus etc. sind nur in geringem Umfang aufgenommen.

2. Größe der Einrichtung 1933 - 1945
Angegeben werden die Bewohnerzahl, nach Möglichkeit über mehrere Jahre, sonst nur ein Stichjahr (soweit möglich 1937). Gelegentlich wurden Einzelheiten aus der o.a. Berliner Anstaltsliste vom 31.8.1941 und nach dem Verzeichnis von Laehr (Hans Laehr, Georg Ilberg, Die Anstalten für Geisteskranke, Nervenkranke, Schwachsinnige, Epileptische, Trunksüchtige usw. in Deutschland, Österreich und der Schweiz, in: Allgemeine Zeitschrift für Psychiatrie, Bd. 106. 1937, 1-140) nachgetragen.

3. Träger der Einrichtung 1933 - 1945
Die Mitgliedschaft der Trägervereine/Stiftungen in Landesvereinen/verbänden der Inneren Mission wird vorausgesetzt und nicht gesondert angegeben.

4. Art der (damaligen) Behindertenarbeit und der Bewohnerstruktur
Die Übernahme von Begriffen wie "Schwachsinnig", "Krüppel", "Geisteskranke", "Geistigbehinderte" folgt ungeprüft aus Quellenangaben. Derartige Terminologie ist zeitgebunden und kann nicht vereinheitlicht oder heutigem Sprachgebrauch und Verständnis angepaßt werden, verbergen sich doch dahinter unterschiedliche Formen und Grade psychischer Krankheit oder geistiger Behinderung. Einer Diskriminierung der Betroffenen soll durch die Verwendung der Begriffe in keinem Fall Vorschub geleistet werden.

5. Teilnahme an der eugenischen Diskussion vor und nach 1933
Teilweise wurden Informationen aus den einschlägigen Akten des Archiv des Diakonischen Werkes der EKD in Berlin über die Teilnahme an den eugenischen Fachtagungen des Centralauschusses der Inneren Mission nachgetragen.

6. Sterilisierungsmaßnahmen 1933 - 1945
Die Zahlenangaben beziehen sich unterschiedlich auf einzelne Jahre, die Zeit 1934 - 1939 oder 1933 - 1945.

7. Staatliche Eingriffe in die Einrichtungsstruktur bis 1939
Verzichtet wird bei staatlichen Eingriffen auf die Erwähnung genereller Maßnahmen wie die Steuerpolitik, das Sammlungsverbot, die arbeitsrechtliche Umstellung auf das Führerprinzip mit Gefolgschaftsangehörigen, Hinweisen auf Betriebsappelle etc. sowie auf die Folgen der Einberufung zahlreicher Mitarbeiter ab 1939.

8. Erfassung und Abtransport jüdischer Bewohner
Gefragt wird in erster Linie nach der Verlegungsaktion vom Herbst 1940 und der Verlegung jüdischer Heimbewohner und Patienten 1941 bis Frühjahr 1942.

9. Meldebögen der "Aktion T 4"
Die Meldebögen kamen zu sehr unterschiedlichen Zeiten in die Einrichtungen, daher ist nach Möglichkeit das Datum genau angegeben, die Zahl der ausgefüllten Meldebögen wurde teilweise nachgetragen.

10. Abtransporte im Rahmen "Aktion T 4"
So weit möglich werden alle Transporte (über 3 Personen) angegeben, auf Einzelverlegungen wird hingewiesen. Auf Bezeichnungen wie Heil- und Pflegeanstalt, Landesheilanstalt o.ä. bei den Zielanstalten wird verzichtet.

11. Weitere Abtransporte und Beschlagnahmungen bzw. Eingriffe
Gefragt wird nach (Teil-) Räumungen, die zweckentfremdende Nutzung der Gebäude oder eines Teiles der Einrichtung in den unterschiedlichsten Formen und die Folgen für die Bewohner.

12. Schicksale der Abtransportierten
Generell wird auf die Situation in den Zieleinrichtungen verwiesen, es muß, wenn nicht detailliert angegeben, nicht bedeuten, daß alle Verlegten das gleiche Schicksal hatten.

13. Sterben in der Einrichtung 1933 - 1945
Dieses Thema ist nur selten erforscht, der Hinweis *keine Angaben* bedeutet nicht, daß hier kein erhöhtes Sterben vorliegen kann.

14. Entwicklung der Einrichtung nach 1945
Eingegangen wird nur auf die in der NS-Zeit betroffenen Arbeitsgebiete und die direkten Folgen (Aufhebungen von Beschlagnahmungen, Wiedergründungen etc.). Die allgemeine Einrichtungsentwicklung bis zur Gegenwart bleibt in der Regel unbeachtet.

15. Bearbeitung der NS-Zeit und Gedenken der Opfer durch die Einrichtung
Erfaßt werden Forschungen zur Anstaltsgeschichte und die Errichtung von Gedenkstätten, -tafeln, -steinen etc.

16. Aktenlage
Angegeben wird nur die Aktenlage in den Einrichtungen zur NS-Zeit, vorherige oder spätere Bestände bleiben unberücksichtigt. In Einzelfällen erfolgt der Hinweis auf Akten außerhalb der Einrichtung, in anderen Anstalten oder öffentlichen Archiven.

17. Literatur
Genannt werden nur Arbeiten mit direktem Bezug zur Einrichtung in der NS-Zeit. Die Erwähnung in Gesamtdarstellungen wird nicht notiert.

Die Einrichtungen der Inneren Mission

1933 - 1945

Hessen
Provinz Hessen - Nassau

1 Arolsen
2 Aue
3 Frankfurt, Nathalienhaus
4 Niederramstadt
5 Oberursel
6 Scheuern
7 Treysa

Hessen-Darmstadt und Provinz Hessen-Nassau

Einwohnerzahl Hessen-Darmstadt   1933: 1.427.000
Provinz Hessen-Nassau   1933: 2.578.000

Das selbständige Land Hessen und die preußische Provinz Hessen-Nassau sind in Bezug auf die Durchführung der "Euthanasieverbrechen" gemeinsam zu betrachten. Die vom Landesrat Bernotat durch die Provinzialverwaltung durchgesetzte Entkonfessionalisierung betraf die großen Einrichtungen in beiden Teilen Hessens, da die hessischen Niederramstädter Anstalten überwiegend durch Bewohner aus Hessen-Nassau belegt waren. Während die kleinen Einrichtungen mit regionaler Bedeutung, wie Arolsen im bis 1929 selbständigen Waldeck, zunächst unbeachtet blieben, wurden aus den großen Anstalten Treysa und Niederramstadt 1938 bzw. 1939 fast 1000 Bewohner in Provinzialanstalten verlegt. Die Arbeit der Inneren Mission mit der Betreuung von Geisteskranken und -schwachen war damit fast zum Erliegen gekommen. Scheuern wurde als Einrichtung der Inneren Mission unter Androhung des Abzugs der Bewohner de facto der Provinzialverwaltung unterstellt und mußte so ab 1941 die Funktion einer Zwischenanstalt für Hadamar, in der ab Januar 1941 über 10.000 Menschen ermordet wurden, übernehmen. Die Errichtung der Tötungsanstalt in Hessen-Nassau deutet auf die Bereitwilligkeit der Provinzialverwaltung hin, die Morde mit zu organisieren. Zunächst sollte in der Rheinprovinz eine geeignete Tötungsanstalt errichtet werden. Dieses war aber am Widerspruch der Provinz gescheitert. Da die großen Einrichtungen der Inneren Mission schon vor dem eigentlichen Euthanasieprogramm ihre Patienten abgeben mußten, beschränkten sich die Abtransporte auf die staatlichen Heil- und Pflegeanstalten. Die Errichtung von Lazaretten in den Einrichtungen der Inneren Mission führte nur selten zu Verlegungen.

Bathildisheim
Arolsen

Prov. Hessen-Nassau
Reg.-Bez. Kassel

1. Gründungsgeschichte der Einrichtung und des Beginns ihrer Behindertenarbeit
1905 Gründung eines „Hülfsverein für verkrüppelte, blöde, epileptische, taubstumme und blinde Kinder im Fürstentum Waldeck-Pyrmont", 1912 Einweihung des neuerbauten Bathildisheims.

2. Größe der Einrichtung 1933 - 1945
Haus Waldfrieden 1941: 65 Plätze
Bathildisheim 1939: 90 Plätze, 1941: 75 Plätze

3. Träger der Einrichtung 1933 - 1945
Verein Waldeck'sche Krüppelhilfe e.V.

4. Art der (damaligen) Behindertenarbeit und der Bewohnerstruktur
Körperbehinderte im Bathildisheim
Schwachsinnige im Haus Waldfrieden

5. Teilnahme an der eugenischen Diskussion vor und nach 1933
Keine Angaben.

6. Sterilisierungsmaßnahmen 1933 - 1945
Umfang unbekannt.

7. Staatliche Eingriffe in die Einrichtungsstruktur bis 1939
Starker Rückgang der Bewohner, 1938 Auflösung der Mädchenstation: zeitweilige Unterbringung von Sudetendeutschen, nach Kriegsbeginn Aufnahme von evakuierten Saarländern.

8. Erfassung und Abtransport jüdischer Bewohner
Abtransport von 6 jüdischen Bewohnern 1940 nach Gießen, zur Ermordung in Brandenburg.

9. Meldebögen der "Aktion T 4"
Berliner Anstaltsliste 1941: Bathildisheim: 30; Haus Waldfrieden 65.

10. Abtransporte im Rahmen "Aktion T 4"
Keine

11. Weitere Abtransporte und Beschlagnahmungen bzw. Eingriffe
1941 teilweise Reservelazarett, 1942 Beschlagnahmung des gesamten Bathildisheims als Lazarett, Aufnahme von körperbehinderten Pfleglingen im Dorf und im Haus Waldfrieden.

12. Schicksale der Abtransportierten
Entfällt

13. Sterben in der Einrichtung 1933 - 1945
Nicht untersucht.

14. Entwicklung der Einrichtung nach 1945
Fortführung der Behindertenarbeit.

15. Bearbeitung der NS-Zeit und Gedenken der Opfer durch die Einrichtung
Keine Bearbeitung.

16. Aktenlage
Geringe Aktenbestände.

17. Literatur
75 Jahre Bathildisheim Arolsen - Chronik des Bathildisheim, Arolsen 1987.

Christliche Anstalt für Schwachsinnige
Aue üb. Schmalkalden

Preußen
Prov. Hessen-Kassel
Reg.-Bez. Kassel heute Thüringen

1. Gründungsgeschichte der Einrichtung und des Beginns ihrer Behindertenarbeit
Gegründet 1873 in Fischbach bei Meiningen, 1883 Verlegung der Einrichtung mit 14 Zöglingen nach Aue bei (heute in) Schmalkalden, heute Thüringen, 1911: 116 Pfleglinge.

2. Größe der Einrichtung 1933 - 1945
1937: 144; 1941: 151.

3. Träger der Einrichtung 1933 - 1945
Bis 1937 Verein "Friede Euch" in Darmstadt, seit 1939 Stiftung "Nächstenliebe" in Stuttgart.

4. Art der (damaligen) Behindertenarbeit und der Bewohnerstruktur
Geistig behinderte Männer, Frauen und Kinder.

5. Teilnahme an der eugenischen Diskussion vor und nach 1933
Keine besondere Aktivität bekannt.

6. Sterilisierungsmaßnahmen 1933 - 1945
1934: 43 Anträge auf Sterilisation, bis 1940 insgesamt 49.
Sterilisiert wurden bis 1940: 44 Bewohner.

7. Staatliche Eingriffe in die Einrichtungsstruktur bis 1939
1937 wurde der die Anstalt tragende Verein "Friede Euch" wegen seiner Verbindungen zur Gruppierung "Christliche Versammlung" verboten und aufgelöst. Die Anstalt wurde beschlagnahmt und sollte der NSV unterstellt werden. Nach Einspruch beim Reichsinnenministerium konnte nach zwei Monaten die Rücknahme der Beschlagnahmung erreicht werden: Die Anstalt sollte der Stuttgarter Stiftung Nächstenliebe angeschlossen werden, dies gelang jedoch endgültig erst nach zwei Jahren nach erheblicher Auseinandersetzung mit der NSV.

8. Erfassung und Abtransport jüdischer Bewohner
Abtransport zweier jüdischer Bewohner am 6.9.1942.

9. Meldebögen der "Aktion T 4"
Einzelheiten unbekannt, Berliner Anstaltsliste vom 31.8.1941: 153.

10. Abtransporte im Rahmen "Aktion T 4"
Für den 27.8.1941 war der Abtransport von 117 Bewohnern nach Weilmünster vorgesehen, der jedoch nicht durchgeführt wurde.

11. Weitere Abtransporte und Beschlagnahmungen bzw. Eingriffe
Einzelverlegungen nach Hildburghausen und Stadtroda.

12. Schicksale der Abtransportierten
Entfällt

13. Sterben in der Einrichtung 1933 - 1945
Nicht untersucht.

14. Entwicklung der Einrichtung nach 1945
Fortführung der Arbeit.

15. Bearbeitung der NS-Zeit und Gedenken der Opfer durch die Einrichtung
s. Literatur.

16. Aktenlage
Verwaltungsarchiv und Bewohnerakten.

17. Literatur
Antwort der Liebe, 100 Jahre christliche Pflegeanstalt Schmalkalden, Aue, 1973
Hornickel, Heidi, "Die, so im Elend sind, führe in dies Haus (Jes 58.7)" Entstehung und Entwicklung der christlichen Wohnstätten Schmalkalden GmbH von den Anfängen bis 1989, Schülerwettbewerbsarbeit 1997

Magdalenenheim
Nathalienhaus ab 1941
Frankfurt a.M.

Preußen
Provinz Hessen-Nassau
Reg.-Bez. Wiesbaden

1. Gründungsgeschichte der Einrichtung und des Beginns ihrer Behindertenarbeit
1874 Heim des 1869 gegründeten Magdalenen-Vereins auf dem Gelände und in engster Verbindung zum Diakonissenmutterhaus Frankfurt.

2. Größe der Einrichtung 1933 - 1945
Ca. 40 Plätze.

3. Träger der Einrichtung 1933 - 1945
Magdalenenverein

4. Art der (damaligen) Behindertenarbeit und der Bewohnerstruktur
Erziehungsheim, „gefallene Mädchen", auch strafentlassene und schwachsinnige Frauen.

5. Teilnahme an der eugenischen Diskussion vor und nach 1933
Keine Angaben.

6. Sterilisierungsmaßnahmen 1933 - 1945
Keine Angaben.

7. Staatliche Eingriffe in die Einrichtungsstruktur bis 1939
Keine

8. Erfassung und Abtransport jüdischer Bewohner
Nicht betreffend.

9. Meldebögen der "Aktion T 4"
Berliner Anstaltsliste vom 31.8.1941: 36 Meldebögen.

10. Abtransporte im Rahmen "Aktion T 4"
Keine

11. Weitere Abtransporte und Beschlagnahmungen bzw. Eingriffe
Nach Bombenangriff im März 1944 Verlegung einzelner Heimbewohnerinnen ins Elisabethhaus Marburg.

12. Schicksale der Abtransportierten
Keine besonderen Vorkommnisse bekannt.

13. Sterben in der Einrichtung 1933 - 1945
Keine Angaben.

14. Entwicklung der Einrichtung nach 1945
Die Einrichtung bleibt aufgelöst.

15. Bearbeitung der NS-Zeit und Gedenken der Opfer durch die Einrichtung
Keine

16. Aktenlage
Keine spezifische Aktenüberlieferung.

17. Literatur
Getrost und freudig, 125 Jahre Frankfurter Diakonissenhaus, 1870 - 1995, Frankfurt 1995.

Niederramstädter Anstalten

ab 1938: Niederramstädter Heime der Inneren Mission

Niederramstadt
Hessen

1. Gründungsgeschichte der Einrichtung und des Beginns ihrer Behindertenarbeit
1900 Gründung einer Heil- und Pflegeanstalt für epileptische Kinder und Jugendliche mit dem Schwerpunkt der Erziehungsarbeit, 1910 Erweiterung um eine Krüppelanstalt.

2. Größe der Einrichtung 1933 - 1945
1.1. 1937: 561 Plätze.

3. Träger der Einrichtung 1933 - 1945
Eigenständiger Verein.

4. Art der (damaligen) Behindertenarbeit und der Bewohnerstruktur
Aufnahme von Epileptikern, Schwachsinnigen und Krüppeln.

5. Teilnahme an der eugenischen Diskussion vor und nach 1933
Keine Angaben.

6. Sterilisierungsmaßnahmen 1933 - 1945
Bei dürftiger Quellenlage soweit erkennbar Sterilisationen nur in eher geringer Anzahl.

7. Staatliche Eingriffe in die Einrichtungsstruktur bis 1939
November 1937 Androhung durch Landesverwaltung (durchgeführt von F. Bernotat, Hessen-Nassau), die hessischen Bewohner verlegen zu lassen, wenn der Pflegesatz nicht entschieden gesenkt wird. Trotz Pflegesatzsenkung Mai/Juni 1938 Verlegungen von 250 und Januar 1939 fast 300 Bewohnern in staatliche und staatsnahe Anstalten (Goddelau, Alzey, Gießen, Heppenheim, Scheuern, Kalmenhof).
Umstellung eines großen Teils der Arbeit auf Altenpflege.
Sept. 1939 Teile der Einrichtungen für Krankenhaus und Ausweichheime beschlagnahmt.

8. Erfassung und Abtransport jüdischer Bewohner
Unter den 1938 und 1939 Verlegten waren auch 3 jüdische Heimbewohner, einer wurde im Herbst 1940 weiterverlegt und ermordet, die beiden anderen 1941 nach Sayn verlegt.

9. Meldebögen der "Aktion T 4"
Keine Angaben, Berliner Anstaltsliste vom 31.8.1941: keine Meldebögen.

10. Abtransporte im Rahmen "Aktion T 4"
Keine

11. Weitere Abtransporte und Beschlagnahmungen bzw. Eingriffe
19.6.1941: Verlegung von 33 Bewohnern mit unbekanntem Ziel.
25.9.1941 - 11.11.1941: Verhaftung des Anstaltsleiters Pfr. Schneider.
11.11.194:1 Einsetzung eines Staatskommissars zur Leitung der Heime. Nutzung als Pflegeheim und Krankenhaus, u.a. auch für Fremdarbeiter.

12. Schicksale der Abtransportierten
Aus den Aufnahmeeinrichtungen der Abtransportierten 1938/39 sind zahlreiche Verlegungen in die Tötungsanstalt Hadamar bekannt, zu denen auch ehemalige Bewohner der Niederramstädter Heime gehören.

13. Sterben in der Einrichtung 1933 - 1945
Entfällt

14. Entwicklung der Einrichtung nach 1945
26.3.1945: Nach Beendigung der Arbeit des Staatskommissars Übernahme durch den Direktor der Inneren Mission Hessen und Wiederaufbau der Aufgaben und alten Organisationsstruktur.

15. Bearbeitung der NS-Zeit und Gedenken der Opfer durch die Einrichtung
Ausstellung 1990.

16. Aktenlage
Verwaltungsakten im Anstaltsarchiv, keine Bewohnerakten.

17. Literatur
Gunkel, Hermann, Geschichte der Niederramstädter Heime der Inneren Mission, Mühltal 1996.

Hohemark
Oberursel

Preußen
Provinz Hessen-Nassau
Reg.Bez. Wiesbaden

1. Gründungsgeschichte der Einrichtung und des Beginns ihrer Behindertenarbeit
1904 als Privatklinik für Nervenkranke, 1923 an Stadt Frankfurt, "Erholungsheim für Leichtkranke", 1932 verkauft an Marburger Diakonieverein Hebron.

2. Größe der Einrichtung 1933 - 1945
1937 : 150 Plätze.

3. Träger der Einrichtung 1933 - 1945
Marburger Diakonieverein.

4. Art der (damaligen) Behindertenarbeit und der Bewohnerstruktur
Kurheim, Sanatorium, vereinzelt psychisch Kranke.

5. Teilnahme an der eugenischen Diskussion vor und nach 1933
Nein

6. Sterilisierungsmaßnahmen 1933 - 1945
Keine Angaben.

7. Staatliche Eingriffe in die Einrichtungsstruktur bis 1939
Nein

8. Erfassung und Abtransport jüdischer Bewohner
Nicht betreffend.

9. Meldebögen der "Aktion T 4"
Berliner Anstaltsliste vom 31.8.1941: 5 Meldebögen.

10. Abtransporte im Rahmen "Aktion T 4"
Keine Angaben.

11. Weitere Abtransporte und Beschlagnahmungen bzw. Eingriffe
1941 Lazarett unter Betreuung und Verwaltung der Diakonissen. Kriegsgefangenenlazarett. Unklar, ob Beschlagnahmung oder ob die bisherige Arbeit fortgeführt wurde.

12. Schicksale der Abtransportierten
1944: Einzelverlegungen von Lazarettinsassen nach Hadamar über Weilmünster.

13. Sterben in der Einrichtung 1933 - 1945
Entfällt

14. Entwicklung der Einrichtung nach 1945
Fortführung der Arbeit.

15. Bearbeitung der NS-Zeit und Gedenken der Opfer durch die Einrichtung
Nein

16. Aktenlage
Keine spezifischen Akten überliefert.

17. Literatur
Keine

Scheuern

Preußen
Prov. Hessen-Nassau
Reg.-Bez. Wiesbaden

1. Gründungsgeschichte der Einrichtung und des Beginns ihrer Behindertenarbeit
1850 als Pflegeeinrichtung für Epileptiker und Schwachsinnige errichtet.

2. Größe der Einrichtung 1933 - 1945
1937 : 778; Berliner Anstaltsliste vom 31.8.1941: 940 Betten.

3. Träger der Einrichtung 1933 - 1945
Eigene Stiftung.

4. Art der (damaligen) Behindertenarbeit und der Bewohnerstruktur
Erziehungs- und Pflegeanstalt für Geisteschwache; Bildungsfähige zu Unterricht und Ausbildung, Bildungsunfähige zur Pflege und Beschäftigung.

5. Teilnahme an der eugenischen Diskussion vor und nach 1933
Teilnahme an den eugenischen Fachtagungen des CA durch leitende Mitarbeiter.

6. Sterilisierungsmaßnahmen 1933 - 1945
Umfang unbekannt.

7. Staatliche Eingriffe in die Einrichtungsstruktur bis 1939
Unter der Androhung des Abzugs von über 500 Bewohnern in provinzeigene Anstalten und der Kündigung eines Kredites von 750.000 M. Übertragung des Vorstandsvorsitzes auf Landesrat Bernotat.

8. Erfassung und Abtransport jüdischer Bewohner
Keine Angaben.

9. Meldebögen der "Aktion T 4"
Berliner Anstaltsliste vom 31.8.1941: 1082 Meldebögen

10. Abtransporte im Rahmen "Aktion T 4"
Zwischenanstalt mit zahlreichen Verlegungen nach Hadamar und Kalmenhof/Idstein. Von März 1941 bis September 1944 ist die Verlegung von 1323 Menschen belegt, neben Bewohnern Scheuerns Patienten aus zahlreichen Einrichtungen, die in der "Zwischenanstalt" Scheuern kurzfristig untergebracht waren.

11. Weitere Abtransporte und Beschlagnahmungen bzw. Eingriffe
September 1944: Einrichtung als Lazarett, dazu weitere Verlegungen.

12. Schicksale der Abtransportierten
Die Verlegungen nach Hadamar führten zur unmittelbaren Ermordung der Verlegten.

13. Sterben in der Einrichtung 1933 - 1945
Hohe Sterblichkeitsrate, Zielort zahlreicher Verlegungen 1941 - 1945.

14. Entwicklung der Einrichtung nach 1945
Fortführung der Arbeit.

15. Bearbeitung der NS-Zeit und Gedenken der Opfer durch die Einrichtung
Keine

16. Aktenlage
Archiv vorhanden.

17. Literatur
Skizzen aus der Geschichte der Heilerziehungs- und Pflegeheime Scheuern 1850 - 1990, Scheuern 1990.
Otto, Renate, Die Heilerziehungs- und Pflegeanstalt Scheuern, in: Böhme, K./Lohalm, U. (Hg.), Wege in den Tod - Hamburgs Anstalt Langenhorn und die Euthanasie in der Zeit des Nationalsozialismus, Hamburg (Forum Zeitgeschichte Bd. 2), 1993, 320-334.

Hephata/Treysa
Treysa

Preußen
Provinz Hessen-Nassau
Reg.-Bez. Kassel

1. Gründungsgeschichte der Einrichtung und des Beginns ihrer Behindertenarbeit
Als Erziehungs- und Pflegeanstalt für schwachsinnige und psychisch anormal Körperbehinderte von der Bruderschaft Hephata 1893 gegründet.

2. Größe der Einrichtung 1933 - 1945
31.12.1935: 519 Plätze; 1936: 580 Betten, März 1938: 491 Bewohner
ab 1940: ca. 240.

3. Träger der Einrichtung 1933 - 1945
Hessisches Brüderhaus, e.V.

4. Art der (damaligen) Behindertenarbeit und der Bewohnerstruktur
Erziehungs- und Pflegeheim mit Hilfsschule, öffentliches Krankenhaus, 1938 etwa die Hälfte Kinder und Jugendliche, angeschlossen weitere Heime.

5. Teilnahme an der eugenischen Diskussion vor und nach 1933
Eine der aktivsten Einrichtungen für die Freigabe der Sterilisation, seit Mitte der 20er Jahre zahlreiche rassenhygienischen Publikationen des Anstaltsarztes Wittneben und des Anstaltsleiter Pfr. F. Happich. Aktive Teilnahme an den Eugenischen Fachkonferenzen des CA durch mehrere Mitarbeiter (1. Konferenz in Hephata).

6. Sterilisierungsmaßnahmen 1933 - 1945
Juni 1934: Genehmigung zu Sterilisationen im eigenen Anstaltskrankenhaus.
Bis Juli 1936: 90 Unfruchtbarmachungen, bis 1939 fortgesetzt.

7. Staatliche Eingriffe in die Einrichtungsstruktur bis 1939
Rücknahme der von der Provinz eingewiesenen Patienten: Gegen zahlreiche Eingaben der Anstaltsleitung 1938: Verlegungen von 388 Pfleglingen in provinzeigene hessische Anstalten:

24.5. 1938 Merxhausen 30	30.9. 1938 Merxhausen 30
10.6. 1938 Haina 60	31.10. 1938 Marburg ca. 100 Hilfsschüler
30.6. 1938 Haina 30	30.11.1938 Merxhausen 47
31.8. 1938 Haina 30	5.1. 1939 Merxhausen 47
	31.1.1939 weitere Verlegungen

8. Erfassung und Abtransport jüdischer Bewohner
Keine Angaben, z.T. jüdische Heimbewohner 1938 mitverlegt.

9. Meldebögen der "Aktion T 4"
Berliner Anstaltsliste vom 31.8.1941: 128 Meldebögen.

10. Abtransporte im Rahmen "Aktion T 4"
Keine

11. Weitere Abtransporte und Beschlagnahmungen bzw. Eingriffe
Einrichtung eines Lazaretts 1939.

12. Schicksale der Abtransportierten
Verlegungen 1941 in Zwischenanstalten von Hadamar, weniger als 5 % der Verlegten kehrten nach 1945 wieder von dort nach Hephata zurück.

13. Sterben in der Einrichtung 1933 - 1945
Keine besondere Steigerung zwischen 1940 - 1946.

14. Entwicklung der Einrichtung nach 1945
Fortsetzung der Arbeit.

15. Bearbeitung der NS-Zeit und Gedenken der Opfer durch die Einrichtung
Wissenschaftliche Bearbeitung 1985.
1990 Benennung einer Straße im Gelände nach einer getöteten Bewohnerin.
Mahnmal 1990. Thematisierung in Öffentlichkeitsarbeit, Aus- und Fortbildung.

16. Aktenlage
Z. T. Bewohnerakten, Kleines ungeord. Verwaltungsarchiv.

17. Literatur
Göbel, Peter; Thormann, Helmut, Verlegt, vernichtet, vergessen...?, Leidenswege von Menschen aus Hephata im Dritten Reich, Diakonische Praxis, Heft 2, 1985.

Provinz Ostpreußen

1 Angerburg
2 Rastenburg

Provinz Ostpreußen

Einwohnerzahl 1933: 2.357.000

Die Forschungslage erlaubt nur wenige Aussagen über das Ausmaß und die Organisation der Euthanasieverbrechen in Ostpreußen. In auffallender Weise verbindet sich in Ostpreußen der Gedanke der Entkonfessionalisierung mit einer entwertenden Einstellung gegenüber Geistesschwachen und Kranken. Oberpräsident und Gauleiter Koch verfocht ein engagiertes Entkonfessionalisierungsprogramm, dem zahlreiche Einrichtungen auf dem Gebiet der Inneren Mission zum Opfer fielen, gleichzeitig wurden die Mittel für die Betreuung von Psychiatriepatienten noch stärker eingeschränkt als in anderen Landesteilen. Provinzeigene Einrichtungen wurden in einem Ausmaß verkleinert und aufgelöst, daß die Planungskommission der T4-Organisation 1942 feststellen mußte, daß selbst nach ihren Kriterien die Provinz Ostpreußen inzwischen über erheblich zuwenig Betten verfügte. Die beiden großen kirchlichen Einrichtungen zur Betreuung von Geisteskranken und Behinderten waren daher besonders gefährdet. 1939 und 1942 wurden beide Einrichtungen der Provinzialverwaltung unterstellt und die Bewohner später in staatliche Einrichtungen verlegt, von denen aus sie zu den Opfern früher Krankenmorde wurden. Ein erster Versuch, die Wohltätigkeitsanstalt Angerburg der alleinigen Kontrolle der Provinz zu unterstellen, war 1939 schon vor dem Beginn der Euthanasiemaßnahmen, bei Gelegenheit der Pensionierung des Anstaltsleiters, unternommen worden. Mit großen Mühen gelang es dem eingeschalteten Provinzialverband der Inneren Mission, den Bestand der Anstalt zu sichern. Während in Angerburg nur der kleinste Teil der Einrichtung der Betreuung von Geisteskranken und -schwachen diente, war dies die Hauptaufgabe der Carlshöfer Diakonenanstalt. Beschwerden über die angeblich nicht NS-konforme Ausbildung der Diakone boten den Vorwand, die ganze Einrichtung im März 1939 mit Hilfe der Gestapo aufzulösen und der Provinzialverwaltung zu unterstellen. Die damit aus dem Bereich der Inneren Mission ausgeschiedene, nunmehrige Provinzialanstalt, wurde 1941 zu Gunsten der SS beschlagnahmt. Ein entsprechender Vorwand fand sich auch 1942 für Angerburg, da dort Unregelmäßigkeiten in der Lebensmittelversorgung entdeckt wurden und gegen Diakonissen ein aufsehenerregender Prozeß geführt wurde. Die genauen Einzelheiten des Schicksals der Bewohner der ehemals kirchlichen Einrichtungen seit 1939 konnten nicht ermittelt werden.

Bethesda
Angerburg

Preußen
Prov. Ostpreußen
Reg.-Bez. Gumbinnen

1. Gründungsgeschichte der Einrichtung und des Beginns ihrer Behindertenarbeit
Gegründet 1880, als Einrichtung für Sieche und Gebrechliche, 1914: 800 betreute Menschen in 21 Wohnhäusern, darunter 330 Pflegefälle, Kinder- und Jugendliche, 35 geistesschwache Frauen.

2. Größe der Einrichtung 1933 - 1945
1937 : 650 Plätze

3. Träger der Einrichtung 1933 - 1945
Wohltätigkeitsanstalt Bethesda

4. Art der (damaligen) Behindertenarbeit und der Bewohnerstruktur
Schwerpunkt Körperbehindertenarbeit, Krüppelheim mit orthopädischer Klinik, Ausbildungseinrichtung, auch Pflegeabteilung und Schwachsinnigenpflege; 1937: 160 Schwachsinnige.

5. Teilnahme an der eugenischen Diskussion vor und nach 1933
Keine Angaben.

6. Sterilisierungsmaßnahmen 1933 - 1945
Keine Angaben.

7. Staatliche Eingriffe in die Einrichtungsstruktur bis 1939
Keine Angaben.

8. Erfassung und Abtransport jüdischer Bewohner
Keine Angaben.

9. Meldebögen der "Aktion T 4"
Berliner Anstaltsliste vom 31.8.1941: 193 Meldebögen.

10. Abtransporte im Rahmen "Aktion T 4"
Keine Angaben, zu dieser Zeit bereits verstaatlicht.

11. Weitere Abtransporte und Beschlagnahmungen bzw. Eingriffe
Nach Skandal wegen (angeblicher) Lebensmittelunterschlagung und (nicht vollstrecktem) Todesurteil gegen eine Diakonisse. 1940 - 41 Überführung der Anstalt in Provinzialverwaltung.

12. Schicksale der Abtransportierten
Die Verlegung in Tötungsanstalten nahezu aller Insassen der ostpreußischen staatlichen Pflegeeinrichtungen gilt als sicher.

13. Sterben in der Einrichtung 1933 - 1945
Keine Angaben.

4. Entwicklung der Einrichtung nach 1945
Nach Aufbau der polnischen Verwaltung wieder Einrichtung der Behindertenhilfe, Internat für Lernbehinderte.

15. Bearbeitung der NS-Zeit und Gedenken der Opfer durch die Einrichtung
Keine

16. Aktenlage
Keine Akten bekannt.

17. Literatur
Keine

Carlshöfer Anstalten
Carlshof über Rastenburg

Preußen
Prov. Ostpreußen
Reg.-Bez. Königsberg

1. Gründungsgeschichte der Einrichtung und des Beginns ihrer Behindertenarbeit
Hauptsächliches Arbeitsgebiet der 1883 auf Initiative v. Bodelschwinghs in Ostpreußen gegründeten Diakonenanstalt Carlshof.

2. Größe der Einrichtung 1933 - 1945
1936: 870 Plätze.

3. Träger der Einrichtung 1933 - 1945
Diakonenanstalt Carlshof.

4. Art der (damaligen) Behindertenarbeit und der Bewohnerstruktur
Heil- und Pflegeanstalt für Epileptische und Schwachsinnige. Arbeiterkolonie.

5. Teilnahme an der eugenischen Diskussion vor und nach 1933
Teilnahme an den Tagungen des ständigen Ausschusses für Eugenik.

6. Sterilisierungsmaßnahmen 1933 - 1945
Keine Angaben, mit Sicherheit anzunehmen.

7. Staatliche Eingriffe in die Einrichtungsstruktur bis 1939
Nach massiven Versuchen der NSV und der Provinzialverwaltung, Einfluß auf die Einrichtungen der Inneren Mission in Ostpreußen zu gewinnen, Frühjahr 1938 Untersuchungen wegen NS-feindlichem Verhalten des Rektors und des Anstaltsgeistlichen. Im März 1939 Versuch im Zusammenspiel von NSV und der Provinzialverwaltung die Anstalt der Provinzialverwaltung unterzuordnen. Nach Weigerung des Vorstandsvorsitzenden erfolgt im März 1939 die Auflösung der Carlshöfer Anstalten durch die Gestapo und Überführung in Provinzialbesitz.
1941: SS-Kaserne und Lazarett in Verbindung mit dem militärischem Hauptquartier Wolfsschanze.

8. Erfassung und Abtransport jüdischer Bewohner
Keine Angaben.

9. Meldebögen der "Aktion T 4"
Entfällt

10. Abtransporte im Rahmen "Aktion T 4"
Keine Angaben, zu dieser Zeit keine Einrichtung der Inneren Mission mehr.

11. Weitere Abtransporte und Beschlagnahmungen bzw. Eingriffe
Keine Angaben, zu dieser Zeit keine Einrichtung der Inneren Mission mehr.

12. Schicksale der Abtransportierten
Die Verlegung aller Bewohner zur Ermordung in Tötungsanstalten kann als gesichert gelten. Ein Teil der ehemaligen Carlshöfer Pfleglinge werden im Mai/Juni 1940 mit anderen ostpreußischen Anstaltsinsassen durch ein "Sonderkommando" in Soldau in Gaswagen getötet.

13. Sterben in der Einrichtung 1933 - 1945
Entfällt

14. Entwicklung der Einrichtung nach 1945
Nach Aufbau der polnischen Verwaltung Nutzung als Schul- und Ausbildungseinrichtung.

15. Bearbeitung der NS-Zeit und Gedenken der Opfer durch die Einrichtung
Entfällt

16. Aktenlage
Carlshöfer Akten betr. Beschlagnahmung im Hauptarchiv der v. Bodelschwinghschen Anstalten Bethel.

17. Literatur
Dembowski, Hermann, Heinz Dembowski, 1884 - 1945. Eine Beschreibung seines Lebens, Bonn 1977.

Danzig-Westpeußen

1 Bischofswerder

Reichsgau Danzig-Westpreußen

Einwohnerzahl 1941: 2.289.000

Nachdem bereits in den zwanziger Jahren die vom schlesischen Brüderhaus in Rothenburg/Schlesien unterhaltene große Anstalt in Danzig-Silberhammer aufgegeben war, gab es im Bereich der Freien Stadt Danzig keine Einrichtung der Inneren Mission zur Betreuung von Geisteskranken oder Behinderten mehr. In den seit dem Versailler Vertrag polnischen, ehemals preußischen Teilen blieben die Einrichtungen der deutschen Inneren Mission weitgehend bestehen. Im Rahmen der gesetzlichen Regelungen des polnischen Staates dienten sie in erster Linie der deutschen Bevölkerung. Im ehemaligen Westpreußen waren dies nur die Diasporaanstalten in Bischofswerder. Zum 1. 11. 1939 wurde aus der Freien Stadt Danzig, dem Gebiet des ehemaligen sog. Korridors und dem Teil Westpreußens, der 1919 zu Ostpreußen gekommen war, der Reichsgau Danzig-Westpreußen als eigenständige, dem Reich unterstellte Verwaltungsgliederung gebildet.

Noch während der Kriegshandlungen im Herbst 1939 waren aus den damals polnischen staatlichen Krankenanstalten Patienten durch Erschießen ermordet worden, später folgten Abtransporte über Zwischenanstalten zur Ermordung auf dem Sonnenstein(Pirna/Sa.), u.a. auch aus Danzig-Silberhammer, das zur Orthopädischen Klinik umgewandelt wurde. Wieweit die Bewohner der Diasporaanstalten Bischofswerder von den Krankenmorden betroffen waren, ist der Forschung noch unbekannt.

Diaspora-Anstalten Bischofswerder
Bischofswerder

Danzig-Westpreußen

1. Gründungsgeschichte der Einrichtung und des Beginns ihrer Behindertenarbeit
Auf Privatinitiative in Verbindung mit der Familie v. Hindenburg seit Anfang der neunziger Jahre gegründete Anstalten mit Krankenhaus, Siechenhaus (1897) und Krüppelhaus. Fortführung der Arbeit auch nachdem das Gebiet durch den Versailler Vertrag zu Polen gekommen war. Unterstützung durch Centralausschuß für Innere Mission.

2. Größe der Einrichtung 1933 - 1945
Siechenhaus mit 35 Plätzen.

3. Träger der Einrichtung 1933 - 1945
Diaspora-Anstalten Bischofswerder.

4. Art der (damaligen) Behindertenarbeit und der Bewohnerstruktur
Verschiedene Bereiche umfassende Behindertenarbeit.

5. Teilnahme an der eugenischen Diskussion vor und nach 1933
Keine Angaben.

6. Sterilisierungsmaßnahmen 1933 - 1945
Entfällt, da bis 1939 polnisch.

7. Staatliche Eingriffe in die Einrichtungsstruktur bis 1939
Entfällt

8. Erfassung und Abtransport jüdischer Bewohner
Keine Angaben.

9. Meldebögen der "Aktion T 4"
Keine Angaben. In der Berliner Anstaltsliste vom 31.8.1941 nicht erfaßt.

10. Abtransporte im Rahmen "Aktion T 4"
Keine Angaben.

11. Weitere Abtransporte und Beschlagnahmungen bzw. Eingriffe
Vermutlich ab 1941 aufgelöst oder verstaatlicht.

12. Schicksale der Abtransportierten
Keine Angaben.

13. Sterben in der Einrichtung 1933 - 1945
Keine Angaben.

14. Entwicklung der Einrichtung nach 1945
Keine Angaben.

15. Bearbeitung der NS-Zeit und Gedenken der Opfer durch die Einrichtung
Keine Angaben.

16. Aktenlage
Keine Angaben.

17. Literatur
Keine Veröffentlichungen.

Provinz Pommern

1 Belgard
2 Stettin

Provinz Pommern

Einwohnerzahl 1933: 1.942.000

In der Provinz Pommern erklärten sich verschiedene evangelische Krankenhäuser, z.B. das Diakonissenkrankenhaus Bethanien in Stettin, das Kaiser-Wilhelm-Krankenhaus in Köslin oder das Johanniter-Krankenhaus in Polzin. dazu bereit, Zwangssterilisationen durchzuführen. Die Kückenmühler Anstalten richteten ein "Erbkrankenbüro" ein, um die Erbkranken der eigenen Einrichtung zu erfassen.
In Pommern herrschte mit dem im Juli 1934 zum Gauleiter und Oberpräsidenten ernannten Franz Schwede-Coburg ein radikaler Nationalsozialist, der eigenständig zu Kriegsbeginn Deportationen und Erschießungen von Patienten aus Heil- und Pflegeanstalten veranlaßte. Schon im November 1939 fielen über 1000 aus Pommern deportierte Patienten Erschießungen des SS-Sturmbanns Eimann im Wald von Piasnica (im besetzten Polen, deutsch Piasnitz) zum Opfer. Neben den vier großen provinzeigenen Heil- und Pflegeanstalten Stralsund, Lauenburg, Treptow a. d. Rega und Ueckermünde, zu denen 1939 noch Meseritz-Obrawalde kam, existierten im Bereich der Inneren Mission die Anstalt Kückenmühle und die Belgarder Anstalten. Alle Einrichtungen zusammen verfügten zu Kriegsbeginn über 7600 Betten; im September 1941 besaßen die beiden verbliebenen Anstalten Ueckermünde und Meseritz-Obrawalde nur noch 2800 Betten. Die meisten Patienten der pommerschen Anstalten fielen nicht der "Aktion T4", sondern der genannten pommerschen Aktion zu Kriegsbeginn, sowie der nachfolgenden Ermordung durch Gaswagen zum Opfer. Nachdem die pommerschen Anstalten geräumt waren, wurden sie als SS-Kasernen und an manchen Stellen vorübergehend als Umsiedlerlager für Baltendeutsche genutzt.
Im Rahmen der Anstaltsräumungen wurde zugleich die Anstalt Kückenmühle im Mai 1940 aufgelöst und bis auf die Außenstelle Warsow im Dezember 1940 an die SS übergeben. Die rund 1500 Patienten wurden in andere Anstalten (u.a. Treptow, Meseritz, Grafeneck) abtransportiert.
Die innerhalb der Provinz Brandenburg gelegene, aber der Provinz Pommern gehörende Anstalt Meseritz-Obrawalde wurde in der zweiten Phase der "Euthanasie" zur größten bekannten Tötungsanstalt, die Transporte aus den geräumten Anstalten aus anderen Reichsteilen aufnahm und in der Medikamenten- und Hungertötungen stattfanden. Die Anstalt Ueckermünde erhielt eine Kinderfachabteilung und beteiligte sich ebenfalls an Krankentötungen mittels Nahrungsentzug.

Belgarder Anstalten der Inneren Mission

Preußen
Provinz Pommern
Reg.-Bez. Köslin

1. Gründungsgeschichte der Einrichtung und des Beginns ihrer Behindertenarbeit
Verschiedene Einzeleinrichtungen, Siechenhaus, Herberge zur Heimat, Erziehungsheim, Alkoholikerpflege, seit 1895 auf Initiative des Superintendenten Emil Klar gegründet, bildeten die Belgarder Anstalten.

2. Größe der Einrichtung 1933 - 1945
Klarstiftung   Berliner Anstaltsliste vom 31.8. 1941: 120 Betten
Maria-Martha Haus   Berliner Anstaltsliste vom 31.8. 1941: 30 Betten

3. Träger der Einrichtung 1933 - 1945
Selbständige Stiftungen und Vereine: Klarstiftung, Kleist-Retzow Stiftung, Verein Pommersches Trinkerrettungshaus e.V.

4. Art der (damaligen) Behindertenarbeit und der Bewohnerstruktur
Verschiedene Einrichtungen mit unterschiedlichen Aufgaben und Trägern in teilweise gemeinsamer Organisation zur Betreung von Alten, Siechen, Behinderten, Alkoholkranken.

5. Teilnahme an der eugenischen Diskussion vor und nach 1933
Keine Angaben.

6. Sterilisierungsmaßnahmen 1933 - 1945
Keine Angaben.

7. Staatliche Eingriffe in die Einrichtungsstruktur bis 1939
Keine Angaben.

8. Erfassung und Abtransport jüdischer Bewohner
Keine Angaben.

9. Meldebögen der "Aktion T 4"
Klarstiftung: Berliner Anstaltsliste vom 31.8.1941: 64
Maria-Martha Haus: Berliner Anstaltsliste vom 31.8.1941: 2

10. Abtransporte im Rahmen "Aktion T 4"
17.1.1941: 10 nach Treptow/Rega; 15.07.1941 41 bzw. 29.07.1941 weiterverlegt nach unbekannt, vermutlich Bernburg.

11. Weitere Abtransporte und Beschlagnahmungen bzw. Eingriffe
Beschlagnahmung 1941 für Landeserziehungsanstalt der Provinz Pommern.

12. Schicksale der Abtransportierten
Keine Angaben.

13. Sterben in der Einrichtung 1933 - 1945
Keine Angaben.

14. Entwicklung der Einrichtung nach 1945
Keine Angaben.

15. Bearbeitung der NS-Zeit und Gedenken der Opfer durch die Einrichtung
entfällt

16. Aktenlage
Keine Angaben.

17. Literatur
Keine Veröffentlichung.

Kückenmühler Anstalten
Stettin

Preußen
Provinz Pommern
Reg.-Bez. Stettin

1. Gründungsgeschichte der Einrichtung und des Beginns ihrer Behindertenarbeit
Ursprung ist das 1831 in Züllchow bei Stettin gegründete Rettungshaus des Vereins zur Erziehung sittlich verwahrloster Kinder. 1850 wurde das Rettungshaus mit einer Diakonenanstalt im Sinne des Rauhen Hauses verbunden. Hinzu kam 1862 das Krankenhaus Bethesda (seit 1908 Krüppelpflegeheim) und 1863 die Kückenmühle als Pflegeanstalt für Schwachsinnige. Die sich hieraus entwickelnden Kückenmühler Anstalten verselbständigten sich immer mehr und übernahmen 1931 die Züllchower Diakonenschaft. Ein Diakonissenmutterhaus (1883), Schulen, Ausbildungsstätten und 1891 das 1882 gegründete, zunächst selbständige Epileptikerheim Tabor erweiterten die Arbeit. Die Kückenmühler Anstalten umfaßten 1909 1100 Anstaltsbewohner in 40 Häusern.

2. Größe der Einrichtung 1933 - 1945
1937: 1400; 1937: 702 neuaufgenommen, 194 als geheilt oder gebessert entlassen.

3. Träger der Einrichtung 1933 - 1945
Selbständige Stiftung Kückenmühler Anstalten.

4. Art der (damaligen) Behindertenarbeit und der Bewohnerstruktur
Geistesschwache und psychisch Kranke.

5. Teilnahme an der eugenischen Diskussion vor und nach 1933
Anstaltspastor Stein nahm an der Tagung der Fachkonferenz für Eugenik in Treysa 1931 und zahlreichen Folgetagungen teil.

6. Sterilisierungsmaßnahmen 1933 - 1945
Sterilisation in großem Umfang, Einzelheiten unbekannt.
„Ein eigens eingerichtetes Erbkrankenbüro sorgt für die genau karteimäßige Erfassung der Erbkranken; ... arbeiten wir hier ... bewußt positiv im Sinne des neuen Staates." (Jahresbericht 1936).

7. Staatliche Eingriffe in die Einrichtungsstruktur bis 1939
1936 Verhaftung des 2. Anstaltspfarrers durch die Gestapo aufgrund einer Predigt. Starker Rückgang der Belegung durch die Provinz Pommern, bis 1938 500 Bewohner in Provinzialanstalten verlegt. Bei Kriegsbeginn Beschlagnahmung von Gebäuden für ein Lazarett bis Oktober 1939, November 1939 Beschlagnahmungen für Baltendeutsche.

8. Erfassung und Abtransport jüdischer Bewohner
Keine Angaben.

9. Meldebögen der "Aktion T 4"
Keine Angaben, Berliner Anstaltsliste vom 31.8.1941: 559 Meldebögen.

10. Abtransporte im Rahmen "Aktion T 4"

Entfällt. Die Abtransporte aus den Kückenmühler Anstalten 1940 finden zwar zeitgleich und in Verbindung zur "Aktion T4" statt, bilden aber nach derzeitigem Kenntnisstand ein gesondertes Vorgehen innerhalb der Politik des Gauleiters und Oberpräsidenten von Pommern, Schwede-Coburg.

11. Weitere Abtransporte und Beschlagnahmungen bzw. Eingriffe

Am 24.4.1940 Beschlagnahmung der gesamten Anstalt durch den Stettiner Polizeipräsidenten. Juristische Schritte mit Hilfe des CA beim Reichsinnenministerium bleiben vergeblich.

9./10. 5. (18.5.) 1940	nach Treptow/R. 170
23.5. 1940	nach Meseritz-Obrawalde 500
Mai 1940	nach Kosten/Posen unbekannte Anzahl und (angeblich) nach Grafeneck 150
26.06.40	nach Neuruppin 64, davon 11 in Bernburg ermordet

Bis Dez. 1940 weitere 700 (?) Patienten in unbekannte Anstalten verlegt.
Übertragung des Anstaltsvermögens auf die Provinz,
Übernahme aller Einrichtungen durch die Waffen-SS.
In Teilen des Geländes Einrichtung eines Fürsorgeerziehungsheims.

12. Schicksale der Abtransportierten

Die Tötung nahezu aller Kückenmühler Patienten in kurzer Zeit kann als sicher gelten.

13. Sterben in der Einrichtung 1933 - 1945

Entfällt

14. Entwicklung der Einrichtung nach 1945

Wiederaufbau der Arbeit durch Züllchower Diakone in Züssow/Vorpommern.

15. Bearbeitung der NS-Zeit und Gedenken der Opfer durch die Einrichtung

Forschung und Gedenken durch die Nachfolgeeinrichtung Züssow (Meckl.-Vorp.).

16. Aktenlage

Entfällt

17. Literatur

Bartels, Michael, Die Stellung der evangelischen Diakonie zu Sterilisation und "Euthanasie" am Beispiel der Kückenmühler Anstalten (Stettin). Masch. Diplomarbeit der theol. Fakultät Jena, 1990.
Bernhardt, Heike, Anstaltspsychiatrie und "Euthanasie" in Pommern 1933 bis 1945, Frankfurt/M. 1994.

Provinz Brandenburg

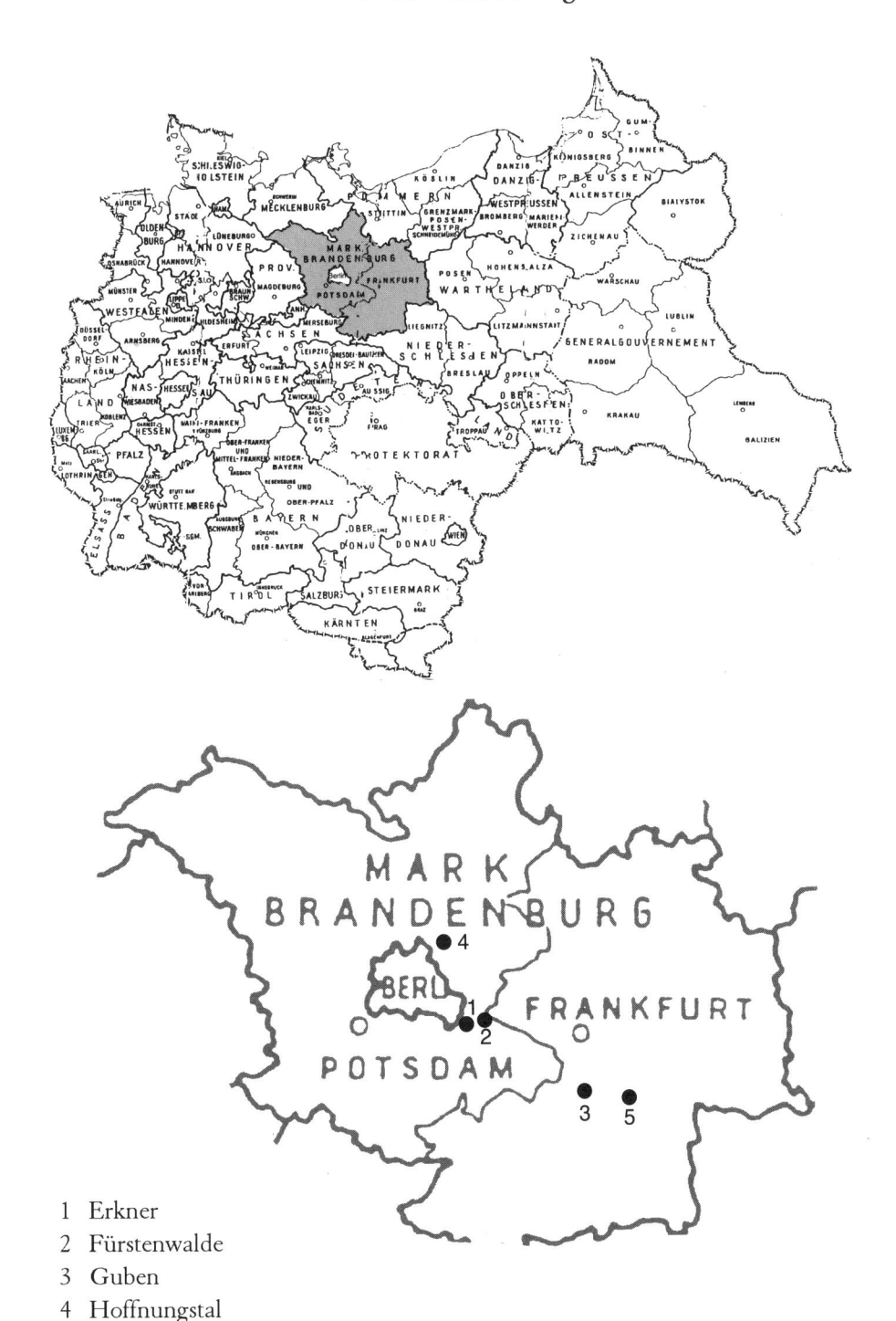

1 Erkner
2 Fürstenwalde
3 Guben
4 Hoffnungstal
5 Züllichau

Provinz Brandenburg

Einwohnerzahl 1933: 2.748.000

Die Euthanasieverbrechen in Brandenburg werden bestimmt durch die Funktion der Tötungsanstalt im ehemaligen Zuchthaus Brandenburg und den Tötungen in Meseritz-Obrawalde. Im umgebauten Zuchthaus in der Stadt Brandenburg fanden im Januar 1940 die ersten Gas-Tötungen von Patienten statt. Zwischen Januar und September 1940 wurden dort über 9.000 kranke und behinderte Menschen, vor allem aus der Provinz selber und den östlichen Landesteilen Deutschlands, ermordet. Die Heilanstalt Meseritz-Obrawalde lag zwar innerhalb der Provinz Brandenburg, befand sich jedoch im Besitz und in der Verwaltung der Provinz Pommern und wird daher dort näher dargestellt.

1933 waren in 9 Provinzialheilanstalten der Provinz Brandenburg über 12.000 Menschen untergebracht, darunter auch zahlreiche Berliner Patienten, da die Einrichtungen der Stadt Berlin nicht genügend Platz boten. Hinzu kamen provinzeigene Pflegeheime und Einrichtungen für Jugendliche. Eigenständige kirchliche Einrichtungen zur speziellen Betreuung von Geisteskranken und -schwachen gab es in der Provinz Brandenburg nicht. Für die Einrichtungen der Inneren Mission in Guben, Lobetal, Erkner und Fürstenwalde war die Betreuung dieser Bewohner nur eines von mehreren Arbeitsgebieten. Während die ersten Patienten aus Provinzialeinrichtungen in der Tötungsanstalt Brandenburg ermordet wurden oder in eine der Zwischenanstalten, (Görden, Buch, Neuruppin, Eberswalde und Teupitz) transportiert wurden, erhielten auch die kirchlichen Einrichtungen im Januar 1940 die Meldebögen. Soweit bekannt, wurden sie für die betreffenden Heimbewohner ausgefüllt wurden. Die Verlegungsaufforderung für 25 Bewohnerinnen des mit den Lobetaler Anstalten verbundenen Mädchenheims Gottesschutz in Erkner im März bildete für den Leiter der Gesamteinrichtung Lobetal und Vizepräsidenten des Centralausschusses für Innere Mission, Pastor P. G. Braune, den Anlaß, nach Sammlung weiteren Materials im Sommer 1940 eine Denkschrift über die Euthanasieverbrechen zu verfassen. Die folgende dreimonatige Inhaftierung Braunes stand angeblich nicht mit der Denkschrift und den Brandenburger Krankenmorden in Verbindung.

Im Frühjahr und Sommer 1940 waren aus Guben und Fürstenwalde zusammen ca. 100 Bewohner abgeholt und ermordet worden. Von den späteren Verlegungsaktionen und ihren Auswirkungen waren kirchliche Einrichtungen in Brandenburg nach bisheriger Erkenntnis nicht mehr betroffen.

Mädchenheim Gottesschutz
Erkner

Preußen
Provinz Brandenburg
Reg.-Bez. Potsdam

1. Gründungsgeschichte der Einrichtung und des Beginns ihrer Behindertenarbeit
Auf Initiative Friedrich v. Bodelschwinghs d. Ä. 1909 als ländliche Kolonie nach dem Vorbild der Arbeiterkolonie "Hoffnungstal" für Frauen und Mädchen aus der Stadt Berlin durch das "Komité für Rettungsarbeit an der weiblichen Jugend in Berlin" eröffnet. Erster Geschäftsführer war Pfr. Bohn, zugleich Sekretär des Deutschen Sittlichkeitsvereins. Es wurden gefährdete und leicht geistig behinderte Frauen und Mädchen aufgenommen.

2. Größe der Einrichtung 1933 - 1945
1931: ca. 80 Plätze
Berliner Anstaltsliste vom 31.8.1941: 198 Betten.

3. Träger der Einrichtung 1933 - 1945
"Komitée für Rettungsarbeit an Frauen und Mädcen , e.V." (Name seit 1926) Vorsitzender war Friedrich v. Bodelschwingh d. J., Bethel; Geschäftsführer seit 1924 Pfr. P.G. Braune, Leiter der Hoffnungstaler Anstalten.

4. Art der (damaligen) Behindertenarbeit und der Bewohnerstruktur
Gefährdete und geistig behinderte Frauen und Mädchen, die in Landwirtschaft, Gartenbau und Hauswirtschaft beschäftigt und unterrichtet wurden, um sie zu resozialisieren.

5. Teilnahme an der eugenischen Diskussion vor und nach 1933
Die enge Verbindung, bzw. Personalunion der Leitung mit Bethel und den Hoffnungstaler Anstalten band auch das Mädchenheim Erkner in die dort geführte Diskussion ein.

6. Sterilisierungsmaßnahmen 1933 - 1945
Angaben für den Zeitraum von 1934 - 1943: 561 Personen wurden bereits sterilisiert aufgenommen. 138 Frauen wurden während ihres Aufenthaltes im Heim sterilisiert. Bei 257 lief während der Zeit ihres Aufenthaltes in Erkner ein Sterilisationsverfahren. 58 Anträge auf Sterilisation wurden in dem genannten Zeitraum abgelehnt.

7. Staatliche Eingriffe in die Einrichtungsstruktur bis 1939
Keine Eingriffe bekannt.

8. Erfassung und Abtransport jüdischer Bewohner
April 1942: Deportation einer Bewohnerin.

9. Meldebögen der "Aktion T 4"
Berliner Anstaltsliste vom 31.8.1941: 55 Meldebögen. Die Meldebögen erreichten das Mädchenheim im Oktober und im Januar 1940. Sie wurden von der Leitung ausgefüllt und zurückgesandt.

10. Abtransporte im Rahmen "Aktion T 4"
Im März 1940 traf eine Verlegungsliste für 25 Bewohnerinnen ein. Da Pfr. Braune inzwischen den Zweck der Verlegungsaktion kannte, verhinderte er im Mai 1940 die Durchführung des Abtransportes.

11. Weitere Abtransporte und Beschlagnahmungen bzw. Eingriffe
Keine

12. Schicksale der Abtransportierten
Entfällt

13. Sterben in der Einrichtung 1933 - 1945
Keine Angaben.

14. Entwicklung der Einrichtung nach 1945
Weiterführung der Arbeit. Umfangreiche Flüchtlingsarbeit.

15. Bearbeitung der NS-Zeit und Gedenken der Opfer durch die Einrichtung
Seit 1947 Berichte durch P. G. Braune und K. Pagel.
Am 13. 4. 1997 wurde in Lobetal ein Gedenkstein für die deportierten jüdischen Bewohnerinnen und Bewohner aus den Hoffnungstaler Anstalten eingeweiht, der das Mädchenheim "Gottesschutz" mit einbezieht.

16. Aktenlage
Archivalien im Archiv der Hoffnungstaler Anstalten.

17. Literatur
Braune, Paul Gerhard, Der Kampf der Inneren Mission gegen die Euthanasie, in: Die Innere Mission 37, 1947, H. 5/6. S. 12 - 34.

Samariteranstalten
Fürstenwalde/Ketschendorf

Preußen
Prov. Brandenburg
Reg.-Bez. Potsdam

1. Gründungsgeschichte der Einrichtung und des Beginns ihrer Behindertenarbeit
1892 zunächst als privates Kinderheim, einschließlich der Aufnahme behinderter Kinder, gegründet. 1911 Stiftung. Erweiterung um zahlreiche karitative Bereiche. Ausbildung behinderter Kinder, einschl. blinder, taubstummer und schwachsinniger. Altenpflegeheime, Siechenheim, Diakonissenanstalt.
1910: 308 Pflegebefohlene und 92 Mitarbeiter.
1927: 582 und 132 Mitarbeiter.

2. Größe der Einrichtung 1933 - 1945
1933:   250 Bewohner, nur zur Hälfte belegt.
1937:   182 Schwachsinnige, 180 im Altenbereich.
1941:   275 Schwachsinnige, 100 Altersheimbewohner.

3. Träger der Einrichtung 1933 - 1945
Selbständige Stiftung.

4. Art der (damaligen) Behindertenarbeit und der Bewohnerstruktur
Unverändert

5. Teilnahme an der eugenischen Diskussion vor und nach 1933
Keine Angaben.

6. Sterilisierungsmaßnahmen 1933 - 1945
Zahlreiche Sterilisationen, Einzelheiten nicht bekannt.

7. Staatliche Eingriffe in die Einrichtungsstruktur bis 1939
1935: kurzfristige Verhaftung des Anstaltsleiters P. Burgdorf.

8. Erfassung und Abtransport jüdischer Bewohner
Keine Angaben.

9. Meldebögen der "Aktion T 4"
Berliner Anstaltsliste vom 31.8.1941: 243 Meldebögen.

10. Abtransporte im Rahmen "Aktion T 4"
29.4.1940 Verlegung von 25 Bewohnern zur Ermordung nach Brandenburg; weitere Verlegungen von etwa 40 Bewohnern wahrscheinlich.

11. Weitere Abtransporte und Beschlagnahmungen bzw. Eingriffe
Keine

12. Schicksale der Abtransportierten
Entfällt

13. Sterben in der Einrichtung 1933 - 1945
Zunehmende Sterblichkeit, genaue Daten nicht bekannt.
1945 zahlreiche Todesfälle (1945: 270 Todesfälle durch *Hunger, Not und Kälte,* bei 450 Bewohner) bei der Verlagerung (Flucht) der gesamten Anstaltsbewohner nach Hirschluch/Storkow und der späteren Rückkehr.

14. Entwicklung der Einrichtung nach 1945
1945 weitgehend zerstört. Langsamer Wiederaufbau mit Kinder-, Alten-, und Behindertenheimen.

15. Bearbeitung der NS-Zeit und Gedenken der Opfer durch die Einrichtung
Gedenkstein 1992.

16. Aktenlage
Geringer Aktenbestand.

17. Literatur
Stachat, Friedrich, Notizen zu den "Euthanasie-Aktionen" in den Samariteranstalten, in: 100 Jahre Samariteranstalten. Insel im Meer oder Teil der Stadt. Fürstenwalde 1992.

Naemi-Wilke-Stift
Guben

Preußen
Provinz Brandenburg
Reg.-Bez. Frankfurt

1. Gründungsgeschichte der Einrichtung und des Beginns ihrer Behindertenarbeit
Beginn der Behindertenarbeit im 1878 gegründeten Diakonissenmutterhaus Naemi-Wilke-Stift 1888. 1891 Eröffnung einer Taubstummenanstalt. 1894 Aufnahme von psychisch gestörten Berliner Waisenkindern, später auch Aufnahme von geistigbehinderten Frauen in einer von Diakonissen betreuten Idiotenanstalt.

2. Größe der Einrichtung 1933 - 1945
1937 : 73 Bewohnerinnen im Pfleglingsheim der Diakonissenanstalt.

3. Träger der Einrichtung 1933 - 1945
Naemi-Wilke Stift, Evang.- luth. Diakonissenanstalt, verbunden mit der Kirche der Altlutheraner.

4. Art der (damaligen) Behindertenarbeit und der Bewohnerstruktur
Dauerhafte Pflege von Idioten und Schwachsinnigen.

5. Teilnahme an der eugenischen Diskussion vor und nach 1933
Nein

6. Sterilisierungsmaßnahmen 1933 - 1945
Keine Angaben.

7. Staatliche Eingriffe in die Einrichtungsstruktur bis 1939
Keine

8. Erfassung und Abtransport jüdischer Bewohner
Keine Angaben.

9. Meldebögen der "Aktion T 4"
Berliner Anstaltsliste vom 31.8.1941: 56.

10. Abtransporte im Rahmen "Aktion T 4"
30.5. 1940: Abtransport von 32 Behinderten mit "unbekanntem Ziel", 24.3.1941: mindestens 10 Frauen nach Brandenburg.

11. Weitere Abtransporte und Beschlagnahmungen bzw. Eingriffe
Evakuierung 1945.

12. Schicksale der Abtransportierten
Von dem am 24.3.1941 Abtransportierten wurden am 6.6.1941 8 nach Bernburg verlegt und dort ermordet.

13. Sterben in der Einrichtung 1933 - 1945
Keine Angaben.

14. Entwicklung der Einrichtung nach 1945
Nach Rückkehr der evakuierten Bewohnerinnen im Sommer 1945 Verlegung des Schwerpunktes der Arbeit auf Altenbetreuung.

15. Bearbeitung der NS-Zeit und Gedenken der Opfer durch die Einrichtung
Gestaltung eines Wandgemäldes als Erinnung an die verlegten und ermordeten Bewohnerinnen.

16. Aktenlage
Gering

17. Literatur
Keine

Hoffnungstaler Anstalten
Lobetal/ üb. Bernau

Preußen
Prov. Brandenburg
Reg.-Bez. Potsdam

1. Gründungsgeschichte der Einrichtung und des Beginns ihrer Behindertenarbeit
1905 Gründung des Vereins Hoffnungstal für die Obdachlosen der Stadt Berlin zur Fürsorge an (männl.) Obdach- und Erwerbslosen auf Initiative von Friedrich v. Bodelschwingh, Bethel in der Tradition der Arbeiterkolonien. Seit Mitte der 20er Jahre Altenbetreuung.

2. Größe der Einrichtung 1933 - 1945
Gesamteinrichtung Lobetal 1935: ca. 1080 Bewohner, davon:

Arbeiterkolonie	830
Herberge z. Heimat	60
Schnitterfürsorge	130
Altersheim	170
Erholungsfürsorge	20

3. Träger der Einrichtung 1933 - 1945
Verein Hoffnungstal für die Obdachlosen der Stadt Berlin.

4. Art der (damaligen) Behindertenarbeit und der Bewohnerstruktur
Entwicklung von der Obdachlosenfürsorge (Arbeiterkolonie) zur Behindertenbetreuung, seit Ende der zwanziger Jahre zunehmend Aufnahme von Behinderten in allen Arbeitsbereichen.

5. Teilnahme an der eugenischen Diskussion vor und nach 1933
Der Leiter, P. Braune, seit 1931 im CA (Vizepräsident) war zunächst gegen Sterilisation und für Asylierung. Gegen die Tötung "unwerten" Lebens protestierte Braune mit einer Denkschrift vom 9. Juli 1940.

6. Sterilisierungsmaßnahmen 1933 - 1945
Der Fragenkomplex ist ungenügend erforscht. Aus dem Bereich der Arbeiterkolonie 17 Sterilisationen zwischen 1934 und 1937.

7. Staatliche Eingriffe in die Einrichtungsstruktur bis 1939
Keine Eingriffe.

8. Erfassung und Abtransport jüdischer Bewohner
In den Hoffnungstaler Anstalten haben sich über einen längeren oder kürzeren Zeitraum nach bisherigen Forschungen mindestens 54 Menschen jüdischer Herkunft aufgehalten. Eine größere Anzahl Betroffener kam mit Wissen der GESTAPO über das Büro Pfarrer Grüber in die Einrichtungen. Auf verschiedenen Listen sind insgesamt ca. 30 jüdische Menschen erfaßt.
Im Rahmen der "Räumung" des Regierungsbezirkes Potsdam wurden aus Einrichtungen der Hoffnungstaler Anstalten 13 Menschen deportiert. Die 10 aus dem Anstaltsbereich Hoffnungstal und Lobetal deportierten Menschen werden nach Warschau gebracht.

9. Meldebögen der "Aktion T 4"
Berliner Anstaltsliste vom 31.8.1941: 10 Meldebögen.

10. Abtransporte im Rahmen "Aktion T 4"
Keine

11. Weitere Abtransporte und Beschlagnahmungen bzw. Eingriffe
Nicht bekannt.

12. Schicksale der Abtransportierten
Entfällt

13. Sterben in der Einrichtung 1933 - 1945
Die seit 1944 durchgeführte Aufnahme zahlreicher Flüchtlinge führt 1945 zu erhöhter Sterblichkeit. Allein in Lobetal sterben in den Jahren 1945 bis 1947 über 600 Menschen.

14. Entwicklung der Einrichtung nach 1945
Weitergeführt. Ab 1950 Epileptikerbetreuung und Krankenhaus.

15. Bearbeitung der NS-Zeit und Gedenken der Opfer durch die Einrichtung
Mahnmal auf dem Friedhof für die 600 Opfer von Hunger und Seuchen der Jahre 1945 - 1947. Ein Gedenkstein in der Ortslage Lobetal-Friedenshöhe ist den 13 Menschen jüdischer Herkunft, die am 13. April 1942 aus den Hoffnungstaler Anstalten deportiert wurden, gewidmet.

16. Aktenlage
Geordnete Archivpflege, Bewohner und Verwaltungsakten.

17. Literatur
Cantow, Jan. Zwangssterilisation in der NS-Zeit, in: Das Kettenglied, Mitteilungsblatt der Hoffnungstaler Anstalten Lobetal, Jg. 1996, Nr. 2, 9 - 21.
Braune, Paul Gerhard, Der Kampf der Inneren Mission gegen die Euthanasie, in: Die Innere Mission 37, 1947, H. 5/6. S. 12 - 34.
Hochmuth, A., Spurensuche. Eugenik, Sterilisation, Patientenmorde und die v. Bodelschwinghschen Anstalten Bethel 1929 - 1945, hrsg. v. Matthias Benad, Bielefeld 1997.
Nowak, Kurt, Sozialarbeit und Menschenwürde. Pastor Paul Gerhard Braune im "Dritten Reich", in: Strohm, Theodor/ Thierfelder, Jörg (Hg.), Diakonie im "Dritten Reich". Neuere Ergebnisse zeitgeschichtlicher Forschung, Heidelberg (Veröffentlichungen des Diakoniewissenschaftlichen Instituts Bd 3), 1990, 209-225.
Pagel, Karl, Das Wirken von Paul Gerhard Braune und sein Widerstand im Heim "Gottesschutz" in Erkner, in: Fröhlich helfen 1986 - Teil I, Berlin (Handreichungen des Diakonischen Werks - Innere Mission und Hilfswerk - der Evangelischen Kirchen in der DDR), 1986, 45-51.

Züllichau

Preußen
Provinz Brandenburg
Reg.-Bez. Frankfurt/O.

1. Gründungsgeschichte der Einrichtung und des Beginns ihrer Behindertenarbeit
Erziehungsheim, gegründet 1840, später vermehrt Aufnahme von behinderten Jugendlichen. Seit ca. 1910 Aufnahmen von Kindern und Jugendlichen aus den Wittenauer Heilstätten.

2. Größe der Einrichtung 1933 - 1945
1921:   40 Plätze im Erziehungsheim für Mädchen
        45 Betten im Erziehungsheim für Knaben

3. Träger der Einrichtung 1933 - 1945
Keine Angaben.

4. Art der (damaligen) Behindertenarbeit und der Bewohnerstruktur
Keine Angaben.

5. Teilnahme an der eugenischen Diskussion vor und nach 1933
Keine Teilnahme.

6. Sterilisierungsmaßnahmen 1933 - 1945
Keine Angaben.

7. Staatliche Eingriffe in die Einrichtungsstruktur bis 1939
Keine Angaben.

8. Erfassung und Abtransport jüdischer Bewohner
2 jüdische Mädchen 1940 (?) in heute unbekannte Sammelanstalt (vermutl. Berlin Buch) verlegt, vermutlich Ermordung in Brandenburg.

9. Meldebögen der "Aktion T 4"
Keine Angaben

10. Abtransporte im Rahmen "Aktion T 4"
Keine

11. Weitere Abtransporte und Beschlagnahmungen bzw. Eingriffe
Keine Angaben.

12. Schicksale der Abtransportierten.
Entfällt

13. Sterben in der Einrichtung 1933 - 1945
Keine Angaben.

14. Entwicklung der Einrichtung nach 1945
Keine Angaben.

15. Bearbeitung der NS-Zeit und Gedenken der Opfer durch die Einrichtung
Keine Bearbeitung.

16. Aktenlage.
Keine Angaben.

17. Literatur
Keine

Berlin

1 Johannesstift
2 Nikolassee

Berlin

Einwohnerzahl 1933: 4.202.000

In der Hauptstadt Berlin war die öffentliche psychiatrische Versorgung bis kurz vor die Jahrhundertwende sehr unterentwickelt. Erst 1880 entsteht mit der Irrenanstalt Dalldorf, den späteren Wittenauer Heilstätten (1941: 2.300 Plätzen) die erste moderne Einrichtung. Bis dahin dienten 17 Privatanstalten mit zusammen fast 700 Plätzen der Pflege und Betreuung von geistig behinderten und kranken Menschen. 1893 kamen die Heilanstalten Herzberge in Lichtenberg (1.200 Betten) und Wuhlheide (1.150 Betten) hinzu. 1906 wurde vor Berlin die Heilanstalt Buch mit 1.500 Plätzen eröffnet. Hinzu kam noch die Nervenklinik in der Charité. Für die ständig wachsende Bevölkerungszahl reichten auch diese Plätze nicht aus, so daß Berliner Patienten immer auch in anderen Provinzen, vor allem in Brandenburg, untergebracht waren. Nach der Bildung von Groß-Berlin 1920 wurde die weitere Unterbringung von Berliner Patienten in brandenburgischen Einrichtungen vertraglich geregelt. Doch auch an anderen Orten, beispielsweise in Schleswig-Holstein, mußten Berliner Patienten versorgt werden.
Kirchliche psychiatrische Einrichtungen gab es in Berlin zunächst nicht. Die zahlreichen konfessionellen Krankenhäuser betreuten keine psychiatrischen Langzeitpatienten. Erst 1926 nahm das Johannesstift eine kleine Anzahl von geistig behinderten Menschen auf. Die Innere Mission beklagte immer wieder den Mangel einer größeren kirchlichen Einrichtung für Behinderte. Schon in den zwanziger Jahren gab es Versuche, eine Einrichtung zu gründen. 1936 konnte das Sanatorium Waldhaus aus jüdischem Besitz aufgekauft (die Frage der Rechtmäßigkeit dieses Kaufes führte nach 1945 zu schwierigen Auseinandersetzungen) und als Einrichtung der Inneren Mission betrieben werden. Die direkte Trägerschaft durch einen Provinzialausschuß für Innere Mission stellt dabei eine Besonderheit dar.
1939 standen in Berlin 9.200 Betten zur Verfügung. 1945 waren es noch 1.800. Die Anstalt Berlin Buch fungierte bis zu ihrer Auflösung 1940 als Zwischenanstalt für die Tötungsanstalt Brandenburg, insbesondere auch als Sammelanstalt für die zu ermordenden jüdischen Patienten 1940. Herzberge und Wuhlheide wurden 1943 aufgelöst. Auch in den verbliebenen Wittenauer Heilstätten wurden Abteilungen aufgelöst und zu Allgemeinen Krankenstationen umgewandelt. In der städtischen Kindernervenklinik "Am Wiesengrund" bestand eine kleine Kinderfachabteilung. Die Verlegungen der "Aktion T4" betrafen vor allem die in Brandenburger Anstalten untergebrachten Berliner Patienten. Über 2000 Berliner Patienten wurden nach Meseritz-Obrawalde verlegt und dort ermordet.

Johannesstift Spandau

Preußen
Berlin-Spandau

1. Gründungsgeschichte der Einrichtung und des Beginns ihrer Behindertenarbeit
1858 durch Wichern als Diakonenanstalt in Berlin-Moabit gegründet. 1882 selbständige Diakonenanstalt. 1910 Einweihung des Neubaus in Spandau. Ausbildungsstätten und Brüderhaus, Erziehungsarbeit. Seit 1926 in geringem Umfang Behindertenarbeit.

2. Größe der Einrichtung 1933 - 1945
1941 über 600 Plätze, ca. 120 im Behindertenbereich.

3. Träger der Einrichtung 1933 - 1945
Selbständige Stiftung.

4. Art der (damaligen) Behindertenarbeit und der Bewohnerstruktur
Aufnahme leicht behinderter Jugendlicher (2 Häuser).
Behindertenpflege im Siechenheim.

5. Teilnahme an der eugenischen Diskussion vor und nach 1933
Keine Angaben.

6. Sterilisierungsmaßnahmen 1933 - 1945
Keine Angaben.

7. Staatliche Eingriffe in die Einrichtungsstruktur bis 1939
Keine Angaben.

8. Erfassung und Abtransport jüdischer Bewohner
Keine Angaben.

9. Meldebögen der "Aktion T 4"
Berliner Anstaltsliste vom 31.8.1941: 123 Meldebögen.

10. Abtransporte im Rahmen "Aktion T 4"
Keine

11. Weitere Abtransporte und Beschlagnahmungen bzw. Eingriffe
Keine

12. Schicksale der Abtransportierten
Entfällt

13. Sterben in der Einrichtung 1933 - 1945
Keine Angaben.

14. Entwicklung der Einrichtung nach 1945
Fortführung der Arbeit.

15. Bearbeitung der NS-Zeit und Gedenken der Opfer durch die Einrichtung
1986, 1994 und 1996 Versuche zur Klärung der NS-Zeit im Johannesstift.

16. Aktenlage
Keine spezifischen Akten überliefert.

17. Literatur
Veröffentlichung für 1997 geplant.

Waldhaus

Preußen
Berlin-Nikolassee

1. Gründungsgeschichte der Einrichtung und des Beginns ihrer Behindertenarbeit
Oktober 1936: Kauf eines 1894 gegründeten Privatsanatoriums in jüdischem Besitz durch den Provinzialverband für Innere Mission Brandenburg.

2. Größe der Einrichtung 1933 - 1945
1927: 64 Plätze.
Berliner Anstaltsliste vom 31.8.1941: 207 Betten.

3. Träger der Einrichtung 1933 - 1945
Ab 1936 Provinzialverband für Innere Mission Brandenburg.

4. Art der (damaligen) Behindertenarbeit und der Bewohnerstruktur
Bis 1938 Sanatorium für Frauen mit Langzeitpflege,
hohe Fluktuation (1936: 204 Aufnahmen, 203 Entlassungen).
Fortführung als allgemeines Behindertenheim.

5. Teilnahme an der eugenischen Diskussion vor und nach 1933
Entfällt

6. Sterilisierungsmaßnahmen 1933 - 1945
Entfällt

7. Staatliche Eingriffe in die Einrichtungsstruktur bis 1939
Entfällt

8. Erfassung und Abtransport jüdischer Bewohner
Keine Angaben.

9. Meldebögen der "Aktion T 4"
Berliner Anstaltsliste vom 31.8. 1941: 35 Meldebögen.

10. Abtransporte im Rahmen "Aktion T 4"
Keine Angaben.

11. Weitere Abtransporte und Beschlagnahmungen bzw. Eingriffe
Keine Angaben; Evakuierung zumindestens eines Teils der behinderten Bewohner in der letzten Kriegszeit.

12. Schicksale der Abtransportierten
Keine Angaben.

13. Sterben in der Einrichtung 1933 - 1945
Keine Angaben.

14. Entwicklung der Einrichtung nach 1945
Fortführung der Arbeit, heute Theodor Wenzel Werk.

15. Bearbeitung der NS-Zeit und Gedenken der Opfer durch die Einrichtung
Keine

16. Aktenlage
Keine Aktenbestände bekannt.

17. Literatur
Keine

Baden

1 Kork
2 Mosbach

Baden

Einwohnerzahl 1933: 2.423.000

Die Versorgung behinderter Menschen im Land Baden unterschied sich in einigen wesentlichen Punkten von der Situation anderer Länder. Die exponierte Grenzlage im Südwesten kam, bezogen auf die NS-Euthanasie, als ein weiterer Faktor noch hinzu. Das "Epilepsiezentrum Kork" liegt etwa 15 km von Straßburg entfernt. In der Nacht vom 3. auf 4. September 1939 wurde es aufgrund seiner Grenzlage nach Stetten i.R. (Württemberg) evakuiert.
In Baden spielten größere konfessionelle Einrichtungen keine Rolle. Es gab während der NS-Zeit nur drei größere konfessionelle Einrichtungen: das katholische St. Josefshaus in Herten, als größte mit 773 Betten, sowie die Korker Anstalten für Epileptiker mit 305 Plätzen und in Nordbaden die Johannes-Anstalten in Mosbach/Schwarzach mit 445 Betten. Von besonderer Bedeutung waren die neun "Kreispflegeanstalten" mit insgesamt 3.660 Plätzen. Eine weitere badische Eigenart waren die Großanstalten, psychiatrische Kliniken, Heil- und Pflegeanstalten mit 1.600 Plätzen (Wiesloch) und 1.200 Patienten (Emmendingen). Insgesamt gab es im Land Baden 5 staatliche Heil- und Pflegeanstalten mit zusammen 4.950 Betten, bis Kriegsende war diese Zahl auf ca. 600 arbeitsfähige Patienten reduziert.
In der Regel wurden aus den staatlichen Heil- und Pflegeanstalten über 50 % der Insassen ermordet, aus der "Sparanstalt" Rastatt waren es 89 % der Bewohner. Ermordet wurden in Baden Patienten in der Kinderfachabteilung in Wiesloch, die zu den größten Einrichtungen der "Kindermordaktion" gehörte.
Bei der Sterilisation nahm Baden im Reichsgebiet eine führende Stellung ein. Im ersten Vierteljahr nach Inkrafttreten des Gesetzes wurden in Baden 6.513 Sterilisationsanzeigen gemeldet. 11.412 Menschen (ca. 1% der Bevölkerung) wurden in Baden von 1934 bis 1944 sterilisiert. In Kork waren es von 1934 bis 1939 etwa ein Drittel der damaligen Bewohner. Weder von Kork noch von Mosbach/Schwarzach ist eine aktive Beteiligung an der eugenischen Diskussion bekannt. Äußerungen in den Jahresberichten der Einrichtungen zeigen jedoch, daß man dem eugenische Gedanken nicht ablehnend gegenüberstand.
Bei der (Zwangs)Sterilisation und bei der "Euthanasie" hat das Land Baden eine "hervorragende" Stelle eingenommen. Einerseits muß hier die "Randlage" des Landes mit Grenzen zu zwei verschiedenen Ländern herangezogen werden. Hinzukommt, daß die "Aktion T4" im Südwesten begann. Auch die erste Tötungsanstalt lag gleich im Nachbarland. Ein weiterer Erklärungsansatz ist darin zu sehen, daß zu Beginn dieser Aktion der sog. "Meldebogenirrtum" volle Wirkung zeigte: in der Annahme, daß arbeitsfähige Bewohner selektiert werden sollten, wurden anfangs die Bewohner in den Meldebögen schlechter dargestellt, als sie waren. An einen Boykott der Meldebögen war nicht zu denken, da keine Erfahrungen über die Meldebogenaktion vorlagen.

Heil-und Pflegeanstalt für Epileptische
Kork

Kehl
Baden

1. Gründungsgeschichte der Einrichtung und des Beginns ihrer Behindertenarbeit
1892 u.a. auf Initiative von v. Bodelschwingh als "Heil- und Pflegeanstalt für epileptische Kinder" in Kork (Baden) gegründet.

2. Größe der Einrichtung 1933 - 1945
1.4. 1934 : 234 Bewohner

3. Träger der Einrichtung 1933 - 1945
Selbständige Stiftung.

4. Art der (damaligen) Behindertenarbeit und der Bewohnerstruktur
Epileptiker, Geistesschwache und -kranke.

5. Teilnahme an der eugenischen Diskussion vor und nach 1933
Keine Angaben.

6. Sterilisierungsmaßnahmen 1933 - 1945
Aus den Jahresberichten des Ärztlichen Leiters 1932/1933 und 1933/1934 ist eine positive Einstellung zu eugenischen Positionen ersichtlich. Zwischen 1934 und 1939 wurden 102 Bewohnerinnen und Bewohner in Kork zwangsweise sterilisiert, davon 87 auf Antrag der Anstalt.

7. Staatliche Eingriffe in die Einrichtungsstruktur bis 1939
3./4.9.1939 Verlegung der Anstalt Kork mit allen Bewohnern und Mitarbeitern nach Stetten, die Rückkehr erfolgte 1940.

8. Erfassung und Abtransport jüdischer Bewohner
3 Bewohner 1940 verlegt und ermordet.

9. Meldebögen der "Aktion T 4"
Berliner Anstaltsliste vom 31.8.1941: 289
Die Meldebögen für Kork am 16. Oktober 1939 in Stetten ausgefüllt.

10. Abtransporte im Rahmen "Aktion T 4"
Ankündigung einer Verlegung Ende November 1939 (Stetten)
22. 5. 1940: 70 Frauen und Mädchen nach Grafeneck (von Stetten aus).
23. 10. 1940: 35 männl., 8 weibl. Bewohner nach Grafeneck (von Kork aus).
Anstaltsleiter Pf. Meerwein war es zuvor in Verhandlungen mit dem Innenministerium gelungen, die Zahl von ursprünglich 101 geforderten Bewohner auf 43 Personen zu senken.

11. Weitere Abtransporte und Beschlagnahmungen bzw. Eingriffe
Einzeltansporte in verschiedene Einrichtungen, u.a. Eichberg, mit baldigem Tod.

12. Schicksale der Abtransportierten
113 Kinder, Jugendliche und Erwachsene wurden in Grafeneck getötet.

13. Sterben in der Einrichtung 1933 - 1945
Keine Angaben.

14. Entwicklung der Einrichtung nach 1945
Fortsetzung der Arbeit, 1948 ein Notkrankenhaus in Kork eingerichtet.

15. Bearbeitung der NS-Zeit und Gedenken der Opfer durch die Einrichtung
Gedenktag, Gedenkgottesdienste, Einrichtung einer Gedenkstätte in mehreren Schritten bis 1990, 1990 Ausstellung.

16. Aktenlage
Verwaltungsakten in einem bearbeiteten Archiv. Die Durchschriften von 243 Meldebögen sind in Kopie erhalten; Notakten über getötete Heimbewohner.

17. Literatur
Freudenberger, Klaus / Murr, Walter, *"Wo bringt ihr uns hin?"* - Deportation und Ermordung behinderter Menschen aus der Anstalt Kork im Jahre 1940, Kehl-Kork, 1990.
Freudenberger, Klaus / Murr, Walter, *"Wo bringt ihr uns hin?"* , Zur Deportation und Ermordung behinderter Menschen aus der Anstalt Kork im Jahre 1940, in: Die Ortenau, 70 (1990), 454-487.
Rückleben, Hermann, Deportation und Tötung von Geisteskranken aus den badischen Anstalten der Inneren Mission Kork und Mosbach, Karlsruhe 1981 (Veröffentlichungen des Vereins für Kirchengeschichte in der evangelischen Landeskirche in Baden XXXIII).
Thierfelder, Jörg, *"Wo bringt ihr uns hin?"* Deportation und Ermordung behinderter Menschen aus der Anstalt Kork 1940, in: Glaube und Lernen 6 (1991) 1, 76-93.

Erziehungs- und Pflegeanstalt für Geistesschwache Mosbach mit Zweiganstalt Schwarzacher Hof

Baden

1. Gründungsgeschichte der Einrichtung und des Beginns ihrer Behindertenarbeit
1880 als Anstalt für schwachsinnige Kinder, vorzugsweise bildungsfähige schwachsinnige Kinder bis zum vollendeten 16. Lebensjahr, gegründet. Träger ein in kirchlichen Kreisen der badischen Landeskirche gebildeter Verein mit Sitz in Karlsruhe. Erweiterung zu einer "Pflegeanstalt für Blödsinnige" einschließlich Erwachsenen.
Die Anstalt in Mosbach trug im Laufe der Geschichte verschiedene Namen. 1880-1893: Anstalt für schwachsinnige Kinder; 1893-1905: Idiotenanstalt; 1905-1949: Erziehungs- und Pflegeanstalt für Geistesschwache; seit 1949: Johannes-Anstalten.

2. Größe der Einrichtung 1933 - 1945
1933: Anstalt Mosbach: 267 Bewohner.
1936: Anmietung Schwarzacher Hof: 322 Bewohner.
1939: Ankauf Schwarzacher Hof: 469 Bewohner.
1941: Verkauf Anstalt Mosbach: 242 Bewohner.
1944: Beschlagnahmung Schwarzacher Hof, Rest-Anstalt drei kleine Gebäude: 107 Bewohner.

3. Träger der Einrichtung 1933 - 1945
Verein zur Unterhaltung und Leitung der Erziehungs- und Pflegeanstalt für Geistesschwache in Mosbach.

4. Art der (damaligen) Behindertenarbeit und der Bewohnerstruktur
1934: 282 Heimbewohner, darunter 18 Kinder im Alter von 1-6 Jahren. Anstaltsschule mit 45 Schülern. 73 Kinder schulunfähig, 75 Heimbewohner über 16 Jahren in Landwirtschaft, in Handwerksbetrieben, Hauswirtschaft oder Pflege, 71 Heimbewohner über 16 Jahren konnten keine Arbeit verrichten.

5. Teilnahme an der eugenischen Diskussion vor und nach 1933
Die Mosbacher Anstalt verstand sich als "Anstalt des Hinterlandes Baden" und beteiligte sich nicht an reichsweiten Diskussionen. Fragen der Eugenik wurden ab 1934 zunächst abwägend, dann befürwortend in den Jahresberichten behandelt.

6. Sterilisierungsmaßnahmen 1933 - 1945
Am 12.11.1933 blieben 5 Diakonissen der Reichstagswahl und Volksabstimmung fern. Sie protestierten damit gegen die geplanten Zwangssterilisationen. Die leitende Diakonisse der Anstalt wurde daraufhin ins Mutterhaus nach Karlsruhe zurückberufen. In der Folgezeit wurden bis 1945 mindestens 60 Heimbewohner der Anstalt auf Antrag des Amtsarztes, der gleichzeitig Anstaltsarzt war, in Heidelberg zwangssterilisiert.

7. Staatliche Eingriffe in die Einrichtungsstruktur bis 1939

Im Zuge der Reform der Erziehungsanstalten durch das badische Innenministerium wurden die an anderer Stelle unerwünschten "Blöden" und "Psychopathen" im Kindes- und Jugendalter in großer Zahl in die Anstalt Mosbach eingewiesen. Rat und finanzieller Zuschuß des Innenministeriums veranlaßten die Anstalt zur Eröffnung eines Zweigbetriebs ohne Schule für "Blöde" und "Bildungsunfähige" am Schwarzacher Hof.

8. Erfassung und Abtransport jüdischer Bewohner

Keine Angaben.

9. Meldebögen der "Aktion T 4"

Am 9.10.1939 erhalten. Sie wurden für alle 464 Heimbewohner ausgefüllt.

10. Abtransporte im Rahmen "Aktion T 4"

Am 11.6.1940 erhielt die Anstalt vom Innenministerium Karlsruhe drei Transportlisten mit 331 Namen. Als Termin für den Abtransport war der 28.6.1940 angegeben. Nach schriftlichen Protesten des Anstaltsleiters wurden am 13.9., 17.9. und 20.9.1940 insgesamt 218 Heimbewohner nach Grafeneck deportiert und zwar 51 aus Mosbach und 167 vom Schwarzacher Hof.

Im Mai 1941 wurde die Verlegung eines einzelnen Heimbewohners in die damalige Zwischenanstalt Wiesloch angeordnet. Sie unterblieb, nachdem die Anstaltsleitung anbot, den Pflegesatz herabzusetzen.

Im Juli 1941 verfügte das badische Innenministerium die Verlegung von 6 Heimbewohnerinnen. Alle 6 Frauen wurden - vermutlich von Mitarbeitern der Anstalt - am 29.7.1941 nach Wiesloch gebracht.

11. Weitere Abtransporte und Beschlagnahmungen bzw. Eingriffe

Vom 14. bis 16. 10. 1941 besuchte eine Kommission (Dr. Steinmeyer) die Anstalt und untersuchte sämtliche Heimbewohner.

Mit Verträgen vom November 1941 wurde die gesamte Anstalt in Mosbach an die Wehrmacht und die Stadt Mosbach verkauft und durch Umzug auf den Schwarzacher Hof geräumt.

Ende 1943 bis Juli 1944 wurden 20 Heimbewohner des Schwarzacher Hofes jeweils für 4 Wochen in die Psychiatrie nach Heidelberg geholt. Die überwiegend schwerbehinderten Menschen wurden in einem Forschungsprojekt (Prof. Schneider) zahlreichen, teilweise schmerzhaften Untersuchungen unterzogen.

Im Juli 1944 wurden auf Anordnung des Reichsinnenministeriums die drei großen Gebäude des Schwarzacher Hofes für ein Betriebskrankenhaus der Firma Daimler-Benz geräumt. Nach Verschickung einer schriftlichen Information wurden 73 Heimbewohner von Angehörigen abgeholt. Ein Transportleiter der "Gekrat" organisierte die Verlegung von 28 Heimbewohnern nach Uchtspringe und 21 Heimbewohnern nach Eichberg. Die Mitarbeit der Anstalt begleiteten die Transporte.

12. Schicksale der Abtransportierten

Sämtliche 218 Deportierten des Jahres 1940 wurden in Grafeneck ermordet. Die 6 Frauen überlebten in Wiesloch und anderen Anstalten.

In Uchtspringe blieben nur 3 der vom Schwarzacher Hof verlegten Heimbewohner am Leben. Zum Eichberg wurden vor allem die voruntersuchten Kinder des Heidelberger Forschungsprojektes gebracht, weil ein mit dieser Anstalt bestehender Vertrag die Lieferung von Gehirnen der Ermordeten nach Heidelberg sichern sollte. In Eichberg wurden 19 der 21 Kinder ermordet. Drei Gehirne der Ermordeten fanden sich nach Kriegsende in Heidelberg.

13. Sterben in der Einrichtung 1933 - 1945
In der Anstalt Mosbach und Schwarzacher Hof selbst starben 1933-1945 97 Heimbewohner, davon mindestens 31 an Marasmus (Kräfteverfall). Die jährliche Sterberate der Gesamtanstalt lag nie über 4 Prozent.

14. Entwicklung der Einrichtung nach 1945
Am 30.6.1945 wurde das Betriebskrankenhaus aufgelöst und die Anstalt nahm wieder den gesamten Schwarzacher Hof in Besitz. Bereits zwei Monate später wurde er von der amerikanischen Militärregierung beschlagnahmt für Zwecke der "United Nations Relief and Rehabilitation Administration" (UNRRA) zur Einrichtung eines Heims für ausländische Kinder, die sich aus Kriegsfolgegründen in Deutschland befanden. Die Anstalt mußte den Schwarzacher Hof räumen und zog mit 100 Heimbewohnern und 20 Angestellten nach Waldkatzenbach, wo sie in zwei Gasthäusern wohnten. Nach Rückgabe des Mosbacher Anwesens konnten sie im August 1946 wieder in die dortigen Gebäude einziehen. Der Schwarzacher Hof wurde erst im Januar 1949 wieder freigegeben.

15. Bearbeitung der NS-Zeit und Gedenken der Opfer durch die Einrichtung
Ein Artikel mit der Überschrift "Massenmord an Geisteskranken", der am 12.8.1947 in der Rhein-Neckar-Zeitung erschien, löste ein staatsanwaltschaftliches Ermittlungsverfahren gegen den Anstaltsleiter aus. Es wurde nach einem Jahr endgültig eingestellt.
Im Jahr 1983 wurden Gedenksteine für die Ermordeten in Mosbach und am Schwarzacher Hof errichtet. Ein Arbeitskreis von Mitarbeitern der Anstalt organisierte 1990 eine Ausstellung im Rathaus Mosbach und erarbeitete eine Broschüre. 1994 fand eine Tagung am Schwarzacher Hof statt unter dem Thema *"'Euthanasie' - damals und heute"*.

16. Aktenlage
Verwaltungs- und Bewohnerakten.

17. Literatur
Blesch, Werner/Jany, Rosemarie u.a., *"Uns wollen sie auf die Seite schaffen"* Deportation und Ermordung von 262 behinderten Menschen der Johannes-Anstalten Mosbach und Schwarzach in den Jahren 1940 und 1941, Stadtverwaltung: Mosbach im 3. Reich, Heft 2, 1993
Rückleben, Hermann, Deportation und Tötung von Geisteskranken aus den badischen Anstalten der Inneren Mission Kork und Mosbach, Karlsruhe 1981 (Veröffentlichungen des Vereins für Kirchengeschichte in der evangelischen Landeskirche in Baden XXXIII).
Scheuing, Hans-Werner, *"Wir sehen heute noch den lieben Heiland!"* Die Todes-Transporte aus den Anstalten Mosbach und Schwarzacher Hof 1940 und 1944, in: Scheuing, H.-W./Vater, A. u. a., "Euthanasie" - damals und heute, Schwarzach 1994.
Vorstand der Johannes-Anstalten Mosbach (Hg.), 100 Jahre Johannes-Anstalten Mosbach, Mosbach 1980

Württemberg

1 Grafeneck
2 Mägerkingen
3 Pfingstweide Tettnang
4 Reutlingen
5 Schwäbisch Hall
6 Stetten
7 Wilhelmsdorf
8 Winnenden

Württemberg

Einwohnerzahl 1933: 2.296.000

In Württemberg gibt es verhältnismäßig viele Einrichtungen zur Versorgung psychiatrisch kranker und behinderter Menschen in privater, vor allem kirchlicher Trägerschaft. In Württemberg begann - abgesehen von den frühen Ermordungen behinderter Menschen in Pommern und im Wartheland - die organisierte "Vernichtung 'lebensunwerten' Lebens". Die erste Vernichtungsanstalt, Grafeneck, befand sich auf württembergischen Boden.
Der bisherigen Forschung zur Zwangssterilisation nach standen die Einrichtungen der Inneren Mission den Ergebnissen der Treysaer Ausschußsitzung positiv gegenüber. Nach den vorhandenen Angaben wurden bis zu 25% (Mariaberg) und 33% (in einer Teileinrichtung der Gustav Wernerschen Anstalten) der Bewohner im reproduktionsfähigen Alter sterilisiert.
Die Meldebogen erreichten die Einrichtungen im Sept./Okt. 1939, bzw. Aug./Sept. 1940. In der Regel werden die Bögen ausgefüllt zurückgeschickt. Lediglich der Heimleiter der Zieglerschen Anstalten verweigerte die Mitwirkung. Den ersten massiven Eingriff in die Behindertenarbeit der Inneren Mission stellt die Enteignung des 'Krüppelheimes' Grafeneck dar. Auf der Suche nach einem geeigneten Standort für den Aufbau einer "Euthanasie"-anstalt' wurde man in Grafeneck fündig. Am 12. 10. 1939 erfolgte die Beschlagnahme des 'Krüppelheims' der Samariterstiftung Stuttgart. Die 110 Bewohner wurden in die Anstalt Reute verlegt. Nach Umbauten treffen am 26. 1. 1940 die ersten Todeskandiaten in Grafeneck ein: ein Transport mit 48 Frauen aus der staatlichen Heilanstalt Weinsberg. Am 1 2. wurden 13 Bewohner des Heims "Pfingstweid", einer Einrichtung der Inneren Mission, nach Grafeneck verlegt. Zum Jahresende 1940 stellte die Tötungsanstalt Grafeneck ihren Betrieb ein. Bis dahin wurden in Grafeneck über 10.500 Menschen ermordet. 3.884 kamen aus Württemberg. In Hadamar, der Nachfolgeeinrichtung Grafenecks, wurden mindestens 250 Menschen aus Württemberg ermordet, so daß man von 4.134 Württemberger Opfern der 'T 4-Aktion' ausgehen muß. Von den in Grafeneck ermordeten Württembergern kamen ca. 1/3 (1.229) aus konfessionellen, 495 aus evangelischen Einrichtungen.
Die Anstalt Stetten wurde von der 'Volksdeutschen Mittelstelle' für die Errichtung einer Unteroffiziersschule beschlagnahmt. In Schwäbisch Hall wurde das Gottlob-Weiser-Haus für HJ-Zwecke beschlagnahmt: Auch eine Einrichtung der Gustav Wernerschen Anstalten war betroffen: in Göttelfingen wurden 51 Betten von der Kinderlandverschickung genutzt. Dem gleichen Zweck wurde auch die enteignete ehemalige Tötungsanstalt Grafeneck zugeführt.
Gesicherte Erkenntnisse, inwieweit Bewohner von Behinderteneinrichtungen der Inneren Mission in Württemberg Opfer der zweiten, dezentralen Phase der "Euthanasie" wurden, liegen nicht vor.

Samariterstiftung Grafeneck
Grafeneck
mit Zweiganstalt Obersontheim

Württemberg

1. Gründungsgeschichte der Einrichtung und des Beginns ihrer Behindertenarbeit
1885 von evangelischen Stuttgarter Bürgern als "Verein für Versorgung krüppelhafter und gebrechlicher Leute" gegründet. Die Behindertenarbeit begann 1886 in Stuttgart-Stammheim mit weiblichen Betreuten. 1888 kam eine Einrichtung für Männer auf Schloß Reichenbach in Oppenweiler bei Backnang hinzu. Diese wurde ab 1929 im 1928 gekauften und aufwendig renovierten Schloß Grafeneck fortgeführt. Die Samaritertiftung erwarb ebenfalls das ehemalige Schloß in Obersontheim bei Schwäbisch Hall für die Behinderterarbeit.

2. Größe der Einrichtung 1933 - 1945
110 Plätze.
Obersontheim laut Berliner Anstaltsliste vom 31.8.1941: 170 Plätze.

3. Träger der Einrichtung 1933 - 1945
Samariterstiftung, "Verein für Versorgung krüppelhafter und gebrechlicher Leute", 1889 gegründet, Sitz in Stuttgart.

4. Art der (damaligen) Behindertenarbeit und der Bewohnerstruktur
Es gab keine exakten Kriterien für die Heimaufnahme. Neben 'Krüppeln' betreute die Anstalt seelisch Behinderte und Mehrfachbehinderte. *"Aufgenommen werden hilfebedürftige männliche Personen, vor allem solche, denen ein oder mehrere Glieder des Körpers fehlen oder die sonst gebrechlich sind und deshalb andernwärts kein geeignetes Unterkommen finden ..."*

5. Teilnahme an der eugenischen Diskussion vor und nach 1933
Keine Angaben.

6. Sterilisierungsmaßnahmen 1933 - 1945
Keine Angaben.

7. Staatliche Eingriffe in die Einrichtungsstruktur bis 1939
Keine

8. Erfassung und Abtransport jüdischer Bewohner
Keine Angaben.

9. Meldebögen der "Aktion T 4"
Die nach Reute verlegten Grafenecker Bewohner werden nicht mehr durch die Meldebögen erfaßt. Für Obersontheim führt die Berliner Anstaltsliste vom 31.8.1941 15 Meldebögen auf. Einzelheiten unbekannt.

10. Abtransporte im Rahmen "Aktion T 4"
Beschlagnahme durch das württembergische Innenministerium 1939: Am 6.10.1939: "Besichtigung durch Dr. E. Stähle, württembergisches Innenministerium, Dr. H. Linden, Reichsbeauftragter für Heil- und Pflegeanstalten und V. Brack, Oberdienstleiter der Kanzlei des Führers". Am 7.10. 1939 wurde der Vorstand der Samariterstiftung von der Beschlagnahme des Schloßes Grafenecks benachrichtigt. Am 10.10.1939 Information des Landrats in Münsingen und der Leitung des Kloster Reute, wohin die Männer von Grafeneck evakuiert werden sollten. Am 15. 10. 1939 wurde Grafeneck formell an den Reichsverteidigungskommissar in Württemberg übergeben.
100 Grafenecker Männer werden im Oktober in das Kloster Reute verlegt.
Dezember 1940: Der Heimleiter E. Frank geht mit 11 Bewohner nach Obersontheim. Sie können am 1.4.1941 wieder nach Grafeneck zurück und betreiben dort die Landwirtschaft.
Dezember 1940: 84 Männer werden von Reute nach Schussenried verlegt

Grafeneck wird zur Tötungsanstalt umgebaut. Von Januar bis Dezember 1940 werden 9839 Menschen dort ermordet.

11. Weitere Abtransporte und Beschlagnahmungen bzw. Eingriffe
Entfällt

12. Schicksale der Abtransportierten.
Von 84 ehem. Grafenecker Bewohnern sterben innerhalb von 2 Jahren 40 Bewohner in der Pflegeanstalt Schussenried.

13. Sterben in der Einrichtung 1933 - 1945
Keine Angaben für den Zeitraum 1941 bis 1945.

14. Entwicklung der Einrichtung nach 1945
1945 kommen 45 Bewohner zurück. Die Einrichtung wird noch zweimal beschlagnahmt - die Bewohner werden nach Buttenhausen (1945) und nach Zwiefalten (1946) verlegt. Seit 1947 ist Grafeneck wieder eine Einrichtung für Menschen mit Behinderungen.

15. Bearbeitung der NS-Zeit und Gedenken der Opfer durch die Einrichtung
Erste Ansätze Anfang der 60er Jahre: der Reutlinger Pfarrer Fischer regt an, zum "Andenken und zur Sühne für die furchtbaren Vorgänge des Jahres 1940" ein Mahnmal, "nicht in Form eines gewöhnlichen Denkmals, das unter Umständen nur niederdrückende Gefühle auslöst, sondern in Form eines Hauses, das als Heim für dreißig bis fünfzig Pfleglinge dienen kann und schon vor dem Krieg geplant gewesen ist" zu errichten. 1962 wird mit einem Zuschuß des baden-württembergischen Innenministeriums in Höhe von 64.000 DM der "Friedhof in Grafeneck" neu gestaltet. Zwei Urnengräber erinnern an Grafeneck als Vernichtungsanstalt. Seit Buß- und Bettag 1990 gibt es in Grafeneck eine offizielle Gedenkstätte: Eine offene Kapelle erinnert an die Opfer der NS-"Euthanasie". Eine Steintafel nennt die Namen aller Einrichtungen und Heime, aus denen Menschen zur Ermordung nach Grafeneck gebracht wurden.

16. Aktenlage
Archiv der Samariterstiftung am heutigen Sitz der Verwaltung in Nürtingen, keine Unterlagen über Grafeneck als Tötungsanstalt.

17. Literatur

Kretschmer, Manfred, Grafeneck - 50 Jahre danach. in: Jokusch, U (Hg.): Verwaltetes Morden im Nationalsozialismus. Verstrickung - Verdrängung - Verantwortung von Psychiatrie und Justiz. Regensburg 1992, 111-113.

Morlok, Karl, Wo bringt ihr uns hin? Geheime Reichssache, Grafeneck 1985

Morlok, Karl/ Sachs, Dietrich, Aus 50 Jahren Samariterstift Grafeneck; in: Die Kerbe, 5 (1987) 1, 14-17.

Neuffer, Kurt, Reute und Heggbach als Zwischenstation. Die Odyssee der Männer von Grafeneck, in: Heggbacher Einrichtungen (Hg.), Vor 50 Jahren: Massenmord- als "Gnadentod" getarnt - und heute? Maselheim-Heggbach 1990, 69-74.

Sachs, Dietrich, Aufarbeitung der Geschichte der sogenannten "Euthanasie" im Samariterstift Grafeneck, in: Zur Orientierung, 17 (1993) 4, 30-31.

Heil- und Pflegeanstalt für Schwachsinnige
Mariaberger Heime

Mariaberg/ Mägerkingen

Württemberg

1. Gründungsgeschichte der Einrichtung und des Beginns ihrer Behindertenarbeit
Gegründet 1847.

2. Größe der Einrichtung 1933 - 1945
1937: 200, 1940: 210, 1942: 246, ca. 120 Hilfsschulkinder und 125 ältere Schwachsinnige.

3. Träger der Einrichtung 1933 - 1945
Eigenständige Stiftung.

4. Art der (damaligen) Behindertenarbeit und der Bewohnerstruktur
Schwachsinnige mit Abteilung für unheilbare blödsinnige und ältere Schwachsinnige
1942 keine bildungsunfähigen Kinder mehr.

5. Teilnahme an der eugenischen Diskussion vor und nach 1933
Keine Angaben.

6. Sterilisierungsmaßnahmen 1933 - 1945
Zwischen 1934 und 1942 wurden 51 Bewohner sterilisiert.

7. Staatliche Eingriffe in die Einrichtungsstruktur bis 1939
Keine besonderen Eingriffe.

8. Erfassung und Abtransport jüdischer Bewohner
1939 Verlegung eines jüdischen Heimbewohners in eine heute unbekannte staatliche Anstalt.

9. Meldebögen der "Aktion T 4"
Meldebögen im Oktober 1939 erhalten. Zum vermeintlichen Schutz der Bewohner Arbeitsfähigkeit bewußt gering bewertet; Berliner Anstaltsliste vom 31.8.1941: 124 Meldebögen.

10. Abtransporte im Rahmen "Aktion T 4"
21.9.1940: Abtransportliste für 97 Heimbewohner, nach Verhandlungen mit dem Stuttgarter Innenministerium durch Anfertigung neuer Liste auf 56, am Tag des Abtransportes nach Grafeneck, 1.10.1940, auf 41 Heimbewohner verringert.
Kommissionsuntersuchung am 3.12.1940.
Verlegung nach Grafeneck 12.12. 1940: von 30 Heimbewohnern auf 20 "heruntergehandelt".
Verlegung nach Weinsberg März 1941: 4 Heimbewohner.

11. Weitere Abtransporte und Beschlagnahmungen bzw. Eingriffe
Keine

12. Schicksale der Abtransportierten
Ermordung in Grafeneck.
1 Todesfall in Weinsberg. 3 Heimbewohner auf Initative der Anstalt nach wenigen Wochen zurück.

13. Sterben in der Einrichtung 1933 - 1945
Keine Angaben.

14. Entwicklung der Einrichtung nach 1945
Forführung der Arbeit.

15. Bearbeitung der NS-Zeit und Gedenken der Opfer durch die Einrichtung
Gedenksteine mit Namen der Ermordeten, 1990 aufgestellt.

16. Aktenlage
Verwaltungsakten vorhanden.

17. Literatur
Broschüre: Gedenkstätte Mariaberg, Mariaberg 1990.
150 Jahre Mariaberger Heime, Beiträge zur Geschichte geistig behinderter Menschen, Mariaberg 1997.

Gustav-Werner Stiftung zum Bruderhaus

mit Zweiganstalten

Reutlingen
Württemberg

1. Gründungsgeschichte der Einrichtung und des Beginns ihrer Behindertenarbeit
Das von Gustav Werner 1840 in Reutlingen (Württemberg) gegründete Rettungshaus für Waisenkinder öffnete sich schon bald auch für Menschen mit Behinderungen. 1855 gab Gustav Werner seinem Werk den Namen "Bruderhaus", 1882 erhielten die Einrichtungen die Rechtsform einer Stiftung, "Gustav Werner Stiftung zum Bruderhaus" genannt. 1887 umfaßte das Werk 6 Industriebetriebe und 11 Einrichtungen mit 1006 Bewohnern.

2. Größe der Einrichtung 1933 - 1945
1933: 517 Erwachsene mit Behinderungen, 106 Lehrlinge, 155 Kinder, 19 Hausgenossen und 171 Mitarbeiter.

3. Träger der Einrichtung 1933 - 1945
Selbständige Stiftung.

4. Art der (damaligen) Behindertenarbeit und der Bewohnerstruktur
Versorgungsbedürftige geistig oder körperlich Schwache und Krüppel.

5. Teilnahme an der eugenischen Diskussion vor und nach 1933
Nein

6. Sterilisierungsmaßnahmen 1933 - 1945
In großer Zahl durchgeführt, genauer Umfang unbekannt.

7. Staatliche Eingriffe in die Einrichtungsstruktur bis 1939
Keine besonderen Maßnahmen.

8. Erfassung und Abtransport Jüdischer Bewohner
Nicht betreffend.

9. Meldebögen der "Aktion T 4"
Im August 1940 erhalten und, soweit bekannt, ausgefüllt.

10. Abtransporte im Rahmen "Aktion T 4"
27 Männer und Frauen März 1941 nach Weinsberg.

11. Weitere Abtransporte und Beschlagnahmungen bzw. Eingriffe
Zwischen 1942 und 1945 kamen 17 Bewohner nach Zwiefalten.

12. Schicksale der Abtransportierten
24 der nach Weinsberg verlegten Bewohner im April 1941 in Hadamar ermordet, 3 auf Reutlinger Antrag zurückverlegt.
Zwiefalten: 12 innerhalb von einem halben Jahr ermordet. Als Todesursachen sind "Herzschwäche", "Lungentuberkulose", "Magengeschwüre" u. a. angegeben worden.

13. Sterben in der Einrichtung 1933 - 1945
Keine Angaben.

14. Entwicklung der Einrichtung nach 1945
Fortsetzung der bisherigen Arbeit.

15. Bearbeitung der NS-Zeit und Gedenken der Opfer durch die Einrichtung
Erforschung durch einen Arbeitskreis in den 80er Jahren,
Gedenktafeln in den betroffenen Einrichtungen.

16. Aktenlage
Nur in sehr geringem Unfang Akten erhalten.

17. Literatur
AK "Euthanasie" und Sterilisation im Bruderhaus (Hg.), "Das vergess' ich nicht mehr, solange ich lebe ...". Dokumentation über Sterilisation und Euthanasie in der Gustav Werner Stiftung zum Bruderhaus Reutlingen 1933-1945, Reutlingen 1994².

Gottlob-Weiser-Haus der Diakonissenanstalt Schwäbisch Hall
Schwäbisch Hall

Württemberg

1. Gründungsgeschichte der Einrichtung und des Beginns ihrer Behindertenarbeit
1900 Gründung des Schwachsinnigenheimes für nichtbildungsfähige, weibliche pflegebedürftige Schwachsinnige, 1912 Neubau für 171 schwachsinnige Frauen und Kinder.

2. Größe der Einrichtung 1933 - 1945
1940/41: 590 Bewohner.

3. Träger der Einrichtung 1933 - 1945
Diakonissenanstalt Schwäbisch Hall, deren direkter Bestandteil das Gottlob-Weiser-Haus war.

4. Art der (damaligen) Behindertenarbeit und der Bewohnerstruktur
Unverändert, hauptsächlich Frauen.

5. Teilnahme an der eugenischen Diskussion vor und nach 1933
Nein

6. Sterilisierungsmaßnahmen 1933 - 1945
Sterilisationen unbekannter Anzahl im Krankenhaus der Diakonissenanstalt.

7. Staatliche Eingriffe in die Einrichtungsstruktur bis 1939
Keine

8. Erfassung und Abtransport jüdischer Bewohner
Keine jüdischen Bewohner.

9. Meldebögen der "Aktion T 4"
9. 10. 1939 Meldebögen in der Diakonissenanstalt, bewußte Verzögerung bis 21.8.1940, ausgefüllt und abgesandt für die 170 arbeitsfähigsten von 545 Bewohnerinnen.

10. Abtransporte im Rahmen "Aktion T 4"
19.11.1940	Göppingen Privatanstalt Christophsbad	30.
19./20.11.1940	Weinsberg	239.
14.11.1940	Beschlagnahmung zu Gunsten der Volksdeutschen Mittelstelle, vorgesehen war die Verlegung aller ca. 500 Bewohner nach Weinsberg. Auf Initiative der Leitung konnten 265 Pfleglinge in eigenen Einrichtungen (einschl. zeitweilig im Kapellensaal) untergebracht werden. 7 wurden entlassen.	

Weitere Einzelverlegungen nach Weinsberg und Göppingen.
14. 3. 1941   Gekrat-Transport nach vorheriger Ankündigung in der Anstalt, um 50 Bewohnerinnen abzuholen, von denen aber bereits 49 im Nov. 1940 verlegt worden waren, der Abtransport der einen Frau wird verhindert.

11. Weitere Abtransporte und Beschlagnahmungen bzw. Eingriffe
Lazarett in einem Gebäude seit 1940.
Belegung des Hauses mit 550 Baltendeutschen im März 1941.

12. Schicksale der Abtransportierten
Zunächst noch Betreuung durch Schwestern aus Schwäbisch Hall in Weinsberg, Seelsorgerbesuche aus Schwäbisch Hall in Weinsberg. Zahlreiche Verlegungen (insgesamt 173 Schwäbisch Haller Pfleglinge) zur Ermordung nach Grafeneck und Hadamar, Todesfälle und Ermordungen in Weinsberg.
Es überlebten 2 Kinder, die in eine Förderungsabteilung verlegt wurden und vermutlich 68 Erwachsene.
Das Schicksal der nach Göppingen verlegten Bewohner unbekannt.

13. Sterben in der Einrichtung 1933 - 1945
Keine Angaben.

14. Entwicklung der Einrichtung nach 1945
Neuaufbau der Arbeit.

15. Bearbeitung der NS-Zeit und Gedenken der Opfer durch die Einrichtung
Gedenkveranstaltung am 20.11.1990.

16. Aktenlage
Kleines Archiv.

17. Literatur
"Euthanasie" vor 50 Jahren- und heute? Dokumentation über eine Veranstaltungsreihe im November 1990 im Evangelischen Diakoniewerk Schwäbisch Hall, Schwäbisch Hall 1991.

Heil- und Pflegeanstalt
Stetten i.R.

Württemberg

1. Gründungsgeschichte der Einrichtung und des Beginns ihrer Behindertenarbeit
1849 Gründung einer Anstalt für schwachsinnige Kinder in Schloß Rieth bei Vaihingen/Enz durch den Arzt Dr. Georg Friedrich Müller, 1851 Umzug nach Winterbach im Remstal, 1864 Erwerb von Schloß Stetten im Remstal. Seit 1866 "Heil- und Pflegeanstalt für Schwachsinnige und für Epileptische".

2. Größe der Einrichtung 1933 - 1945
Schloß Stetten mit zahlreichen Nebengebäuden (u. a. Schule, Krankenhaus, Landwirtschaft) und Zweiganstalt Rommelshausen mit insgesamt über 750 Betten.
1936 Erwerb der "Hangweide" als landwirtschaftliches Gut und kleine Zweigeinrichtung.
1.10.1939: 770 Bewohner.

3. Träger der Einrichtung 1933 - 1945
Verein für die Heil- und Pflegeanstalt für Schwachsinnige und Epileptische in Stetten im Remstal.

4. Art der (damaligen) Behindertenarbeit und der Bewohnerstruktur
Differenzierte Betreuung von Epileptikern und Geistesschwachen.

5. Teilnahme an der eugenischen Diskussion vor und nach 1933
Der leitende Arzt, Dr. A. Gmelin, ist Teilnehmer an der 1. Fachkonferenz für Eugenik im Mai 1931 in Treysa. Ab 1932 vertritt Pfr. L. Schlaich den württembergischen Landesverband für Innere Mission bei entsprechenden Tagungen des Central-Ausschusses.
Veröffentlichungen und Vortragstätigkeit von Pfr. Schlaich für eine "Eugenik aus Liebe". Trotz Erkennens des massiven Angriffs auf die leiblich-seelische Integrität der Betroffenen unterstützt Schlaich die Sterilisationsmaßnahmen nachhaltig.

6. Sterilisierungsmaßnahmen 1933 - 1945
Bereits innerhalb der ersten 18 Monate ist bei etwa 25 % der Bewohner im fortpflanzungsfähigen Alter das Erbgesundheitsverfahren in die Wege geleitet, insgesamt werden 184 Anträge auf Unfruchtbarmachung gestellt. Zahlreiche Anträge (49) werden, initiiert durch eine starke "seelsorgliche" Beeinflussung seitens der Anstaltsleitung, von den Bewohnerinnen und Bewohnern selbst gestellt. Die Ablehnungsquote bei den Anträgen, die von den Betroffenen selbst bzw. durch die Leitung gestellt werden, liegt bei 12%.

7. Staatliche Eingriffe in die Einrichtungsstruktur bis 1939
Belegung durch die Anstalt Kork/Baden im Herbst 1939.

8. Erfassung und Abtransport jüdischer Bewohner
Meldung der drei jüdischen Bewohner nach Aufforderung durch das Württ. Innenministerium vom 25. 4. 1940. Alle drei Männer werden im Zuge des 1. und 4. Transportes 1940/41 deportiert und ermordet.

9. Meldebögen der "Aktion T 4"
Anfang Oktober 1939 treffen die Meldebögen ein, bis zum 9. November 1939 werden vom stellvertretenden Anstaltsarzt (leitender Pfarrer und leitender Arzt sind bei der Wehrmacht) 617 Meldebögen ausgefüllt und zurückgeschickt.

10. Abtransporte im Rahmen "Aktion T 4"
Von 760 Bewohnern der Einrichtung werden auf 6 Transportlisten, die insgesamt 560 Nummern enthalten, 441 Bewohner angefordert. Davon waren 22 schon vor der Verlegung eines natürlichen Todes gestorben, 16 werden nach dem Eintreffen der Transportlisten auf Betreiben der Anstaltsleitung entlassen bzw. von den Angehörigen in Sicherheit gebracht. 80 Bewohner werden nach Intervention der Leitung endgültig gestrichen, 323 (nach Angabe von Schlaich, neue Forschungen verm. 340) werden im Dezember 1940 mit 3 Transporten und im Januar 1941 mit 1 Transport nach Grafeneck verlegt und und bis auf 3 ermordet. Durch Eingaben bei Staat und Partei, die Benachrichtigung der Angehörigen und durch Verhandlungen mit dem Transportleiter wird versucht, Menschenleben zu retten, Mitarbeiter verhelfen gefährdeten Bewohnern zur Flucht.

11. Weitere Abtransporte und Beschlagnahmungen bzw. Eingriffe
Beschlagnahmung der gesamten Einrichtung im November und Dezember 1940 als Lager für die Volksdeutsche Mittelstelle. Die letzten überlebenden Bewohnerinnen und Bewohner verlasssen die Anstalt Stetten Anfang Januar 1941. Seit 1941 ist Stetten von Baltendeutschen belegt.

12. Schicksale der Abtransportierten
Fast alle deportierten Bewohnerinnen und Bewohner werden unmittelbar nach ihrem Abtransport in Grafeneck ermordet, einige wenige kommen nach Zwiefalten und Winnental als Zwischenanstalten. 3 Überlebende bekannt.

13. Sterben in der Einrichtung 1933 - 1945
Winter 1939/40 deutlicher, kriegsbedingter Anstieg

14. Entwicklung der Einrichtung nach 1945
Neubeginn der Arbeit im Oktober 1945 auf der Hangweide unter bescheidensten Umständen, weitgehende Rückgabe der beschlagnahmten Gebäude im Juni 1952. 1953: 750 Bewohner.

15. Bearbeitung der NS-Zeit und Gedenken der Opfer durch die Einrichtung
1947: Veröffentlichung von L. Schlaich (s. Literatur.).
1960: Teufel, W. , Das Schloß der Barmherzigkeit. Geschichte und Auftrag der Anstalt Stetten", Stuttgart 1960.
1990: zahlreiche Gedenkveranstaltungen mit Vorträgen, Ausstellung, Gesprächsabenden und Gottesdiensten, Veröffentlichung des Gedenkbuches "1940 verlegt" mit den Namen aller bekannten 323 Opfer der "Euthanasie"-Aktion.
1994: Auftrag zur wissenschaftlichen Erforschung der Anstaltsgeschichte im Nationalsozialismus.
1995: Umbenennung des ehemaligen Schulgebäudes der Ludwig-Schlaich-Schule in "Tilly-Baier-Haus". Tilly Baier war im Alter von 5 Jahren das jüngste Opfer der "Aktion T 4" in der Anstalt Stetten.

16. Aktenlage
Gut erhaltenes Archiv, verzeichnet.

17. Literatur

Schlaich, Ludwig, Lebensunwert? Kirche und Innere Mission Württembergs im Kampfe gegen die "Vernichtung lebensunwerten Lebens", Stuttgart 1947.

Kalusche, Martin, Chronik der Heil- und Pflegeanstalt Stetten im Remstal im Nationalsozialismus. Januar 1933 bis Januar 1941, Kernen 1995 (Manuskript).

Kalusche, Martin, "Das Schloß an der Grenze". Kooperation und Konfrontation mit dem Nationalsozialismus in der Heil- und Pflegeanstalt Stetten i. R., Heidelberg 1997 (Diss.theol.).

Heim Pfingstweide
Tettnang

Württemberg

1. Gründungsgeschichte der Einrichtung und des Beginns ihrer Behindertenarbeit
1849 Ankauf eines Bauernhofs auf der Pfingstweide bei Tettnang durch Christian Friedrich Spittler. Zunächst Schriftenniederlage und Wohnsitz der kolportierenden Crischonabrüder. Aufnahme von verwahrlosten Kindern, wandernde Handwerksburschen, später Epileptikern. Mit Unterstützung des evangelischen Pfarrgemeinderates und des Oberamtsarztes in Tettnang entstand eine kleine Anstalt für Epileptiker. 1863 zwölf kranke Epileptiker. 1867 Ankauf durch neugegründeten Trägerverein.

2. Größe der Einrichtung 1933 - 1945
1934: 68 männliche epileptisch Kranke im Alter von 22 bis 80 Jahren.
Am 15. 12. 1944: 86 Pfleglinge.

3. Träger der Einrichtung 1933 - 1945
Verein für die Pflege- und Bewahranstalt für männliche, evangelische Epileptische auf der Pfingstweide.

4. Art der (damaligen) Behindertenarbeit und der Bewohnerstruktur
Betreuung und Pflege männlicher Epileptiker, die überwiegend in der Landwirtschaft tätig sind. Einzelne Alterspflegefälle.

5. Teilnahme an der eugenischen Diskussion vor und nach 1933
Der Hausvater Georg Geckeler spricht am 5.4. 1930 anläßlich der Monatsversammlung des evangelischen Männervereins zum Thema: Die Anormalen oder das lebensunwerte Leben und ihre Daseinsberechtigung.

6. Sterilisierungsmaßnahmen 1933 - 1945
Sterilisation von 6 Bewohner bekannt:
1935 bis 1937 vier "freiwillige" Meldungen,
1936/37 zwei Meldungen durch den Kreisarzt.

7. Staatliche Eingriffe in die Einrichtungsstruktur bis 1939
Keine

8. Erfassung und Abtransport jüdischer Bewohner
Keine jüdischen Bewohner.

9. Meldebögen der "Aktion T 4"
Meldebögen ausgefüllt, weitere Einzelheiten unbekannt.
Berliner Anstaltsliste vom 31.8.1941: 70 Meldebögen.

10. Abtransporte im Rahmen "Aktion T 4"
1. 2. 1940   13 Bewohner (namentlich aufgeführt von A - H) verlegt, verm. nach Grafeneck
3. 10. 1940   11 Bewohner, Zielort unbekannt
12. 3. 1941   5 Bewohner vermutlich nach Weinsberg

11. Weitere Abtransporte und Beschlagnahmungen bzw. Eingriffe
Keine

12. Schicksale der Abtransportierten
Ermordung der Abtransportierten in Grafeneck.
Ermordung der nach Weinsberg verlegten Bewohner gilt als sicher.

13. Sterben in der Einrichtung 1933 - 1945
Keine Angaben.

14. Entwicklung der Einrichtung nach 1945
Fortsetzung der Arbeit.

15. Bearbeitung der NS-Zeit und Gedenken der Opfer durch die Einrichtung
Gedenkstein 1984.

16. Aktenlage
Nur Einzelstücke.

17. Literatur
Schlaich, Ludwig, Die Ereignisse in der Pfingstweide, in: Schlaich, Ludwig, Lebensunwert. Kirche und Innere Mission Württembergs im Kampf gegen die Vernichtung "lebensunwerten" Lebens, Stuttgart 1947, 21-23.

Zieglersche Anstalten Wilhelmsdorf

Württemberg

1. Gründungsgeschichte der Einrichtung und des Beginns ihrer Behindertenarbeit
Als "Tochter" der freien evangelischen Brüdergemeinde Korntal bei Stuttgart wurde im Jahre 1824 die freie Brüdergemeinde Wilhelmsdorf und damit zugleich der Ort gegründet. Schnell entstand - auch auf dem Hintergrund der besonderen religiösen Wurzel - ein Blick für Notlagen und Hilfeleistungen. 1837 entstand daraus die vom Lehrer Oßwald gegründete "Taubstummenanstalt", die sich zunächst der Schulbildung für "taube" Kinder annahm.

2. Größe der Einrichtung 1933 - 1945
Jahresbericht 1941: *Die Zahl der erwachsenen Pfleglinge ist im vergangenen Jahr von 110 auf 144 gestiegen, trotzdem im Frühjahr 18 der schwächsten von hier verlegt wurden.*

3. Träger der Einrichtung 1933 - 1945
Selbständige Stiftung.

4. Art der (damaligen) Behindertenarbeit und der Bewohnerstruktur
Mehrfachbehinderte Menschen mit Hör-/Sprachbehinderung und geistiger Behinderung.

5. Teilnahme an der eugenischen Diskussion vor und nach 1933
Keine Angaben.

6. Sterilisierungsmaßnahmen 1933 - 1945
Umfang unbekannt.

7. Staatliche Eingriffe in die Einrichtungsstruktur bis 1939
Keine

8. Erfassung und Abtransport jüdischer Bewohner
Keine Angaben.

9. Meldebögen der "Aktion T 4"
Meldebögen 1.8.1940. Der Einrichtungsleiter, Hausvater Heinrich Hermann, schickt die Bögen unausgefüllt zurück und benennt offen die dahinterstehende Tötungsabsicht und seine Weigerung, dabei mitzuwirken. Gegensatz zwischen Heimleiter und Gesamtvorstand.
Im Oktober erscheint eine Kommission aus Württemberger Obermedizinalrat und dem Landesjugendarzt zum Ausfüllen der Bögen.
Berliner Anstaltsliste vom 31.8.1941: 43.

10. Abtransporte im Rahmen "Aktion T 4"
8.3.1941: Verlegung von 19 Heimbewohner nach Weinsberg, einer kehrt wieder zurück.

11. Weitere Abtransporte und Beschlagnahmungen bzw. Eingriffe
September 1943: 15 Kinder nach Heggbach, 20 Erwachsene nach Zwiefalten.
Am 20. 10. 1943 ordnet der württembergische Innenminister an, daß die Anstalt künftig den Titel *Taubstummen-Fürsorgeanstalt* zu führen habe und es wird untersagt, *Schwachsinnige, Geisteskranke und Epileptiker aufzunehmen*.

12. Schicksale der Abtransportierten
Die nach Weinsberg verlegten 18 Bewohner in Hadamar ermordet.
Heggbach: die Kinder sollen gut versorgt worden sein.
Zwiefalten: etwa die Hälfte der dorthin verlegten Wilhelmsdorfer Bewohner werden ermordet.

13. Sterben in der Einrichtung 1933 - 1945
Keine Angaben.

14. Entwicklung der Einrichtung nach 1945
Fortführung der Taubstummenbetreung, zunächst kaum Aufnahme von Geistesschwachen.

15. Bearbeitung der NS-Zeit und Gedenken der Opfer durch die Einrichtung
1985 in einer von den Zieglerschen Anstalten herausgegebenen Broschüre,
s. Literatur.

16. Aktenlage
Akten bei einem Großbrand des Verwaltungsgebäudes 1977 vernichtet.

17. Literatur
Berg, Dietrich, Vor Gott ist nicht einer vergessen, Wilhelmsdorf 1985.

Paulinenpflege
Winnenden

Württemberg

1. Gründungsgeschichte der Einrichtung und des Beginns ihrer Behindertenarbeit
1823 aus den Gedanken der württembergischen Erweckungsbewegung durch Pfr. F. J. P. Heim unter dem Protektorat der Königin Pauline als *"Rettungsanstalt für arme verwahrloste und taubstumme Kinder"* gegründet.

2. Größe der Einrichtung 1933 - 1945
1940: 225 Plätze.

3. Träger der Einrichtung 1933 - 1945
Selbständige Stiftung.

4. Art der (damaligen) Behindertenarbeit und der Bewohnerstruktur
Den Schwerpunkt bildet die schulische und berufliche Ausbildung von Gehörlosen, vereinzelte Aufnahme von mehrfach behinderten und schwachsinnigen Gehörlosen, im Einzelfall auch ältere Betreute.

5. Teilnahme an der eugenischen Diskussion vor und nach 1933
Nein

6. Sterilisierungsmaßnahmen 1933 - 1945
Sterilisationen wurden durchgeführt, Umfang unbekannt.

7. Staatliche Eingriffe in die Einrichtungsstruktur bis 1939
Keine

8. Erfassung und Abtransport jüdischer Bewohner
Durch Anfrage erfaßt, keine jüdischen Bewohner.

9. Meldebögen der "Aktion T 4"
Meldebögen am 24.9.1940 erhalten, zunächst für 75 Bewohner ausgefüllt, Kommissionsbesuch durch Dr. Mauthe (württ. Innenminist.) und Landesjugendarzt Eyrich am 6.11.1940, gemeinsam werden 30 Meldebögen ausgefüllt und nach Berlin gesandt.

10. Abtransporte im Rahmen "Aktion T 4"
5 Männer und 2 Frauen (21 - 64 Jahre alt, nach Meldebögen z.T 30jähriger Anstaltsaufenthalt, geringe Arbeitsfähigkeit) werden 1941 über die Heilanstalt Winnenden nach Weinsberg verlegt.

11. Weitere Abtransporte und Beschlagnahmungen bzw. Eingriffe

1. 7. 1944	Auflage, diejenigen, die nicht in ein Taubstummenasyl gehören zu verlegen:
19. 7. 1944	1 Mann nach Zwiefalten verlegt.
14. 11. 1944	3 Männer nach Heggbach verlegt.
25. 7. 1941	Aufnahme von 14 Pfleglingen aus einer Zweiganstalt von Neuendettelsau.
1943 - 1948	Aufnahme von 25 Personen aus Stuttgarter Altersheim.
Herbst 1944	Aufnahme eines Stuttgarter Hilfskrankenhaus mit 50 Betten.
Februar 1945	Aufnahme von Bombengeschädigten aus Dresden.

12. Schicksale der Abtransportierten

Am 31.3.1941 werden 5 der nach Weinsberg verlegten, am 16.6.1941 die anderen beiden zur Ermordung nach Hadamar verlegt. Das Schicksal der 1944 Verlegten ist unbekannt.

13. Sterben in der Einrichtung 1933 - 1945

Keine Angaben.

14. Entwicklung der Einrichtung nach 1945

Fortführung der Taubstummenarbeit.

15. Bearbeitung der NS-Zeit und Gedenken der Opfer durch die Einrichtung

Gedenktafel 1995.

16. Aktenlage

Archiv vorhanden.

17. Literatur

Henninger, Margarethe, Die Paulinenpflege unter Haken- und Kronenkreuz, in: "Hier in der kleinsten Zelle unseres Staates" ... . Winnenden 1933 - 1945, Winnenden 1995.

Mecklenburg

1 Lübtheen

Mecklenburg

Einwohnerzahl 1934: 805.000 Einwohner

Das Land Mecklenburg wurde zum 1.1.1934 aus den bis dahin selbständigen Ländern Mecklenburg-Schwerin und Mecklenburg-Strelitz gebildet. Mecklenburg-Schwerin besaß bereits im Juli 1932 eine nationalsozialistische Landesregierung. Der seit 1925 den dortigen NSDAP-Gau aufbauende Gauleiter Friedrich Hildebrandt amtierte bis Kriegsende, seit 1933 fungierte er zudem als Reichsstatthalter von Mecklenburg-Lübeck. Im Sommer 1939 fanden auf sein Betreiben hin Entkonfessionalisierungen konfessioneller Heime und Anstalten statt, die unter der vorgeschobenen Begründung eines angeblichen "Tuberkulose-Notstandes" beschlagnahmt und der NSV unterstellt wurden.

Im Jahre 1939 besaß Mecklenburg noch 2200 psychiatrische Betten, nach Ende der T4-Aktion nur noch 1500. Aus der Anstalt in Rostock-Gehlsheim wurden zu Kriegsbeginn rund 220 Patienten für die Errichtung eines Reservelazaretts und für die Freihaltung von Betten für den zivilen Luftschutz zu den Anstalten Sachsenberg (Schwerin) und Domjüch (Neustrelitz) verlegt. Die Einrichtungen Diakonissenhaus und Kinderheim Lobetal (in Lübtheen) und die Anstalt Neustrelitz waren bis 1941 für die Kriegsmarine und für den Justizvollzug beschlagnahmt worden. Aus den größeren staatlichen Anstalten Sachsenberg (Schwerin) und Rostock-Gehlsheim fanden Verlegungen der "Aktion T4" z.T. über Zwischenanstalten nach Bernburg statt. Aus einem Nachkriegsprozeß in Schwerin gibt es Hinweise, daß der Anstaltsarzt des Sachsenberges, Dr. Leu, bereits 1940 und 1941 Patienten mit Medikamenten nach eigenem Ermessen und ohne Billigung des Anstaltsdirektors tötete. Im mit dem Sachsenberg verbundenen Kinderheim Lewenberg wurde unter Leitung von Dr. Leu eine Kinderfachabteilung im Rahmen der "Kindereuthanasie" eingerichtet.

Aus Rostock-Gehlsheim fanden seit 1942 zudem katastrophenschutzpolitisch motivierte Räumungen und kleinere Verlegungen (ca. 30 bis 40 Patienten) zu den Anstalten Domjüch und Sachsenberg statt. Im Sachsenberg stiegen während der Kriegszeit die Sterbezahlen bezogen auf die Gesamtverpflegtenzahl auf über 25% stark an.

Lobetal

Lübtheen
Mecklenburg

1. Gründungsgeschichte der Einrichtung und des Beginns ihrer Behindertenarbeit
1928 Gründung des mecklenburgischen Gemeinschaftsverbandes, ursprünglich für chronisch kranke und körperbehinderte Kinder. Aufbau eines Diakonissenhauses mit 22 Schwestern (1937).

2. Größe der Einrichtung 1933 - 1945
1937 126 betreute Menschen.

3. Träger der Einrichtung 1933 - 1945
Selbständige Stiftung.

4. Art der (damaligen) Behindertenarbeit und der Bewohnerstruktur
Gesunde und geistig behinderte Kinder und alte Menschen, 1953 geistig Behinderte.

5. Teilnahme an der eugenischen Diskussion vor und nach 1933
Keine entsprechenden Äußerungen bekannt.

6. Sterilisierungsmaßnahmen 1933 - 1945
Keine Angaben.

7. Staatliche Eingriffe in die Einrichtungsstruktur bis 1939
Keine

8. Erfassung und Abtransport jüdischer Bewohner
Keine Angaben.

9. Meldebögen der "Aktion T 4"?
Berliner Anstaltsliste vom 31.8.1941: 66 Meldebögen, die im November 1940 ausgefüllt zurückgesandt wurden. Mit Schreiben des Vorstandsvorsitzenden wurde daraufhingewiesen, daß der Zweck der Maßnahme der Regierung bekannt sei, und diese weder *vor Gott noch den Angehörigen gerechtfertigt sei*. Die Meldebögen wurden aber ausgefüllt, *denn der Obrigkeit sind wird Untertänigkeit schuldig und leisten ihr Gehorsam.*

10. Abtransporte im Rahmen "Aktion T 4"
8. - 10. April 1941 Verlegung von 57 geistig Behinderten mit unbekanntem Ziel. Beschlagnahmung und Auflösung der gesamten Einrichtung. Zur Verfügung gestellt als Marine-Depot.

11. Weitere Abtransporte und Beschlagnahmungen bzw. Eingriffe
Entfällt

12. Schicksale der Abtransportierten
Bislang unbekannt, vermutlich Bernburg, von der Ermordung wird ausgegangen.

13. Sterben in der Einrichtung 1933 - 1945
Entfällt

14. Entwicklung der Einrichtung nach 1945
Bereits Ende 1941 Wiederbelebung der Betreuungsarbeit für alte Menschen in Hetendorf bei Celle, dort Fortführung bis heute. In Lübtheen Wiederaufbau der Arbeit der Altenbetreuung nach Rückübertragung des Geländes zu Jahresende 1945.

15. Bearbeitung der NS-Zeit und Gedenken der Opfer durch die Einrichtung
Darstellung der Geschichte in der Festschrift zum 40 jährigen Bestehen der Lobetal- Arbeit in Celle 1987.

16. Aktenlage
Keine Akten.

17. Literatur
Broschüre: Lobetalarbeit Celle, 1947 - 1987. 40 Jahre Lobetalarbeit, Celle 1987.

Bayern

1 Neuendettelsau

Bayern

Einwohnerzahl 1933: 7.685.000

Im Land Bayern existierte in den acht Bezirken jeweils eine große staatliche Heil- und Pflegeanstalt neben einer Vielzahl überwiegend katholischer Pflegeanstalten. Die Landesfürsorgeverbände der Bezirke drängten seit Ende der 1920er Jahre immer stärker auf eine Reduzierung der Unterbringungskosten. Die Direktoren der Heil- und Pflegeanstalten in Eglfing-Haar, Hermann Pfannmüller, und in Kaufbeuren, Valentin Faltlhauser, setzten sich bereits vor Kriegsbeginn für eine nach Arbeitsleistung differenzierte Ernährung der Anstaltspatienten und für die "Euthanasie" ein. Zu Verlegungen von Anstaltsbewohnern kam es während des Krieges einerseits durch die "Aktion T4", andererseits waren sie auch die Folge der Entkonfessionalisierung und dienten der Unterbringung Auslandsdeutscher, sowie dem Platzbedarf der Kinderlandverschickung.

Die Meldebögen der "Aktion T4" wurden an die Anstalt Eglfing-Haar bereits im Oktober 1939, in die anderen bayerischen Anstalten erst im Sommer 1940 versandt. Im September 1940 war zudem eine Gutachter-Kommission in den bayerischen Anstalten unterwegs und füllte Meldebögen aus. Die bis August 1941 stattfindenden Abtransporte aus bayerischen Anstalten (eine erste große Transportwelle erreichte die staatlichen Anstalten im Herbst 1940) führten zu "Sogverlegungen" aus privaten Anstalten in die entleerten staatlichen Anstalten (z.B. Neuendettelsau). Jüdische Anstaltspatienten aus Bayern wurden im September 1940 in die Heil- und Pflegeanstalt Eglfing-Haar gebracht. Von hier wurden die rund 200 jüdischen Patienten abgeholt und ermordet. In den Anstalten Ansbach, Kaufbeuren und Eglfing-Haar wurden seit Herbst 1941 Kinderfachabteilungen zur Durchführung der "Kindereuthanasie" eingerichtet.

Für die bayerischen Heil- und Pflegeanstalten wurde nach einer Konferenz der Anstaltsdirektoren am 17.11.1942 die Minderernährung unheilbarer Kranker gegenüber heilbaren Kranken in Form eines Erlasses angeordnet. Der Erlaß vom 30.11.1942 sah vor, "daß mit sofortiger Wirkung sowohl in quantitativer wie qualitativer Hinsicht diejenigen Insassen der Heil- und Pflegeanstalten, die nutzbringende Arbeit leisten oder in therapeutischer Behandlung stehen, ferner die noch bildungsfähigen Kinder, die Kriegsbeschädigten und die an Alterspsychose Leidenden zu Lasten der übrigen Insassen besser verpflegt werden." Neben dem Leiter der Gesundheitsabteilung im bayerischen Innenministerium, Walter Schultze, und dem Leiter der Anstalt Eglfing-Haar trat besonders der Leiter der Anstalt Kaufbeuren-Irsee als treibende Kraft für die Einführung einer fleisch- und fettlosen "E-Kost" auf.

Aufgrund der Umsetzung des sogenannten "Hungererlasses" in den bayerischen Anstalten starben insbesondere in der zweiten Kriegshälfte eine Vielzahl von Patienten besonders in den Anstalten Kaufbeuren-Irsee und Eglfing-Haar.

Neuendettelsauer Pflegeanstalten Neuendettelsau mit Zweiganstalten

Bayern

1. Gründungsgeschichte der Einrichtung und des Beginns ihrer Behindertenarbeit
Die 1854 von W. Löhe gegründete Diakonissenanstalt Neuendettelsau (hinzu kam 1893 eine Diakonenausbildungsstätte) hatte die Behindertenarbeit als Hauptarbeitsgebiet, neben Krankenhäusern und Gemeindepflege.

2. Größe der Einrichtung 1933 - 1945
1940: 1758 betreute Menschen in 9 Häusern in Neuendettelsau und Umgebung, sowie in weiter entfernt liegenden Heimen, die aber auch direkt von Neuendettelsau betreut wurden.

3. Träger der Einrichtung 1933 - 1945
Diakonissenanstalt Neuendettelsau.

4. Art der (damaligen) Behindertenarbeit und der Bewohnerstruktur
Geistig Behinderte in Schul-, Ausbildungs-, Alters,- und Pflegeheimen.

5. Teilnahme an der eugenischen Diskussion vor und nach 1933
Der leitende Arzt Dr. Boeckh war aktiver Befürworter der Eugenik, zahlreiche Veröffentlichungen und Vorträge, die die Zwangssterilisation befürworteten und auch die Euthanasie als Möglichkeit einschlossen, sind überliefert.

6. Sterilisierungsmaßnahmen 1933 - 1945
Da der größte Teil der Einrichtungen als geschlossene Anstalten galt, nicht in sehr großer Zahl, aber in Einzelfällen vom Anstaltsarzt sehr energisch durchgesetzt.

7. Staatliche Eingriffe in die Einrichtungsstruktur bis 1939
Keine

8. Erfassung und Abtransport jüdischer Bewohner
13.9.40 Abtransport von 5 jüdischen Bewohnern nach Egelfing-Haar, anschließend ermordet.

9. Meldebögen der "Aktion T 4"
26.7. 1940 Meldebögen (ca. 1500) in Neuendettelsau. Da die Ausfüllung wegen Arbeitsbelastung (oder absichtlich?) verzögert wurde, traf bereits am 2.9.1940 eine 17 köpfige Kommission unter Leitung des T4-Gutachters Steinmeyer zum Ausfüllen anhand der Akten ein.

10. Abtransporte im Rahmen "Aktion T 4"
Abtransporte in Verbindung mit T4, aber nicht im Rahmen der eigentlichen Maßnahmen:
Dez. 1940: 60 Bewohner nach Günzburg (Landesfürsorgeverband (LFV) Schwaben).
Febr. 1941: 590 nach Ansbach, Erlangen, Bayreuth (LFV Mittel- und Oberfranken).
März 1941: 485 (von 536) verbliebenen Bewohnern nach Ansbach, Erlangen Bayreuth.

11. Weitere Abtransporte und Beschlagnahmungen bzw. Eingriffe
Beschlagnahmungen von Teilen der Neuendettelsauer Anstalten für Kinderlandverschickung, die Unterbringung von Südtirolern und als Lazarett.
Nur zwei Einrichtungen (Pflegeanstalt I Neuendettelsau, Pflegeanstalt II Himmelskron) blieben bei ihrer Aufgabe.

12. Schicksale der Abtransportierten
Für alle Verlegten kann von der Ermordung bis 1945 augegangen werden:
Weiterverlegung der Bewohner in Tötungsanstalten, Ermordungen und Todesfälle in den Aufnahmeanstalten.
37 Kinder in der Kinderfachabteilung Ansbach getötet.

13. Sterben in der Einrichtung 1933 - 1945
Keine Angaben.

14. Entwicklung der Einrichtung nach 1945
Fortsetzung der Behindertenarbeit.

15. Bearbeitung der NS-Zeit und Gedenken der Opfer durch die Einrichtung
Kleine Untersuchungen, 1991 erste große Veröffentlichung, s. Literatur.

16. Aktenlage
Gut erhaltenes Archiv.

17. Literatur
Müller, Christine-Ruth/Siemen, Hans-Ludwig, Warum sie sterben mußten - Leidensweg und Vernichtung von Behinderten aus den Neuendettelsauer Pflegeanstalten im "Dritten Reich", Neustadt a.d.Aisch 1991(Einzelarbeiten aus der Kirchengeschichte Bayerns Bd. 66).

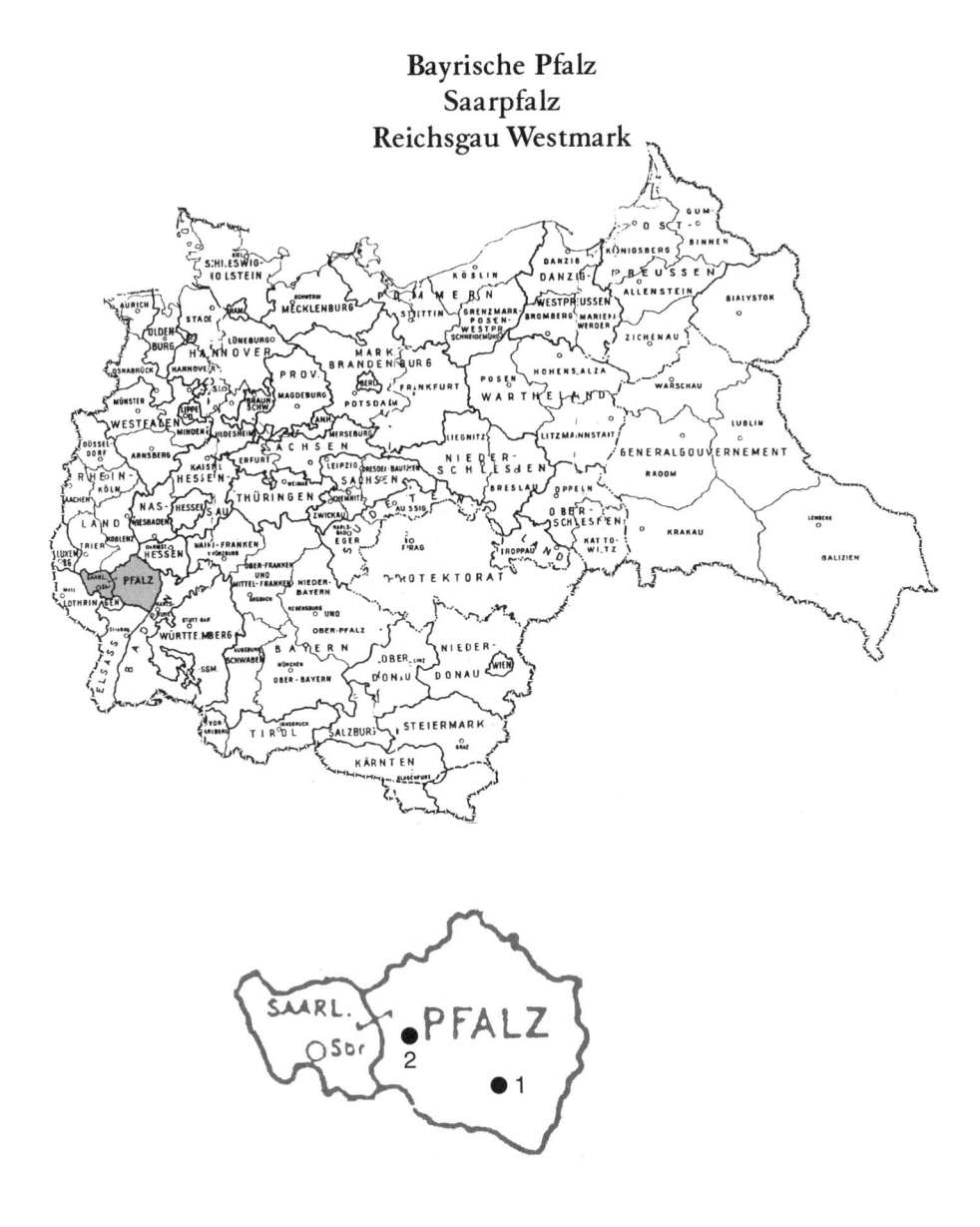

Bayrische Pfalz
Saarpfalz
Reichsgau Westmark

1 Landau
2 Rochenhausen

Pfalz und Saarland/ Gau Saarpfalz/ Reichsgau Westmark

Einwohnerzahl, Bayr. Pfalz: 1.050.000 (1939)
Saarpfalz: 1.892.000 (1939)
Reichsgau Westmark 2.588.000 (Fortschreibung von 1939)

Evangelische kirchliche Einrichtungen spielten in diesen beiden Regionen keine große Rolle. In der ursprünglich bayrischen Rheinpfalz gab es zwei evangelische Einrichtungen: das Pflegeheim Bethesda, eine Einrichtung mit ca. 300 Plätzen, die zur Diakonissenanstalt Speyer gehört, und das Evangelische Pflegeheim Zoar in Rockenhausen. Im Saarland gab es keine evangelische Behinderteneinrichtung. Nach der Rückgliederung des Saarlandes 1935 wurden die bayrische Pfalz und das Saarland 1938 zum Gau Saarpfalz vereint, später Westmark genannt. Über die Sterilisationspraxis und die eugenische Diskussion in den beiden genannten Einrichtungen ist lediglich bekannt, daß Sterilisationen in der Jugendabteilung Lachen des Heimes Bethesda stattfanden. Die staatlichen Heil- und Pflegeanstalten beteiligten sich aktiv an der eugenischen Diskussion. So führten Ärzte der Heil- und Pflegeanstalt Klingenmünster Schulungs- und Informationsveranstaltungen in Fragen der Rassenhygiene für die Umgebung durch. Sowohl die Rheinpfalz, als auch das Saarland gehörten zu der sog. "roten Zone", d.h. die dort liegenden Einrichtungen hatten bezüglich der Evakuierung im grenznahen Bereich absolute Priorität. Folgerichtig wurden auch zu Kriegsbeginn die Bewohner der staatlichen Einrichtungen und der evangelischen Heime aus der gefährdeten Randlage verlegt. Die Bewohner der Heil- und Pflegeanstalt Klingenmünster wurden in die bayerischen Anstalten Erlangen, Lohr, Bayreuth usw. verteilt, die der saarländischen Anstalten Merzig und Homburg, nach Weilmünster und Haina verlegt. Ähnlich wie in Kork/Baden wurden die Bewohner des Pflegeheims Bethesda im September 1939 evakuiert und auf andere Einrichtungen der Inneren Mission verteilt (Alsterdorf, Himmelsthür, Neinstedt). Im Herbst 1940 durfte die Einrichtung wieder zurückkehren. Über Abtransporte im Rahmen der "Aktion T4" ist nichts bekannt. Auch für das Pflegeheim Zoar war 1939 eine Verlegung geplant, bzw. teilweise schon vorbereitet worden. Wegen des Kriegsverlaufs wurde dies aber nicht durchgeführt und der Räumungsbefehl im Herbst 1940 aufgehoben. Auch bei dieser Einrichtung sind keine Abtransporte im Zusammenhang mit der "Aktion T4" bekannt. Über die zweite Phase der "NS-Euthanasie" ist in den evangelischen Einrichtungen nichts bekannt. Bei den staatlichen Anstalten hat sich in der Zwischenzeit herausgestellt, daß sie nach Rückkunft teilweise als Zwischenanstalten fungierten und daß das (gezielte) 'Hungersterben', zumindest in den Jahren 1942-1945, in der Heil- und Pflegeanstalt Klingenmünster die bayerische Einrichtung Kaufbeuren/Irrsee übertraf.

Für die Pfalz und das Saarland gilt insgesamt, daß die Erforschung der nationalsozialistischen Euthanasieverbrechen erst in den Anfängen steht.

Bethesda

Landau

zunächst: Bayerische Pfalz, Gau Saarpfalz, Gau Westmark

1. Gründungsgeschichte der Einrichtung und des Beginns ihrer Behindertenarbeit
1932 als Pflegeheim durch die Diakonissenanstalt Speyer errichtet. Pachtung einer ehemaligen Kaserne vom Land Bayern.

2. Größe der Einrichtung 1933 - 1945
1932: ca. 300 Plätze
1.1.1937 : 95 männliche, 230 weibliche Pfleglinge
Jugendabteilung Lachen ca. 45 Plätze.

3. Träger der Einrichtung 1933 - 1945
Diakonissenanstalt Speyer.

4. Art der (damaligen) Behindertenarbeit und der Bewohnerstruktur
Pflegeheim, einschl. der Aufnahme von psychisch kranken und behinderten Menschen

5. Teilnahme an der eugenischen Diskussion vor und nach 1933
Keine Angaben.

6. Sterilisierungsmaßnahmen 1933 - 1945
Sterilisationen in Lachen, Umfang unbekannt.

7. Staatliche Eingriffe in die Einrichtungsstruktur bis 1939
1936 Kündigung des Pachtvertrages, Neubau an anderer Stelle.
Sept. 1939 kurzfristige, kriegsbedingte Räumung. Unterbringung der Bewohner (außer Lachen) durch Vermittlung des CA in anderen Häusern der IM (Alsterdorf/Hamburg; Himmelsthür/Hildesheim, Neinstedt).
Rückkehr Herbst 1940.

8. Erfassung und Abtransport jüdischer Bewohner
Keine Angaben.

9. Meldebögen der "Aktion T 4"
Nur Zweiganstalt Lachen: Berliner Anstaltsliste vom 31.8.1941: 42 Meldebögen.

10. Abtransporte im Rahmen "Aktion T 4"
Keine

11. Weitere Abtransporte und Beschlagnahmungen bzw. Eingriffe
Keine bekannt.

12. Schicksale der Abtransportierten
Entfällt

13. Sterben in der Einrichtung 1933 - 1945
Nicht untersucht.

14. Entwicklung der Einrichtung nach 1945
Fortsetzung der Behindertenpflege.

15. Bearbeitung der NS-Zeit und Gedenken der Opfer durch die Einrichtung
Bericht in Mitarbeiterzeitschrift 1989.

16. Aktenlage
Gut erhaltenes, unbearbeitetes Archiv mit Bewohnerakten in Landau, Verwaltungsakten in Speyer.

17. Literatur
Im Blickpunkt 9, Informationsblatt für die Mitarbeiter der ev. Diakonissenanstalt Speyer, Nr. 9. September 1989.

Zoar
Rockenhausen

zunächst: **Bayerische Pfalz, Gau Saarpfalz, Gau Westmark**

1. Gründungsgeschichte der Einrichtung und des Beginns ihrer Behindertenarbeit
Evangelisches Rettungshaus, gegründet 1853.

2. Größe der Einrichtung 1933 - 1945
Berliner Anstaltsliste vom 31.8.1941: 160 Betten.

3. Träger der Einrichtung 1933 - 1945
Selbständige Stiftung.

4. Art der (damaligen) Behindertenarbeit und der Bewohnerstruktur
Schwerpunkt Erziehungsarbeit, vermehrt Aufnahme von Geistesschwachen.

5. Teilnahme an der eugenischen Diskussion vor und nach 1933
Nein

6. Sterilisierungsmaßnahmen 1933 - 1945
Keine Angaben.

7. Staatliche Eingriffe in die Einrichtungsstruktur bis 1939
1939 Auflösung der gesamten Anstalt geplant, Verteilung der Bewohner von Bethel und CA organisiert, wegen Kriegsverlauf nicht durchgeführt, Räumungsbefehl am 13.10. 1939 aufgehoben.

8. Erfassung und Abtransport jüdischer Bewohner
Keine Angaben.

9. Meldebögen der "Aktion T 4"
Berliner Anstaltsliste vom 31.8.1941: 194 Meldebögen.

10. Abtransporte im Rahmen "Aktion T 4"
Keine

11. Weitere Abtransporte und Beschlagnahmungen bzw. Eingriffe
Keine

12. Schicksale der Abtransportierten
Entfällt

13. Sterben in der Einrichtung 1933 - 1945
Keine Angaben.

14. Entwicklung der Einrichtung nach 1945
Fortsetzung der Behindertenpflege.

15. Bearbeitung der NS-Zeit und Gedenken der Opfer durch die Einrichtung
Keine besondere Bearbeitung.

16. Aktenlage
Keine Angaben.

17. Literatur
Keine besondere Darstellung.

**Provinz Sachsen
Anhalt**

1 Bernburg
2 Magdeburg
3 Neinstedt
4 Wernigerode

Gefell (s. Karte Thüringen)

Provinz Sachsen und Anhalt

Einwohnerzahl Provinz Sachsen 1933: 3.379.000
Einwohnerzahl Anhalt 1933: 364.000

Sowohl in der Provinz Sachsen als auch im Land Anhalt spielten konfessionelle Einrichtungen bei der Anstaltsfürsorge nur eine untergeordnete Rolle. Mit Ausnahme der Neinstedter Anstalten in der Provinz Sachsen waren alle anderen diakonischen Anstalten eher klein und betreuten jeweils weniger als 100 psychisch kranke und geistig behinderte Menschen.
Die "Euthanasieanstalt" Bernburg in Anhalt hatte ihr Einzugsgebiet weit über Anhalt und die Provinz Sachsen hinaus im ganzen nordöstlichen Teil des Reiches. Die Nähe der Bernburger Tötungsanstalt bedeutete daher keine direkte Gefährdung für die kirchliche Einrichtungen. Die Durchführung der Euthanasieverbrechen verlief nach dem gleichen Schema wie in anderen Landesteilen.
Die Meldebogen der "Aktion T4" werden wie bei den staatlichen Behinderteneinrichtungen, auch in den kirchlichen, frühestens im Frühjahr 1940 eingetroffen sein. Das Ausfüllen der Meldebögen verweigerte nur die Leitung der kleinen Wernigeroder Einrichtung "Zum Guten Hirten". Sie konnte ihre Insassen damit zumindest bis zum Abbruch der "Aktion T4" im August 1941 vor Verlegung und Tod bewahren. Als erste kirchliche Behinderteneinrichtung waren die Neinstedter Anstalten im Januar des Jahres 1941 von Abtransporten betroffen. Über 300 Patienten wurden in die Zwischenanstalt Altscherbitz verlegt, von denen mehr als drei Viertel bis zum Ende der Gasmordphase im August 1941 in Bernburg ermordet wurden.
Wegen der geringen Anzahl der in den anderen Einrichtungen versorgten Personen waren diese von den Verlegungen zunächst ausgenommen. Erst in den Jahren 1942/43 wurden erneut Patienten verlegt. Sie kamen zumeist in die großen Landesheilanstalten Altscherbitz, Pfafferode und Uchtspringe und starben dort im Rahmen der dezentralen Euthanasie-Mordaktion. Alle drei Anstalten nahmen in großer Zahl Bewohner aus anderen Gebieten des Reiches auf, vor allem aus Norddeutschland und dem Rheinland. Ermordung durch Gift, Verhungern und Pflegeentzug ist in großem Umfang nachgewiesen. In Uchtspringe war eine Kinderfachabteilung eingerichtet.
Die Planungen der Reichsarbeitsgemeinschaft Heil- und Pflegeanstalten sahen nach dem Abschluß der "Euthanasie"-Aktionen meist eine Auflösung und anderweitige Nutzung der kirchlichen Behinderteneinrichtungen vor. So wünschte beispielsweise der Gauamtsleiter für Volksgesundheit bei der Gauleitung Magdeburg, daß die Neinstedter Anstalten Lungenheilstätte werden sollten. Die Pläne der Reichsarbeitsgemeinschaft erlangten jedoch keine Bedeutung mehr, lediglich die Wernigeroder Anstalt "Zum Guten Hirten" wurde im Jahr 1943 beschlagnahmt und der NSV zur Verfügung gestellt.

Mädchenheim St. Johannes Bernburg

Anhalt

1. Gründungsgeschichte der Einrichtung und des Beginns ihrer Behindertenarbeit
Staatliche Gründung des Herzogtums Anhalt 1863, 1865 Einweihung als Heim für gefallene Mädchen, 1929 als Evangelisches Mädchenheim St. Johannes an einen Trägerverein.

2. Größe der Einrichtung 1933 - 1945
1937: 54 Mädchen in Fürsorgeeriehung und 83 Pfleglinge.
Berliner Anstaltsliste vom 31.8.1941: 73 Betten.

3. Träger der Einrichtung 1933 - 1945
Trägerverein Mädchenheim St. Johannes mit Sitz in Halle.

4. Art der (damaligen) Behindertenarbeit und der Bewohnerstruktur
In den dreißiger Jahren verstärkte Aufnahme von behinderten Mädchen und Frauen.

5. Teilnahme an der eugenischen Diskussion vor und nach 1933
Keine Angaben.

6. Sterilisierungsmaßnahmen 1933 - 1945
49 Mädchen bis 1939 sterilisiert.

7. Staatliche Eingriffe in die Einrichtungsstruktur bis 1939
Zunehmende Versuche der anhaltischen Staatsregierung, Einfluß auf die Verwaltung zu gewinnen.

8. Erfassung und Abtransport jüdischer Bewohner
Keine jüdischen Bewohnerinnen.

9. Meldebögen der "Aktion T 4"
Berliner Anstaltsliste vom 31.8.1941: 73 Meldebögen, Einzelheiten unbekannt.

10. Abtransporte im Rahmen "Aktion T 4"
Keine.

11. Weitere Abtransporte und Beschlagnahmungen bzw. Eingriffe
Nach August 1941: 56 Bewohnerinnen nach Pfafferode
15.1 1942: mindestens 10 Bewohnerinnen nach Uchtspringe.
Einzelverlegungen.
Versuch der Entwicklung zur Landeserziehungsanstalt ohne schwachisnnige oder kranke Bewohnerinnen.

12. Schicksale der Abtransportierten
Nahezu alle 1941 Abtransportierten müssen als in Pfafferode ermordet gelten, angebliche Todesursachen: Lungenentzündung, Angina etc.

13. Sterben in der Einrichtung 1933 - 1945
Keine Angaben.

14. Entwicklung der Einrichtung nach 1945
1945 Jugendheim unter staatlicher Leitung, 1994 Evang. Stiftung.

15. Bearbeitung der NS-Zeit und Gedenken der Opfer durch die Einrichtung
1996/1997 in Zusammenarbeit mit der Gedenkstätte Bernburg begonnen, die Geschichte der Einrichtung zu erforschen.

16. Aktenlage
In der Einrichtung fast keine Unterlagen, Patientenbücher und Akten in Pfafferode und Uchtspringe.

17. Literatur
Keine Veröffentlichungen.

Michaelisstift
Gefell

Preußen
Provinz Sachsen
Reg.-Bez. Erfurt
seit 1944 **Thüringen**

1. Gründungsgeschichte der Einrichtung und des Beginns ihrer Behindertenarbeit
1849 als Rettungsanstalt für Kinder nach Vorbild des Rauhen Hauses, zunächst im Pfarrhaus, dann eigenes Haus, 1853: 30 Bewohner; Name Michaelisstift seit 1873.

2. Größe der Einrichtung 1933 - 1945
1928: unter großen Schwierigkeiten Umstellung auf Schwachsinnigenbetreuung mit ca. 40 Plätzen, stark wechselnde Belegung.
1935: Mädchenheim mit 20 Plätzen, Haushaltungsschule.
1937: ca. 30 Plätze.

3. Träger der Einrichtung 1933 - 1945
Eigenständige Stiftung.

4. Art der (damaligen) Behindertenarbeit und der Bewohnerstruktur
Erziehungsheim für Mädchen, teilweise Verbleib der über 18jährigen im Hause, auch Aufnahme von schwachsinnigen, aber arbeitsfähigen Mädchen, z.T. entmündigt, auch Aufnahme älterer Frauen (1937: 16 Plätze)

5. Teilnahme an der eugenischen Diskussion vor und nach 1933
Keine Angaben.

6. Sterilisierungsmaßnahmen 1933 - 1945
Durchgeführt, Umfang unbekannt.

7. Staatliche Eingriffe in die Einrichtungsstruktur bis 1939
Große wirtschaftliche Schwierigkeiten, schlechter Zustand.

8. Erfassung und Abtransport jüdischer Bewohner
Keine jüdischen Bewohnerinnen

9. Meldebögen der "Aktion T 4"
Soweit bekannt, nicht erfaßt.

10. Abtransporte im Rahmen "Aktion T 4"
Einzelverlegungen nach Stadtroda/Thr., Hubertusburg/Sachsen: Schicksal unerforscht.

11. Weitere Abtransporte und Beschlagnahmungen bzw. Eingriffe
Zahlreiche Einzelverlegungen in Heime und Lager: u.a. nach Stadtroda, ins Landesjugendheim Eilenburg, Schönebeck/Elbe, AEL Breitenau, Konzentrationslager Ravensbrück (2). Flüchtlingsaufnahme 1945.

12. Schicksale der Abtransportierten
Todesfälle bei den nach Ravensbrück gebrachten Frauen bekannt.

13. Sterben in der Einrichtung 1933 - 1945
Nicht auffällig hoch, Einzelheiten unbekannt.

14. Entwicklung der Einrichtung nach 1945
Zunächst Fortsetzung der Erziehungsarbeit, zunehmend Aufnahme von nicht geistig behinderten Kindern.

15. Bearbeitung der NS-Zeit und Gedenken der Opfer durch die Einrichtung
Ausstellung 1989.

16. Aktenlage
Archiv mit Verwaltungsakten, Jahresberichten und vollständigen Bewohnerinnenakten.

17. Literatur
Broschüre; Rauh, Werner, Das Michaelisstift zu Gefell, gegründet 1849, Gefell 1991.

Pfeiffersche Anstalten
Cracau/Magdeburg

Preußen
Provinz Sachsen
Reg.-Bez. Magdeburg

1. Gründungsgeschichte der Einrichtung und des Beginns ihrer Behindertenarbeit
1889 Bau eines Alten- und Siechenhauses, später Aufnahme Geistesschwacher, 1899 Krüppelheim Samariterhaus mit Schule, Ausbildungsstätten, Klinik. 1900 Diakonissenmutterhaus.

2. Größe der Einrichtung 1933 - 1945
1939: 800 Pfleglinge, 400 Plätze Alten- und Siechenheim.
Berliner Anstaltsliste vom 31.8.1941: ca. 1000 Plätze.

3. Träger der Einrichtung 1933 - 1945
Selbständige Stiftung.

4. Art der (damaligen) Behindertenarbeit und der Bewohnerstruktur
Schwerpunkt bildete Körperbehindertenarbeit mit zunehmender Bedeutung der orthopädischen Klinik. Siechenheime, auch mehrfach Behinderte. Rückläufige Aufnahme von geistig Behinderten seit 1933.

5. Teilnahme an der eugenischen Diskussion vor und nach 1933
Antwort auf Binding/Hoche durch Anstaltsleiter Ulbrich:
Ulbrich, Martin, Dürfen wir minderwertiges Leben vernichten? Ein Wort an die Anhänger und Verteidiger der Euthanasie, Zeitfragen der Inneren Mission, Heft 7, 1925.

6. Sterilisierungsmaßnahmen 1933 - 1945
Sterilisierungen fanden statt, Umfang unbekannt.

7. Staatliche Eingriffe in die Einrichtungsstruktur bis 1939
Kurzfristige Aufnahme von 135 saarländischen Heimbewohnern.
Lazarett in zwei Häusern 1939 - 1945.

8. Erfassung und Abtransport jüdischer Bewohner
Vermutlich keine jüdischen Bewohner.

9. Meldebögen der "Aktion T 4"
Berliner Anstaltsliste vom 31.8.1941: 75 Meldebögen.

10. Abtransporte im Rahmen "Aktion T 4"
Verlegungen der Mehrfachbehinderten in unbekannter Zahl.
19.2 1941 26 Männer nach Altscherbitz, 23 weiter am 18.4. 41 nach Bernburg.
31.3. 1941 Verlegungen nach Haldensleben (7), Salzelmen.
30.5. 1941 Verlegungen nach Uchtspringe (25).

11. Weitere Abtransporte und Beschlagnahmungen bzw. Eingriffe
1941: Übernahme des Kindergartens durch die NSV.
Starke Bombenzerstörung 1944 und 1945, März 1945 Kriegsgefangenenlager.
Mai 1945: noch 180 betreute Menschen in den Einrichtungen.

12. Schicksale der Abtransportierten
Aus Altscherbitz Weiterverlegungen nach Bernburg; aus Haldensleben nach Uchtspringe.

13. Sterben in der Einrichtung 1933 - 1945
Keine Angaben, ca. 100 Bombenopfer.

14. Entwicklung der Einrichtung nach 1945
Fortsetzung der Arbeit. 1946: 474 Pfleglinge; Aufbau eines Krankenhauses.

15. Bearbeitung der NS-Zeit und Gedenken der Opfer durch die Einrichtung
April 1997 Errichtung eines Gedenksteines.

16. Aktenlage
Kaum Akten in den Anstalten erhalten.

17. Literatur
Hinz, Roswitha. Bericht zur Zwangssterilisation und Euthanasie in den Jahren 1933 - 1945 in ihren Auswirkungen auf Heimbewohnerinnen und Heimbewohner in den Pfeifferschen Stiftungen, Magdeburg 1994.

Neinstedter Anstalten
Neinstedt/Harz

Preußen
Provinz Sachsen
Reg.-Bez. Magedeburg

1. Gründungsgeschichte der Einrichtung und des Beginns ihrer Behindertenarbeit
1850 Gründung der Neinstedter Diakonenanstalt mit Erziehungsheim Lindenhof und Elisabethstift (1861) zur Aufnahme Schwachsinniger. Schul,- Ausbildungs, - und Pflegeabteilungen. 1921: 650 Plätze.

2. Größe der Einrichtung 1933 - 1945
1934: 760 Plätze.
1937: 800 Plätze (mit Zweiganstalt Thale und Schloß Detzel).

3. Träger der Einrichtung 1933 - 1945
Die beiden eigenständigen Stiftungen Lindenhof für die Erziehungsarbeit und Elisabethstiftung für die Behindertenarbeit bilden zusammen die Neinstedter Anstalten.

4. Art der (damaligen) Behindertenarbeit und der Bewohnerstruktur
Schwachsinnige und Epileptiker mit Unterrichts-, Ausbildungs-, und Pflegeabteilung.

5. Teilnahme an der eugenischen Diskussion vor und nach 1933
Teilnahme des Ltd. Arztes Dr. Sommer an den Tagungen des Ständigen Ausschusses für Rassenhygiene des Centralausschuß.

6. Sterilisierungsmaßnahmen 1933 - 1945
Zahlreiche Sterilisationen, durchgeführt im Städt. Krankenhaus Quedlinburg.

7. Staatliche Eingriffe in die Einrichtungsstruktur bis 1939
1933: Absetzung des bisherigen Vorstehers , 1939 kurzfristige Absetzung des Vorstehers.
30.9. 1938: Verlegung von 73 Bewohnern in die Provinzialanstalt Jerichow.
Aufnahme von 22 Saarlandevakuierten 1939.

8. Erfassung und Abtransport jüdischer Bewohner
Einzelheiten unbekannt, eventl. 1 Verlegung nach Pfafferode.
Eine Verlegung 1942.

9. Meldebögen der "Aktion T 4"
Berliner Anstaltsliste vom 31.8.1941: Elisabethstift 862 , Schloß Detzel 10.

10. Abtransporte im Rahmen "Aktion T 4"
29.4. 1940	Alleringsleben	14
29.1. 1941	Altscherbitz	326
24.4. 1941	Altscherbitz	63
13.5. 1941	Altscherbitz	42

11. Weitere Abtransporte und Beschlagnahmungen bzw. Eingriffe
Weitere Abtransporte

15.9.1941	Uchtspringe	17
14.1.1942	Pfafferode	34
15.1.1942	Uchtspringe	27
27.1.1942	Hoym	14
10.2.1942	Uchtspringe	33
13.2.1942	Altscherbit	17
17.2.1942	Hoym	5

Außerdem Verlegungen aus dem Erziehungsheim Lindenhof nach Uchtspringe.
Zahlreiche Einzelverlegungen, insgesamt vom Oktober 1939 - November 1943 668 verlegte Bewohner.
Insgesamt 227 Einzelentlassungen in Familien und Privatpflegen.

12. Schicksale der Abtransportierten
Altscherbitz war Zwischenanstalt für Bernburg, in allen genannten Anstalten starben zahlreiche Patienten.

13. Sterben in der Einrichtung 1933 - 1945
Keine Angaben, es wurden von 1938 - 1943 532 neue Heimbewohner aufgenommen.

14. Entwicklung der Einrichtung nach 1945
Fortführung der Arbeit mit großen Einschränkungen, da zahlreiche Gebäude 1945 beschlagnahmt.

15. Bearbeitung der NS-Zeit und Gedenken der Opfer durch die Einrichtung
Gedenkstein seit 1991, historische Forschungen noch ohne Veröffentlichung.

16. Aktenlage
Einzelne Bewohnerakten, Bewohnerliste 1932 - 1943.

17. Literatur
Keine

Zum Guten Hirten
Wernigerode

Preußen
Provinz Sachsen
Reg.-Bez. Magdeburg

1. Gründungsgeschichte der Einrichtung und des Beginns ihrer Behindertenarbeit
1861 als Erziehungsanstalt für schwach- und blödsinnige Mädchen in enger Verbindung mit der örtlichen Christuskirchengemeinde gegründet.

2. Größe der Einrichtung 1933 - 1945
1934: 47 Plätze;
1936: 56 Plätze.

3. Träger der Einrichtung 1933 - 1945
Selbständige Stiftung bis 1943.

4. Art der (damaligen) Behindertenarbeit und der Bewohnerstruktur
Mädcehn und Frauen mit geistiger Behinderung.

5. Teilnahme an der eugenischen Diskussion vor und nach 1933
Nein

6. Sterilisierungsmaßnahmen 1933 - 1945
Keine Angaben.

7. Staatliche Eingriffe in die Einrichtungsstruktur bis 1939
Rücknahme der Provinzialpfleglinge 1938 angekündigt, aber nicht durchgeführt.

8. Erfassung und Abtransport jüdischer Bewohner
Keine jüdischen Bewohnerinnen.

9. Meldebögen der "Aktion T 4"
Berliner Anstaltsliste vom 31.8.1941: 53, Einzelheiten unbekannt.

10. Abtransporte im Rahmen "Aktion T 4"
Keine

11. Weitere Abtransporte und Beschlagnahmungen bzw. Eingriffe
November 1943 vom Landrat beschlagnahmt und der NSV-Dessau übergeben;
alle 45 Bewohnerinnen verlegt:
15 in die Landesanstalt Zeitz.
12 in die Landesanstalt Hoym.
10 nach Altscherbitz.
 3 nach Himmelsthür Hildesheim.
weitere Einzelverlegungen.

12. Schicksale der Abtransportierten
Unbekannt, aus Zeitz und Hoym sind zahlreiche Verlegungen bekannt, in Altscherbitz wurden in großer Zahl Patienten ermordet.

13. Sterben in der Einrichtung 1933 - 1945
1934: 1 Todesfall
1936: 2 Todesfälle
1938: 4 Todesfälle
1940: 2 Todesfälle
1941: 4 Todesfälle
1942: 3 Todesfälle
1943: 2 Todesfälle

14. Entwicklung der Einrichtung nach 1945
28.4.1945: Übergabe an die örtliche Kirchengemeinde. Aufnahme von schlesischen Flüchtlingskindern, 1950 wieder ursprünglicher Stiftungssatzung entsprechend, ab 1952 in Trägerschaft des Kirchenkreises Wernigerode, 1991 Verein.

15. Bearbeitung der NS-Zeit und Gedenken der Opfer durch die Einrichtung
Gedenken der Verlegungsopfer bei gegebenem Anlaß.

16. Aktenlage
Bewohnerinnenhauptbuch, Vorstandsprotokolle.

17. Literatur
Keine Veröffentlichungen.

Sachsen

1 Chemnitz	6 Leipzig-Borsdorf
2 Freiberg	7 Moritzburg
3 Großhennersdorf	8 Oelsnitz
4 Kleinschweidnitz	9 Radebeul
5 Klein-Wachau	10 Sohland

145

Sachsen

Einwohnerzahl 1933: 5.197.000

Schon das Königreich Sachsen verfügte über eine vergleichsweise große Zahl von staatlichen Irrenanstalten. Waldheim, gegründet 1716, und Sonnenstein, gegründet 1811, gehören zu den ältesten psychiatrischen Einrichtungen Deutschlands. Kirchliche Einrichtungen der Fürsorge für Geisteskranke oder Geistesschwache hatten daher in Sachsen nie die Bedeutung wie in anderen Landesteilen. Sie waren eher klein und dienten der regionalen und lokalen Versorgung. 10 große staatliche Einrichtungen mit 1938 über 10.000 Betten standen vorwiegend dem langfristigen Aufenthalt chronisch Kranker und geistig Behinderter zur Verfügung. Hinzu kamen psychiatrische Krankenhäuser und spezielle Einrichtungen für schwachsinnige Jugendliche. Die größeren Einrichtungen der Inneren Mission waren auf die Betreuung Jugendlicher (Moritzburg und Großhennersdorf) oder Pflegefälle (Radebeul) ausgerichtet. Eine Besonderheit stellt die Überführung Großhennersdorfs aus staatlicher Organisation in die Verantwortung der Inneren Mission 1934) dar. In den staatlichen Einrichtungen starben bereits seit 1938 zahlreiche Bewohner wegen verstärktern Sparmaßnahmen bewußt reduzierter Nahrung. Die Errichtung der Tötungsanstalt auf dem Sonnenstein erscheint in dieser Entwicklung nicht zufällig. Dort wurden von April 1940 bis August 1941 13.720 Menschen ermordet. Auch aus anderen staatlichen Anstalten, so Leipzig-Dösen, Großschweidnitz, Arnsdorf, Zschadraß und Waldheim, ist die Ermordung von zahlreichen Menschen bestätigt. Bereits 1940 entwickelte Nitsche eine Tötungsmethode durch gezielte Verabreichung von Beruhigungsmitteln, die in den staatlichen Anstalten eingesetzt wurde. Möglicherweise ist hieran auch eine der Einrichtungen der Inneren Mission (Sohland) beteiligt. Allein in der staatlichen Heilanstalt Waldheim, einer Anstalt mit damals nur 250 Betten, sind von Januar 1940 bis Mai 1945 767 Todesfälle verzeichnet, wobei die Zahl der insgesamt aufgenommenen Patienten nicht bekannt ist. Die Auflösung mehrerer weiterer Anstalten und die Übernahme von Patienten aus dem Rheinland führte zu zusätzlichen Verlegungen und Überbelegungen, ein Druck, der auch an die kleineren Einrichtungen der Inneren Mission weitergegeben wurde. Nach Verlegungen, auch aus Heimen der Inneren Mission, wurden ab 1941 nahezu alle kleineren Einrichtungen ganz oder teilweise beschlagnahmt und zweckentfremdet genutzt, u.a. für die Unterbringung im Rahmen der Arbeit der Volksdeutschen Mittelstelle, für die Kinderlandverschickung oder anderen Formen der Jugendarbeit. Am 1.1.1945 bestanden noch sieben staatliche Anstalten mit 3.262 Bewohnern. Im staatlichen Bereich waren für die Zeit nach Kriegsende noch vier Einrichtungen geplant. Die Arbeit der kirchlichen Einrichtungen war auf diesem Gebiet nahezu vollständig zum Erliegen gekommen.

Magdalenenstift
Chemnitz-Hilbersdorf

Sachsen

1. Gründungsgeschichte der Einrichtung und des Beginns ihrer Behindertenarbeit
1901 als Einrichtung für "gefallene, sittlich gefährdete, und schwer erziehbare Mädchen" gegründet, später auch Aufnahme geistigbehinderter Mädchen und Frauen.

2. Größe der Einrichtung 1933 - 1945
Berliner Anstaltsliste vom 31.8. 1941: 18 Plätze.

3. Träger der Einrichtung 1933 - 1945
Magdalenenhilfsverein Chemnitz.

4. Art der (damaligen) Behindertenarbeit und der Bewohnerstruktur
Erziehungsarbeit und Behindertenbetreuung.

5. Teilnahme an der eugenischen Diskussion vor und nach 1933
Nein

6. Sterilisierungsmaßnahmen 1933 - 1945
Sterilisationen durchgeführt, Umfang unbekannt.

7. Staatliche Eingriffe in die Einrichtungsstruktur bis 1939
Keine Angaben.

8. Erfassung und Abtransport jüdischer Bewohner
Keine Angaben.

9. Meldebögen der "Aktion T 4"
Berliner Anstaltsliste 31.8. 1941: 15 Meldebögen.

10. Abtransporte im Rahmen "Aktion T 4"
Keine Angaben.

11. Weitere Abtransporte und Beschlagnahmungen bzw. Eingriffe
Beschlagnahmung, vermutlich für Volksdeutsche Mittelstelle.

12. Schicksale der Abtransportierten
Keine Angaben, Abtransporte wegen Beschlagnahmung anzunehmen.

13. Sterben in der Einrichtung 1933 - 1945
Keine Angaben.

14. Entwicklung der Einrichtung nach 1945
Verschiedene Einrichtungen.

16. Aktenlage
Keine spezifischen Akten.

17. Literatur
Keine

Kretschmarstiftung

Friedeburg/Freiberg
Sachsen

1. Gründungsgeschichte der Einrichtung und des Beginns ihrer Behindertenarbeit
1869 nach Vorbild des Rauhen Hauses gegründetes Erziehungsheim, seit 1888 eigenes Haus mit ca. 25 Plätzen, 1922/23 an die Stadt Freiberg verpachtet: Heilstätte, 1924 an Magdalenenverein, 1930 Übernahme durch Verein für Stadtmission, Betreuung durch Dresdner Diakonissen.

2. Größe der Einrichtung 1933 - 1945
20 - 25 Plätze.

3. Träger der Einrichtung 1933 - 1945
Kretschmarstiftung

4. Art der (damaligen) Behindertenarbeit und der Bewohnerstruktur
Erziehungsheim mit Aufnahme von geistesschwachen Jugendlichen.

5. Teilnahme an der eugenischen Diskussion vor und nach 1933
Vor 1933 unbekannt, später Zusammenarbeit mit Einrichtungen der erbbiologischen Forschung.

6. Sterilisierungsmaßnahmen 1933 - 1945
Sterilisationen durchgeführt, Einzelheiten unbekannt.

7. Staatliche Eingriffe in die Einrichtungsstruktur bis 1939
Keine

8. Erfassung und Abtransport jüdischer Bewohner
Keine jüdischen Bewohner.

9. Meldebögen der "Aktion T 4"
Berliner Anstaltsliste vom 31.8.1941: 20 Meldebögen.

10. Abtransporte im Rahmen "Aktion T 4"
Keine

11. Weitere Abtransporte und Beschlagnahmungen bzw. Eingriffe
1940 Auflösung des Heimes. Schicksal der Bewohner unbekannt, Beschlagnahmung für Volksdeutsche Mittelstelle, Belegung mit Bessarabiendeutschen, später Lazarett.

12. Schicksale der Abtransportierten
Keine Angaben möglich.

13. Sterben in der Einrichtung 1933 - 1945
Entfällt

14. Entwicklung der Einrichtung nach 1945
Zunächst von sowjetischem Militär genutzt, 1949 Heim der Stadt Stadt Freiberg.

15. Bearbeitung der NS-Zeit und Gedenken der Opfer durch die Einrichtung
Keine.

16. Aktenlage
Nur geringer Bestand.

17. Literatur
Keine Veröffentlichungen.

Katharinenhof
Groß Hennersdorf

Sachsen

1. Gründungsgeschichte der Einrichtung und des Beginns ihrer Behindertenarbeit
1721 in Verbindung zu Herrnhut als Waisenhaus gegründet, seit 1838 Staatsbesitz, seit 1889 Betreuung geistigbehinderter Kinder, seit 1894 geistigbehinderter Männer. 1911 Pflegeanstalt für Bildungsunfähige und Pflegebedürftige.

2. Größe der Einrichtung 1933 - 1945
1937: 220 Plätze in 14 Häusern.

3. Träger der Einrichtung 1933 - 1945
Seit 1934 Verwaltung durch Landesverein f. Innere Mission in Sachsen.

4. Art der (damaligen) Behindertenarbeit und der Bewohnerstruktur
Bildungsunfähige und wenig bildungsfähige Kinder und Jugendliche.

5. Teilnahme an der eugenischen Diskussion vor und nach 1933
Der leitende Anstaltsarzt E. Meltzer veröffentlichte als Reaktion auf Binding/Hoche eine der entschiedensten Ablehnungen der Euthanasie. Die von ihm dazu durchgeführte Umfrage unter Eltern Großhennersdorfer Pfleglinge signalisierte zu seinem Erschrecken in der Mehrzahl jedoch eine mögliche Zustimmung.

6. Sterilisierungsmaßnahmen 1933 - 1945
Meltzer ließ schon vor 1933 (illegale) Sterilisationen zu, forderte und begrüßte das GzVeN. Zahlreiche Sterilisationen in Großhennersdorf, genaue Zahl unbekannt.

7. Staatliche Eingriffe in die Einrichtungsstruktur bis 1939
Übergabe an Landesverein für Innere Mission 1934 in Verbindung mit dem Siechenhaus Bethesda in Radebeul der Diakonissenanstalt Dresden, das verstaatlicht wurde.

8. Erfassung und Abtransport jüdischer Bewohner
Keine Angaben.

9. Meldebögen der "Aktion T 4"
Meldebögen 9.10.1939, ausgefüllt, z.T. unter bewußter Aufwertung der Arbeitsfähigkeit; Berliner Anstaltsliste vom 31.8.1941: 267.

10. Abtransporte im Rahmen "Aktion T 4"
Androhung der Abtransporte Sommer 1940 führt zu zahlreichen Verlegungen in andere kirchliche Heime, die allerdings ebenfalls bedroht waren (Kleinwachau 31, Martinsstift 3); Entlassungen und interne Verlegung in die Zweigeinrichtung Koloniehof (7).

Verlegungen:
27.9.1940: 156 (andere Zahlen: 173) Bewohner nach Großschweidnitz, später
2 Kinder nachfolgend
10.4.1941: 8 Männer Großschweidnitz
8 Männer Sonnenstein
9 Arnsdorf
18.4.1941: 6 Zschadrass

11. Weitere Abtransporte und Beschlagnahmungen bzw. Eingriffe
16.5.1943: 80 Bewohner nach Großschweidnitz.
Weitere Abtransporte möglich. Von insgesamt 250 Bewohnern, die 1941 noch in Groß-Hennersdorf lebten, sollen nur 27 überlebt haben.
1941: Nutzung als Altersheim für Elsäßer, Sloweniendeutsche, Bessarabiendeutsche.
Der ehemalige Leiter Dr. med K. Daniel berichtet 1972, daß er aufgefordert worden wäre *Euthanasie bei den Kindern durchzuführen, was ich ablehnte.* 8 Wochen später erfolgten die Transporte.

12. Schicksale der Abtransportierten
Von den nach Großschweidnitz verlegten wurden 107 im Oktober 1940 in Grafeneck (?) ermordet. 21 Todesfälle ehemaliger Großhennersdorfer in Großschweidnitz bis August 1943 bekannt.
Arnsdorf und Zschadrass waren Zwischenanstalten für den Sonnenstein.

13. Sterben in der Einrichtung 1933 - 1945
Einzelheiten unbekannt, sicher erhöht.

14. Entwicklung der Einrichtung nach 1945
1950: Wiederaufnahme der Behindertenarbeit ab 1950.

15. Bearbeitung der NS-Zeit und Gedenken der Opfer durch die Einrichtung
Ausstellung und Gedenkstein geplant.

16. Aktenlage
Verwaltungsakten, Aufnahmebücher.

17. Literatur
Meltzer, E., Das Problem der Abkürzung "lebensunwerten Lebens", Halle 1925
Veröffentlichung der Einrichtung geplant.

Anna-Gertrud Heim
Kleinschweidnitz üb. Großschweidnitz

Sachsen

1. Gründungsgeschichte der Einrichtung und des Beginns ihrer Behindertenarbeit
In unmittelbarer Nähe zur staatlichen Anstalt Großschweidnitz gelegenes Kinderheim des Vereins Kinderheim Kleinschweidnitz, seit 1903 an Brüderanstalt Moritzburg verpachtet, zunächst Krankenhausabteilung für TBC-kranke, psychisch labile Kinder.

2. Größe der Einrichtung 1933 - 1945
1931: 25 Plätze, 1944: 44 Plätze.

3. Träger der Einrichtung 1933 - 1945
Diakonenanstalt Moritzburg.

4. Art der (damaligen) Behindertenarbeit und der Bewohnerstruktur
Neurasthenische Kinder, "Bettnässerheim", Krankenhauscharakter.

5. Teilnahme an der eugenischen Diskussion vor und nach 1933
Nein

6. Sterilisierungsmaßnahmen 1933 - 1945
Keine Angaben, möglicherweise über Erziehungsheime Moritzburg.

7. Staatliche Eingriffe in die Einrichtungsstruktur bis 1939
Keine

8. Erfassung und Abtransport jüdischer Bewohner
Entfällt

9. Meldebögen der "Aktion T 4"?
Keine Angaben.

10. Abtransporte im Rahmen "Aktion T 4"
Keine

11. Weitere Abtransporte und Beschlagnahmungen bzw. Eingriffe
Aufnahmen aus Klein-Wachau 1940.

12. Schicksale der Abtransportierten
Entfällt

13. Sterben in der Einrichtung 1933 - 1945
Keine Angaben.

14. Entwicklung der Einrichtung nach 1945
Kinderheim

15. Bearbeitung der NS-Zeit und Gedenken der Opfer durch die Einrichtung
Entfällt

16. Aktenlage
Verwaltungsaktenrestbestand in Moritzburg.

17. Literatur
Keine Veröffentlichungen.

Epileptikeranstalt Klein Wachau

Sachsen

1. Gründungsgeschichte der Einrichtung und des Beginns ihrer Behindertenarbeit
1889 auf Initiative des Landesvereins für Innere Mission als Epileptikeranstalt gegründet.

2. Größe der Einrichtung 1933 - 1945
Zwischen 100 und 200 Bewohner, 1937 : 99.

3. Träger der Einrichtung 1933 - 1945
Landesverein für Innere Mission Sachsen.

4. Art der (damaligen) Behindertenarbeit und der Bewohnerstruktur
Epileptikerbetreuung, Arbeit in Handwerk und Landwirtschaft.

5. Teilnahme an der eugenischen Diskussion vor und nach 1933
Keine Angaben, 1940 in einer Broschüre klare Stellungnahme gegen Euthanasie.

6. Sterilisierungsmaßnahmen 1933 - 1945
Durchgeführt, Einzelheiten unbekannt.

7. Staatliche Eingriffe in die Einrichtungsstruktur bis 1939
Nein

8. Erfassung und Abtransport jüdischer Bewohner
Nicht betreffend.

9. Meldebögen der "Aktion T 4"
Meldebögen im Oktober 1939 erhalten und ausgefüllt, Berliner Anstaltsliste vom 31. 8. 1941: 96 Meldebögen.

10. Abtransporte im Rahmen "Aktion T 4"
Unbekannte Zahl im November 1940 nach Arnsdorf.

11. Weitere Abtransporte und Beschlagnahmungen bzw. Eingriffe
Beschlagnahmung im Mai 1943 als Landesjugendhof für schwererziehbare Mädchen. Verlegungen nach Großschweidnitz, Borsdorfer Anstalten und andere kirchliche Einrichtungen, Einzelheiten unbekannt.

12. Schicksale der Abtransportierten
Von Arnsdorf Weiterverlegung zur Ermordung auf den Sonnenstein. In Großschweidnitz sehr hohe Sterblichkeit, zahlreiche Verlegungen.

13. Sterben in der Einrichtung 1933 - 1945
Keine Erhöhung bekannt.

14. Entwicklung der Einrichtung nach 1945
1949 wieder Epileptikerpflege und Krankenanstalt.

15. Bearbeitung der NS-Zeit und Gedenken der Opfer durch die Einrichtung
1985 Mahnmal.

16. Aktenlage
In der Einrichtung keine Unterlagen.

17. Literatur
Keine

Borsdorfer Anstalten
Leipzig-Borsdorf

Sachsen

1. Gründungsgeschichte der Einrichtung und des Beginns ihrer Behindertenarbeit
Heim für gefährdete Mädchen gegründet 1880.

2. Größe der Einrichtung 1933 - 1945
1940: 110 Betten.

3. Träger der Einrichtung 1933 - 1945
Diakonissenhaus Borsdorf des Leipziger Vereins für Innere Mission.

4. Art der (damaligen) Behindertenarbeit und der Bewohnerstruktur
Frauenheim, Erziehungsheim für schwer Erziehbare und gefährdete Mädchen, vereinzelt auch Schwachsinnige.

5. Teilnahme an der eugenischen Diskussion vor und nach 1933
Keine Angaben.

6. Sterilisierungsmaßnahmen 1933 - 1945
Sterilisationen durchgeführt, Einzelheiten unbekannt.

7. Staatliche Eingriffe in die Einrichtungsstruktur bis 1939
Keine Eingriffe bekannt.

8. Erfassung und Abtransport jüdischer Bewohner
Unbekannt

9. Meldebögen der "Aktion T 4"
Berliner Anstaltsliste vom 31.8.1941: 8 Meldebögen.

10. Abtransporte im Rahmen "Aktion T 4"
Keine Abtransporte bekannt.

11. Weitere Abtransporte und Beschlagnahmungen bzw. Eingriffe
Übernahme von Bewohnerinnen aus aufgelösten Heimen.

12. Schicksale der Abtransportierten
Entfällt.

13. Sterben in der Einrichtung 1933 - 1945
Keine Angaben.

14. Entwicklung der Einrichtung nach 1945
Fortführung der Arbeit.

15. Bearbeitung der NS-Zeit und Gedenken der Opfer durch die Einrichtung
Keine

16. Aktenlage
Nur geriner Umfang.

17. Literatur
Keine Veröffentlichungen.

Zweiganstalten Heidehof und Röderhof der Brüderanstalt Moritzburg

Moritzburg
Sachsen

1. Gründungsgeschichte der Einrichtung und des Beginns ihrer Behindertenarbeit
Diakonenanstalt 1872 mit Erziehungsheimen.

2. Größe der Einrichtung 1933 - 1945
Berliner Anstaltsliste vom 31.8.1941: Röderhof 67, Heidehof 68 Plätze.

3. Träger der Einrichtung 1933 - 1945
Diakonenanstalt Moritzburg

4. Art der (damaligen) Behindertenarbeit und der Bewohnerstruktur
Auftragspflege für Arnsdorf.

5. Teilnahme an der eugenischen Diskussion vor und nach 1933
Nein

6. Sterilisierungsmaßnahmen 1933 - 1945
Keine Angaben.

7. Staatliche Eingriffe in die Einrichtungsstruktur bis 1939
Entfällt

8. Erfassung und Abtransport jüdischer Bewohner
Keine Angaben.

9. Meldebögen der "Aktion T 4"
Röderhof: 1.12.1939 Meldebögen erhalten, Einzelheiten unbekannt.
　　　　　　Berliner Anstaltsliste vom 31.8.1941: keine Angaben.
Heidehof: Berliner Anstaltsliste vom 31.8.1941: 44 Meldebögen.

10. Abtransporte im Rahmen "Aktion T 4"
Röderhof nach Arnsdorf:　27.5.1940　　5
　　　　　　　　　　　　17.8.1940　46
　　　　　　　　　　　　27.8.1940　20
Heidehof:　Mai 1941 nach Großschweidnitz unbekannte Anzahl.

11. Weitere Abtransporte und Beschlagnahmungen bzw. Eingriffe
Röderhof: Zum 1.9.1940 vorübergehend neu belegt mit heute unbekannten Bewohnern, am 12.5.1941 beschlagnahmt für Kinderlandverschickung.
Heidehof 1941: für Hitlerjugend beschlagnahmt, Patienten zurück nach Arnsdorf.

12. Schicksale der Abtransportierten
Arnsdorf war Zwischenanstalt für den Sonnenstein.

13. Sterben in der Einrichtung 1933 - 1945
Entfällt

14. Entwicklung der Einrichtung nach 1945
Röderhof: staatliches Erziehungsheim, Jugendwerkhof.

15. Bearbeitung der NS-Zeit und Gedenken der Opfer durch die Einrichtung
Keine

16. Aktenlage
Nur Reste von Verwaltungsakten.

17. Literatur
Keine eigenständigen Veröffentlichungen.

Marienstift

Oelsnitz i.V.
Sachsen

1. Gründungsgeschichte der Einrichtung und des Beginns ihrer Behindertenarbeit.
Gegründet 1911 als Erziehungsheim des Obervoigtländischer Kreisverein für Innere Mission, der seit 1875 besteht und zunächst in Naschau ein Heim betrieb. Nach einem Neubau 1927 bot das Heim Plarz für 40 bis 50 Jugendliche

2. Größe der Einrichtung 1933 - 1945
1940: 50 Plätze.

3. Träger der Einrichtung 1933 - 1945.
Obervoigtländischer Kreisverein für Innere Mission, von 1875.

4. Art der (damaligen) Behindertenarbeit und der Bewohnerstruktur.
Erziehungsarbeit, wann es zur Aufnahme behinderter Jugenlicher kam ist nicht bekannt, die (s.Frage 9) aufgeführten Meldebögen lassen darauf schließen, daß auch behinderte Jugendliche aufgenommen wurden.

5. Teilnahme an der eugenischen Diskussion vor und nach 1933
Nein

6. Sterilisierungsmaßnahmen 1933 - 1945
Unbekannt

7. Staatliche Eingriffe in die Einrichtungsstruktur bis 1939
Unbekannt

8. Erfassung und Abtransport jüdischer Bewohner
Unbekannt

9. Meldebögen der "Aktion T 4"
Berliner Anstaltsliste vom 31.8.1941: 12 Meldebögen.

10. Abtransporte im Rahmen "Aktion T 4"
Keine Abtransporte bekannt, aber die Behinderten blieben nicht im Heim, das später zur Aufnahme von Kriegswaisen genutzt wurde.

11. Weitere Abtransporte und Beschlagnahmungen bzw. Eingriffe
Ab wann und unter welchen Umständen die Aufnahme von Kriegswaisen erfolgte ist nicht mehr bekannt.

12. Schicksale der Abtransportierten.
Unbekannt

13. Sterben in der Einrichtung 1933 - 1945
Keine Angaben bekannt.

14. Entwicklung der Einrichtung nach 1945
Waisenhaus, vorwiegend für Kriegswaisen.

15. Bearbeitung der NS-Zeit und Gedenken der Opfer durch die Einrichtung
Keine Bearbeitung.

16. Aktenlage
Keine Akten zu den Fragestellungen.

17. Literatur
Keine Veröffentlichungen.

Siechenhaus Bethesda Radebeul

Sachsen

1. Gründungsgeschichte der Einrichtung und des Beginns ihrer Behindertenarbeit
1865 als Alters- und Siechenheim, langsame Entwicklung zur verstärkten Aufnahme von Behinderten.

2. Größe der Einrichtung 1933 - 1945
250 Betten, starker Rückgang der Belegung 1933/34.

3. Träger der Einrichtung 1933 - 1945
Diakonissenanstalt Dresden.

4. Art der (damaligen) Behindertenarbeit und der Bewohnerstruktur
Alte, Sieche, körperbehinderte Menschen und schwachsinnige Kinder.

5. Teilnahme an der eugenischen Diskussion vor und nach 1933
Keine Angaben.

6. Sterilisierungsmaßnahmen 1933 - 1945
Keine Angaben.

7. Staatliche Eingriffe in die Einrichtungsstruktur bis 1939
Keine

8. Erfassung und Abtransport jüdischer Bewohner
Keine Angaben.

9. Meldebögen der Aktion T 4?
Berliner Anstaltsliste vom 31.8.1941: 162 Meldebögen.

10. Abtransporte im Rahmen "Aktion T 4"
Keine Abtransporte der "Aktion T4" im engeren Sinne bekannt, Räumung der gesamten Einrichtung und Abtranport der Bewohner im Juli 1941. Zielort heute unbekannt. Verlegungen in Zwischenanstalten sehr wahrscheinlich. Teilweise Verlegungen in andere Einrichtungen der Diakonissenanstalt Dresden.

11. Weitere Abtransporte und Beschlagnahmungen bzw. Eingriffe
Verpachtung an die Stadt Radebeul. Einrichtung eines Hilfskrankenhauses, später eines Lazaretts.

12. Schicksale der Abtransportierten
Keine Angaben, Ermordung auf dem Sonnenstein wird vermutet.

13. Sterben in der Einrichtung 1933 - 1945
Entfällt

14. Entwicklung der Einrichtung nach 1945
Kreiskrankenhaus Radebeul.

15. Bearbeitung der NS-Zeit und Gedenken der Opfer durch die Einrichtung
Gedenken der Verschleppten und mutmaßlich ermordeten Bewohner im Zusammenhang mit dem Gedenken an die Zerstörung Dresdens und der Diakonissenanstalt.

16. Aktenlage
Keine spezifischen Unterlagen beim ehemaligen Träger vorhanden.

17. Literatur
Keine Veröffentlichungen.

Martinsstift
Sohland

Sachsen

1. Gründungsgeschichte der Einrichtung und des Beginns ihrer Behindertenarbeit
1878 Gründung eines Vereins zur Begründung einer Bildungsanstalt mit Asyl für Blöde auf Engagement des Ortspfarrers, 1879 Beginn der Arbeit, Neubau zweier Häuser, 1904 80 Heimbewohner.

2. Größe der Einrichtung 1933 - 1945
1937: 93 Betten.

3. Träger der Einrichtung 1933 - 1945
Verein Martinsstift Sohland e.V.

4. Art der (damaligen) Behindertenarbeit und der Bewohnerstruktur
Schwachsinnige Kinder und Erwachsene, mit unterschiedlichen Behinderungen.

5. Teilnahme an der eugenischen Diskussion vor und nach 1933
Keine

6. Sterilisierungsmaßnahmen 1933 - 1945
24 Sterilisationen 1934/35.

7. Staatliche Eingriffe in die Einrichtungsstruktur bis 1939
Keine

8. Erfassung und Abtransport jüdischer Bewohner
Satzungsänderung 1939: Die Betreuung von Juden ist ausgeschlossen.

9. Meldebögen der "Aktion T 4"
Berliner Anstaltsliste vom 31.8.1941: 86 Meldebögen, Einzelheiten unbekannt.

10. Abtransporte im Rahmen "Aktion T 4"
Seit 1939 20 Verlegungen nach Großschweidnitz, Einzelheiten unbekannt.

11. Weitere Abtransporte und Beschlagnahmungen bzw. Eingriffe
Februar 1941: Auflösung des Vereins, wegen Wegfall des Arbeitsgebiets,
1941 - 1945 Heim für Kinderlandverschickung, Erziehungsheim, bei Kriegsende Lazarett.

12. Schicksale der Abtransportierten
Großschweidnitz war Zwischenanstalt für den Sonnenstein,
auch Transporte nach Grafeneck sind bekannt.

13. Sterben in der Einrichtung 1933 - 1945
16 Todesfälle von Februar 1940 - Januar 1941 (namentlich bekannt, im Alter von 6 bis 71 Jahren) lassen die direkte Ermordung von Heimbewohnern annehmen. Dies wird durch mündliche Berichte bestätigt.

14. Entwicklung der Einrichtung nach 1945
Nutzung als Jugendheim zunächst durch den Kreis, dann Land Sachsen, später Volkssolidarität als Kinderheim, 1948 Übernahme durch den Landesverein für Innere Mission, 1972 Wiederaufnahme der Behindertenbetreuung.

15. Bearbeitung der NS-Zeit und Gedenken der Opfer durch die Einrichtung
Unveröffentlichte Nachforschungen des Heimleiters.

16. Aktenlage
Nur Bruchstücke.

17. Literatur
Keine Veröffentlichungen.

Thüringen

1 Apolda
2 Arnstadt
3 Bad Blankenburg
4 Bad Frankenhausen
5 Finneck Rastenberg
6 Hohenleuben
7 Quittelsdorf
8 Gefell, s. Provinz Sachsen
9 Aue, siehe Provinz Hessen-Nassau

Thüringen

Einwohnerzahl 1933: 1.660.000

Im erst 1920 aus den acht thüringischen Kleinstaaten gebildeten Land Thüringen gab es neben drei größeren staatlichen Heil- und Pflegeanstalten (Blankenhain, Hildburghausen und Stadtroda) mit zusammen 2.000 Betten für ein Land dieser Größe zahlreiche, teilweise sehr kleine kirchliche und kommunale Einrichtungen, die sich aus der Kleinstaaten-Vergangenheit erklären. Der Standard dieser Einrichtungen reichte meist nicht an die kirchlichen Einrichtungen in anderen Landesteilen heran. Eine T4-Planungskommission registrierte 1941 neben den großen Heil- und Pflegeanstalten 25 weitere kleinere und kleinste Heime und Anstalten.
Die agrarisch geprägte Bevölkerungsstruktur und fehlende Binnenwanderung machten Thüringen zu einem idealen Untersuchungsboden für die nationalsozialistische Rassenforschung und -politik. In Thüringen kam 1932 unter Ministerpräsident Sauckel eine der ersten nationalsozialistischen Landesregierungen zur Macht. Das 1933 errichtete Landesamt für Rassewesen unter der Leitung von Karl Astel arbeitete intensiv mit allen Einrichtungen des Gesundheitswesens zusammen, dessen Verwaltung ab 1938 ebenfalls von Astel geleitet wurde.
Die kleinste der staatlichen Anstalten, Blankenhain, wurde 1940 aufgelöst, und die Bewohner wurden verlegt. Auch in Hildburghausen wurden einzelne Abteilungen geschlossen. Dementsprechend überfüllt waren die verbliebenen Einrichtungen. In Stadtroda befand sich eine Kinderfachabteilung, einzelne Häuser der Einrichtung galten als "Todeshäuser", in denen bewußt, vor allem durch Nahrungsmittelentzug, getötet wurde.

Carolinenheim
Apolda

Thüringen

1. Gründungsgeschichte der Einrichtung und des Beginns ihrer Behindertenarbeit
1903 als christliche Siechen- und Blödenanstalt auf Initiative des Landesvereines für Innere Mission für das Großherzogtum Sachsen-Weimar-Eisenach mit Unterstützung der Landesregierung und des Herzoghauses gegründet.

2. Größe der Einrichtung 1933 - 1945
1924: 175 Betten; 10.4.1940: 212 Betten.
Berliner Anstaltsliste vom 31.8.1941: 235 Betten.

3. Träger der Einrichtung 1933 - 1945
Selbständige Stiftung.

4. Art der (damaligen) Behindertenarbeit und der Bewohnerstruktur
Alte, kranke, geistig und körperlich behinderte Menschen. Den Schwerpunkt bildete die Pflege von Altersschwachsinnigen.
1940: 108 alte Menschen, 40 Bewohner mit geistiger Behinderung, 4 Bewohner mit körperlichen Behinderungen, 40 Bewohner ohne nähere Angaben.

5. Teilnahme an der eugenischen Diskussion vor und nach 1933
Keine Angaben.

6. Sterilisierungsmaßnahmen 1933 - 1945
22 Sterilsationen von Epileptikern und Schwachsinnigen im Alter zwischen 18 und 59 Jahren zwischen 1935 - 1938 nachgewiesen.

7. Staatliche Eingriffe in die Einrichtungsstruktur bis 1939
1938: Übernahme in die Verwaltung der Stadt Apolda, Einzelheiten unklar.

8. Erfassung und Abtransport jüdischer Bewohner
Ein jüdischer Pflegling wurde 1937 "nach Berlin entlassen", nähere Einzelheiten und weiteres Schicksal unbekannt.

9. Meldebögen der "Aktion T 4"
Berliner Anstaltsliste vom 31.8.1941: 72, Einzelheiten unbekannt.

10. Abtransporte im Rahmen "Aktion T 4"
Keine

11. Weitere Abtransporte und Beschlagnahmungen bzw. Eingriffe
1939 Aufnahme von Saarländern.
10.4.1940 Verlegung von 27 Heimbewohnern (26 Männer, 1 Frau) nach Bad Frankenhausen in das Wilhelmstift. Ursache und Verlegungskriterien unbekannt, die meisten waren altersbedingte Pflegefälle.
1940: Aufnahme Baltendeutscher.

12. Schicksale der Abtransportierten
Bei Auflöung des Wilhelmstifts Bad Frankenhausen mit unbekanntem Ziel verlegt. Schicksal unbekannt, Ermordung sehr wahrscheinlich.

13. Sterben in der Einrichtung 1933 - 1945
Erhöhte Sterblichkeit 1945, mit Schwerpunkt März bis Mai 1945.

14. Entwicklung der Einrichtung nach 1945
Altenpflegeeinrichtung

15. Bearbeitung der NS-Zeit und Gedenken der Opfer durch die Einrichtung
Keine

16. Aktenlage
Aufnahmebücher vollständig, Krankenakten teilweise erhalten.

17. Literatur
Bislang keine Veröffentlichungen.

Marienheim
Arnstadt

Thüringen

1. Gründungsgeschichte der Einrichtung und des Beginns ihrer Behindertenarbeit
Krüppelheim seit 1905 in Verbindung mit Fürstenhaus Schwarzburg-Rudolstadt nach Vorbild des Annastift/Hannover mit Ausbildungsstätten, später orthopädischer Klinik.

2. Größe der Einrichtung 1933 - 1945
Ca. 100 Körperbehinderte.

3. Träger der Einrichtung 1933 - 1945
Stiftung Marienstift.

4. Art der (damaligen) Behindertenarbeit und der Bewohnerstruktur
Körperbehinderte, etwa 10 Mehrfachbehinderte.

5. Teilnahme an der eugenischen Diskussion vor und nach 1933
Teilnahme des Leiters Pfr. F. Behr an Sitzungen des Ständigen Ausschusses. Vorträge und Veröffentlichungen Behrs gegen Euthanasie.

6. Sterilisierungsmaßnahmen 1933 - 1945
Zunächst gegen Sterilisation eingestellt, später durchgeführt, bekannt ca. 10.

7. Staatliche Eingriffe in die Einrichtungsstruktur bis 1939
Versuche, den Anstaltsleiter wegen Verstoß gegen das Sammlungsgesetz zu belangen, Predigtverbot für Anstaltsleiter.

8. Erfassung und Abtransport jüdischer Bewohner
Keine Angaben.

9. Meldebögen der "Aktion T 4"
Keine

10. Abtransporte im Rahmen "Aktion T 4"
Besuch einer Kommission 1940 (oder 1941) die Auskunft über Geisteskranke und Schwachsinnige haben wollte. Hinweis, daß es diese nicht gebe; die mehrfach Behinderten werden in dieser Zeit stundenweise in der Stadt untergebracht.

11. Weitere Abtransporte und Beschlagnahmungen bzw. Eingriffe
Lazarett 1940 - 1945.
Einzelverlegungen nach Stadtroda, Todesfälle nicht bekannt.

12. Schicksale der Abtransportierten
Keine Todesfälle bekannt.

13. Sterben in der Einrichtung 1933 - 1945
Das Verbot, Körperbehinderte in Luftschutzkeller zu bringen, wurde nicht eingehalten, daher bei schwerem Bombenangriff am 6.2.1945 keine getöteten Bewohner, 3 getötete Mitarbeiter.

14. Entwicklung der Einrichtung nach 1945
Fortsetzung der Körperbehindertenarbeit.

15. Bearbeitung der NS-Zeit und Gedenken der Opfer durch die Einrichtung
Forschungen des Anstaltsleiters in den 80er Jahren.

16. Aktenlage
Archiv vorhanden.

17. Literatur
Behr, Heinrich, Marienstift Arnstadt, Berlin, 1986.

Anna-Luisen Stift
Bad Blankenburg

Thüringen

1. Gründungsgeschichte der Einrichtung und des Beginns ihrer Behindertenarbeit
1901 unter Mitwirkung der Fürstin v. Schwarzburg-Rudolstadt als Stiftung für geistig Schwerbehinderte errichtet, seit 1905 auch Aufnahme schwer körperbehinderter Kinder und Jugendlicher.

2. Größe der Einrichtung 1933 - 1945
60 Plätze.

3. Träger der Einrichtung 1933 - 1945
Selbständige Stiftung.

4. Art der (damaligen) Behindertenarbeit und der Bewohnerstruktur
Schwerstbehinderte Kinder und Jugendliche: Kommissionsbericht Oktober 1942 zitiert den Leiter der Gesundheitsfürsorge Thüringen, Dr. Astel: *daß es sich bei den im Anna-Luisen Stift untergebrachten Kindern um das schlechteste Material, das Thüringen überhaupt besessen hätte, gehandelt habe.*

5. Teilnahme an der eugenischen Diskussion vor und nach 1933
Keine Angaben.

6. Sterilisierungsmaßnahmen 1933 - 1945
Durchgeführt, Umfang unbekannt.

7. Staatliche Eingriffe in die Einrichtungsstruktur bis 1939
Keine Angaben.

8. Erfassung und Abtransport jüdischer Bewohner
Keine Angaben, mit großer Wahrscheinlichkeit keine jüdischen Bewohner.

9. Meldebögen der "Aktion T 4"
Berliner Anstaltsliste vom 31.8.1941: 67 Meldebögen.

10. Abtransporte im Rahmen "Aktion T 4"
Verlegungen unbekannter Zahl 1941 nach Stadtroda.

11. Weitere Abtransporte und Beschlagnahmungen bzw. Eingriffe
Verlegungen unbekannter Zahl nach Stadtroda.
Kommissionsbericht Besuch Oktober 1942: *Das Haus steht seit Abtransport der idiotischen Kinder nach Stadtroda völlig leer. Der Abtransport wurde veranlaßt durch die Hitler-Jugend, die dort holländische Jungmädchen unterbringen wollte, aus unbekannten Gründen ist die Unterbringung unterblieben.*
Anscheinend erneut Belegungen mit Behinderten.

12. Schicksale der Abtransportierten
Weiterverlegungen von Stadtroda auf den Sonnenstein, Tötungen in Stadtroda 1942 - 1945 gesichert.

13. Sterben in der Einrichtung 1933 - 1945
Zahlreiche Todesfälle, sicher mit Billigung, angeblich mit Unterstützung der leitenden Diakonisse, nach 1945 Strafverfahren.

14. Entwicklung der Einrichtung nach 1945
Wiederaufbau der Behindertenbetreuung.

15. Bearbeitung der NS-Zeit und Gedenken der Opfer durch die Einrichtung
Nein

16. Aktenlage
Nur unerhebliche Aktenüberlieferung.

17. Literatur
Keine Veröffentlichung.

Wilhelmstift
Bad Frankenhausen

Thüringen

1. Gründungsgeschichte der Einrichtung und des Beginns ihrer Behindertenarbeit
1896 auf Privatinitiative als Rettungshaus für sittlich gefährdete und verwahrloste Kinder innerhalb des Landesvereins für Innere Mission in Schwarzburg-Rudolstadt, 1931 Ende der Erziehungsarbeit, Aufnahme von körperlich und psychisch Pflegebedürftigen.

2. Größe der Einrichtung 1933 - 1945
110 Plätze.

3. Träger der Einrichtung 1933 - 1945
Selbständige Stiftung.

4. Art der (damaligen) Behindertenarbeit und der Bewohnerstruktur
Überwiegend behinderte ältere Menschen, vereinzelt jüngere.

5. Teilnahme an der eugenischen Diskussion vor und nach 1933
Keine Angaben.

6. Sterilisierungsmaßnahmen 1933 - 1945
Sterilisationen durchgeführt, Umfang unbekannt.

7. Staatliche Eingriffe in die Einrichtungsstruktur bis 1939
Keine

8. Erfassung und Abtransport jüdischer Bewohner
Keine Angaben.

9. Meldebögen der Aktion T 4?
Berliner Anstaltsliste vom 31.8.1941: 17, Einzelheiten unbekannt.

10. Abtransporte im Rahmen "Aktion T 4"
Keine

11. Weitere Abtransporte und Beschlagnahmungen bzw. Eingriffe
1940 Aufnahme von 50 Pflegebedürftigen aus dem Saarland, August 1940 Aufnahme von 35 Heimbewohnern aus dem Carolinenheim Apolda.
August 1941: auf Druck durch die Stadt Verkauf des Hauptgebäudes, Übernahme durch Rüstungsindustrie (Olympia Büromaschinen Erfurt).
Verlegung aller Bewohner.

12. Schicksale der Abtransportierten
Keine Angaben.

13. Sterben in der Einrichtung 1933 - 1945
Keine Angaben.

14. Entwicklung der Einrichtung nach 1945
Mai 1945: Wiederherstellung als Kinderheim, zunächst in städtischer Verwaltung, ab 1949 durch das Land, ab 1954 staatlich (Volksbildung), 1991 Wiederaufleben der alten Stiftung.

15. Bearbeitung der NS-Zeit und Gedenken der Opfer durch die Einrichtung
Für 1997 geplant.

16. Aktenlage
Keine Unterlagen bis 1945 im Heim, Bewohnerlisten zum Teil bei der Kirchengemeinde.

17. Literatur
Jubiläumsschrift geplant.

Finneck
Finneck b. Rastenberg

Thüringen

1. Gründungsgeschichte der Einrichtung und des Beginns ihrer Behindertenarbeit
Kinderheim des Landesvereins für Innere Mission Thüringen seit 1921, 1923 Kinderlungenheilstätte, 1925 auch Aufnahme von Fürsorgezöglingen, auch schwachbegabte und leicht Behinderte.

2. Größe der Einrichtung 1933 - 1945
Etwa 18 - 20 Plätze, Berliner Anstaltsliste vom 31.8.1941: 25 Betten.

3. Träger der Einrichtung 1933 - 1945
Seit 1935 Stiftung Finneck.

4. Art der (damaligen) Behindertenarbeit und der Bewohnerstruktur
Schwachsinnige Männer und männl. Jugendliche, ähnlich Arbeiterkolonien.

5. Teilnahme an der eugenischen Diskussion vor und nach 1933
Nein

6. Sterilisierungsmaßnahmen 1933 - 1945
In Einzelfällen belegt.

7. Staatliche Eingriffe in die Einrichtungsstruktur bis 1939
Umwandlung in die Stiftung auf staatlichem Druck, mit der nicht erreichten Intention, daß das Vermögen bei Stiftungsauflösung an staatliche Institutionen fällt.

8. Erfassung und Abtransport jüdischer Bewohner
Keine jüdischen Bewohner.

9. Meldebögen der "Aktion T 4"
Berliner Anstaltsliste vom 31.8.1941: 25 Meldebögen, Einzelheiten unbekannt.

10. Abtransporte im Rahmen "Aktion T 4"
Keine

11. Weitere Abtransporte und Beschlagnahmungen bzw. Eingriffe
Bei Kriegsbeginn Rücknahme zahlreicher Bewohner, später Neubelegung.

12. Schicksale der Abtransportierten
Entfällt

13. Sterben in der Einrichtung 1933 - 1945
Keine Angaben.

14. Entwicklung der Einrichtung nach 1945
Zunächst TBC-Heim, dann Kinderkrankenhaus.

15. Bearbeitung der NS-Zeit und Gedenken der Opfer durch die Einrichtung
Entfällt

16. Aktenlage
Kaum Unterlagen in der Einrichtung.

17. Literatur
Die Stiftung Finneck Rastenberg o. J.

Heinrichstift
Hohenleuben

Thüringen

1. Gründungsgeschichte der Einrichtung und des Beginns ihrer Behindertenarbeit
1855 fürstl. (Reuß j.L.) Stiftung als Rettungs- und Erziehungshaus, vereinzelt Aufnahme von schwachsinnigen Jugendlichen, Verständnis als Einrichtung der Inneren Mission umstritten.

2. Größe der Einrichtung 1933 - 1945
Berliner Anstaltsliste vom 31.8.1941: 82 Betten.

3. Träger der Einrichtung 1933 - 1945
Heinrich II.- Stiftung von 1855.

4. Art der (damaligen) Behindertenarbeit und der Bewohnerstruktur
Erziehungsheim mit kleiner Abteilung für schwachsinnige Kinder.
1941: Erziehungsheim für bildungsfähige Kinder, keine Behinderten mehr.

5. Teilnahme an der eugenischen Diskussion vor und nach 1933
Keine Angaben.

6. Sterilisierungsmaßnahmen 1933 - 1945
Keine Angaben.

7. Staatliche Eingriffe in die Einrichtungsstruktur bis 1939
Versuche des Landkreises Greiz, die Einrichtung in eigene Verwaltung zu übernehmen. 1939: Übertragung der Leitungsfunktion durch das Thüringer Innenministerium unter Mißachtung der Stiftungssatzung an den Landrat, damit verbunden Trennung vom Verband der Inneren Mission. Offizieller Austritt 1941.

8. Erfassung und Abtransport jüdischer Bewohner
Keine Angaben.

9. Meldebögen der "Aktion T 4"
Berliner Anstaltsliste vom 31.8.1941: 11 Meldebögen.

10. Abtransporte im Rahmen "Aktion T 4"
Keine Angaben.

11. Weitere Abtransporte und Beschlagnahmungen bzw. Eingriffe
Keine Angaben, die genaue Zahl und das Schicksal der behinderten Kinder aus Hohenleuben ist unbekannt.

12. Schicksale der Abtransportierten
Keine Angaben.

13. Sterben in der Einrichtung 1933 - 1945
Entfällt

14. Entwicklung der Einrichtung nach 1945
Nach 1945 Fortführung als staatliches Kinderheim, 1949 an Land Thürigen, später dem Ministerium für Volksbildung unterstellt.

15. Bearbeitung der NS-Zeit und Gedenken der Opfer durch die Einrichtung
Entfällt

16. Aktenlage
Keine Unterlagen über Abtransporte bekannt.

17. Literatur
Keine Veröffentlichungen.

Landessiechenhaus Quittelsdorf

Thüringen

1. Gründungsgeschichte der Einrichtung und des Beginns ihrer Behindertenarbeit
1893 als Pflegeheim für Erwachsene, zunehmend Aufnahme von Geistesschwachen.

2. Größe der Einrichtung 1933 - 1945
50 Plätze.

3. Träger der Einrichtung 1933 - 1945
Eigene Stiftung.

4. Art der (damaligen) Behindertenarbeit und der Bewohnerstruktur
Aufnahme betreuungsbedürftiger Erwachsener, mehrheitlich im hohen Alter, Arbeit in der Landwirtschaft, wenige Pflegefälle.

5. Teilnahme an der eugenischen Diskussion vor und nach 1933
Nein

6. Sterilisierungsmaßnahmen 1933 - 1945
Sterilisationen durchgeführt, Einzelheiten unbekannt.

7. Staatliche Eingriffe in die Einrichtungsstruktur bis 1939
Keine

8. Erfassung und Abtransport jüdischer Bewohner
Nicht betreffend.

9. Meldebögen der Aktion T 4?
Berliner Anstaltsliste vom 31.8.1941: 42, Einzelheiten unbekannt.

10. Abtransporte im Rahmen "Aktion T 4"
Verlegungen nach Stadtroda 1940/41, Einzelheiten unbekannt.

11. Weitere Abtransporte und Beschlagnahmungen bzw. Eingriffe
1941: noch 30 psychisch kranke Sieche.
1945: Aufnahme von Flüchtlingen.

12. Schicksale der Abtransportierten
Die Zielanstalt der Verlegungen, Stadtroda war Zwischenanstalt für Sonnestein, Tötungen in Stadtroda bekannt.

13. Sterben in der Einrichtung 1933 - 1945
Keine Angaben.

14. Entwicklung der Einrichtung nach 1945
Fortführung der Arbeit.

15. Bearbeitung der NS-Zeit und Gedenken der Opfer durch die Einrichtung
Nein

16. Aktenlage
Kaum Unterlagen in der Einrichtung.

17. Literatur
Broschüre: 100 Jahre Stiftung Johanneshof, Quittelsdorf.

Provinz Hannover

1 Gifhorn
2 Hildesheim
3 Jeggen
4 Rotenburg

Provinz Hannover

Einwohnerzahl 1933: 3.366.000

In der Provinz Hannover befanden sich neun größere Einrichtungen zur psychiatrischen Versorgung der Bevölkerung. Neben sechs staatlichen Heil- und Pflegeanstalten bestanden zwei Einrichtungen der Inneren Mission (Rotenburg und Hildesheim-Himmelsthür) und die große Privatanstalt Ilten. Die Anzahl der Plätze reichte dennoch nicht aus, so daß zahlreiche hannoversche Patienten in anderen Provinzen untergebracht waren. Hinzu kam, daß die Heil- und Pflegeanstalt Wunstorf im Oktober 1941 in eine Erziehungsanstalt umgewandelt wurde, nachdem Langenhagen schon 1937 aufgelöst worden war. Die Provinz konnte daher an einer Auflösung der konfessionellen Einrichtungen kein sachliches Interesse haben. Von leitenden Beamten im Anstaltsbereich und der Provinzialverwaltung (z.B. dem zuständigen Landesrat Andrae) ist bekannt, daß sie versucht haben, sich gegen Abtransporte und Ermordungen von Patienten aus hannoverschen Anstalten zu verwahren. Auch der Oberpräsident und der Landeshauptmann haben zeitweilig den Euthanasieverbrechen entgegengearbeitet. Die ersten Maßnahmen im Rahmen der Euthanasieverbrechen waren die Erfassung und anschließende Verlegung der jüdischen Bewohner aller Einrichtungen, auch aus Rotenburg und Himmelsthür, in die noch bestehende Provinzialanstalt Wunstorf im Sommer 1940. Von dort wurden sie am 27.9.1940 nach Brandenburg gebracht und dort ermordet. Innerhalb der Provinz Hannover fanden in der Kinderfachabteilung Lüneburg Morde im Rahmen der Euthanasiemaßnahmen statt. Die Meldebögen erreichten die Einrichtungen der Provinz Hannover im Juni und Juli 1940, allem Anschein nach nahezu zeitgleich in den kirchlichen und provinzeigenen Anstalten. Die Abtransporte aus den Einrichtungen begannen im Frühjahr 1941 und erreichten kurz vor dem Ende der ersten Phase als letztes die Rotenburger Anstalten, wo noch zu Beginn des August 1941 Abtransporte stattfanden. Die im August 1941 beendeten Euthanasiemorde in den Tötungsanstalten gehen fast nahtlos über in die katastrophenpolitisch motivierten Transporte mit der Beschlagnahmung ganzer Einrichtungen, die im September 1941 begannen.

Käsdorfer Anstalten
über Gifhorn

Preußen
Provinz Hannover
Reg.-Bez. Lüneburg

1. Gründungsgeschichte der Einrichtung und des Beginns ihrer Behindertenarbeit
1883 Gründung einer Arbeiterkolonie nach Betheler Muster, 1900: 250 Plätze, auch Aufnahme von Behinderten.
1900: Stift Isenwald für alkoholkranke Männer.
1901: Fürsorgeerziehungsabteilung, seit 1910 im Haus Rischborn mit 36 Plätzen.
1926: Hagenhof mit 75 Plätzen für alte Menschen und 15 für Jugendliche.

2. Größe der Einrichtung 1933 - 1945
Durchschnittliche Belegung

1933:	Arbeiterkolonie 277	Hagenhof 85	Rischborn 60	Isenwald 15
1940/41:	185	78		22
1945:	180	75	48	45

3. Träger der Einrichtung 1933 - 1945
Verein für Arbeiterkolonien e.V.; Verein für Trinkerrettung.

4. Art der (damaligen) Behindertenarbeit und der Bewohnerstruktur
Wohnungslose Männer, auch Behinderte.
Pflege mehrheitlich siecher Heimbewohner.
Fürsorgeerziehung, Trinkerheilanstalt.

5. Teilnahme an der eugenischen Diskussion vor und nach 1933
Nach 1934 Beiträge zu Fragen der Sterilisation von Alkoholikern.

6. Sterilisierungsmaßnahmen 1933 - 1945
Sterilisiert wurden:
5 Männer aus der Arbeiterkolonie als Schwachsinnige.
2 Männer aus dem Hagenhof.
13 Jugendliche.
1 Alkoholiker.

7. Staatliche Eingriffe in die Einrichtungsstruktur bis 1939
Entkonfessionalisierung, aber Fortsetzung der Erziehungsarbeit bei Verpachtung des Hauses Rischborn an die Provinz 1933.

8. Erfassung und Abtransport jüdischer Bewohner
Keine jüdischen Bewohner.

9. Meldebögen der "Aktion T 4"
Nach der Berliner Anstaltsliste vom 31.8.1941 keine Erfassung.

10. Abtransporte im Rahmen "Aktion T 4"
Keine

11. Weitere Abtransporte und Beschlagnahmungen bzw. Eingriffe
Keine Abtransporte
September 1939 - 31.12.1940 Lazarett in Teilen der Arbeiterkolonie und des Trinkerheimes
1944 - 1945 Unterbringung von 40 italienischen Kriegsgefangenen.

12. Schicksale der Abtransportierten
Entfällt

13. Sterben in der Einrichtung 1933 - 1945
Keine Angaben.

14. Entwicklung der Einrichtung nach 1945
Fortführung der Arbeit in gleichen Strukturen nach 1945.

15. Bearbeitung der NS-Zeit und Gedenken der Opfer durch die Einrichtung
Darstellung in Jubiläumsschrift 1983, s. Literatur.
1993 Anbringung einer Gedenktafel für die Opfer der Zwangssterilisation.

16. Aktenlage.
Keine Angaben.

17. Literatur
100 Jahre Diakonie in Käsdorf 1883 - 1983.

Frauenheim Himmelsthür
Hildesheim

Preußen
Provinz Hannover
Reg.-Bez. Hildesheim

1. Gründungsgeschichte der Einrichtung und des Beginns ihrer Behindertenarbeit
Im Rahmen der Asylbewegung 1884 als Frauenheim gegründet.

2. Größe der Einrichtung 1933 - 1945
1940: 300 schwachsinnige Pfleglinge
1942: 500 Bewohnerinnen, 250 Betten für Schwachsinnige, 250 für Fürsorgeerziehung.

3. Träger der Einrichtung 1933 - 1945
Stiftung Frauenheim Himmelsthür.

4. Art der (damaligen) Behindertenarbeit und der Bewohnerstruktur
Frauenheim
Seit 1938 Aufnahme von Schwachsinnigen nach Rückgang der Fürsorgeerziehung: Übernahme von 110 Frauen aus Langenhagen.

5. Teilnahme an der eugenischen Diskussion vor und nach 1933
Keine Angaben.

6. Sterilisierungsmaßnahmen 1933 - 1945
Keine Angaben.

7. Staatliche Eingriffe in die Einrichtungsstruktur bis 1939
Keine

8. Erfassung und Abtransport jüdischer Bewohner
Verlegung von 3 Patientinnen 1940 nach Wunstorf, von dort am 27.9.1940 in Brandenburg ermordet.

9. Meldebögen der "Aktion T 4"
Berliner Anstaltsliste vom 31.8.1941: 84; Die Meldebögen wurden „nach eingehender Beratung" unbeantwortet zurückgeschickt mit der Begründung, *daß die Heime satzungsgemäß keine der auf den Fragebögen verzeichneten Kranken aufnähmen.* Die daraufhin angekündigte Kommission erschien nicht.

10. Abtransporte im Rahmen "Aktion T 4"
Keine

11. Weitere Abtransporte und Beschlagnahmungen bzw. Eingriffe
Laut Kommissionsbericht 1942 Umstellung von der Schwachsinnigenbetreuung auf Altersheim. Unklar, ob Verlegungen oder Entlassungen durchgeführt wurden.

12. Schicksale der Abtransportierten
Entfällt

13. Sterben in der Einrichtung 1933 - 1945
Nicht untersucht.

14. Entwicklung der Einrichtung nach 1945
Fortführung der Arbeit.

15. Bearbeitung der NS-Zeit und Gedenken der Opfer durch die Einrichtung
1990: Anbringung eines Bildes zum Gedenken der ermordeten jüdischen Bewohnerinnen in der Kirche.

16. Aktenlage.
Keine Angaben.

17. Literatur
Baross, Sabine Ritter von (Red.), 1884 - 1994. 110 Jahre Diakonische Werke Himmelsthür in Hildesheim e.V., Himmelsthür 1994.

Pflegehaus Jeggen/Heimstätte Jeggen
Jeggen über Wissingen

Preußen
Provinz Hannover
Reg.-Bez. Osnabrück

1. Gründungsgeschichte der Einrichtung und des Beginns ihrer Behindertenarbeit
1918 zunächst als privates Waisenhaus gegründet. 1921 Trägerverein Deutsch-evang.-luth. Kinderschutzverein Osnabrück e.V.

2. Größe der Einrichtung 1933 - 1945
1925 : 20 Bewohner

3. Träger der Einrichtung 1933 - 1945
Deutsch- lutherischer Fürsorgeverein e.V. von 1921.

4. Art der (damaligen) Behindertenarbeit und der Bewohnerstruktur
Vereinzelt Aufnahme schwachsinniger Kinder, seit 1933 langsame Umstellung auf Altersheim.

5. Teilnahme an der eugenischen Diskussion vor und nach 1933
Keine Angaben.

6. Sterilisierungsmaßnahmen 1933 - 1945
Keine Angaben.

7. Staatliche Eingriffe in die Einrichtungsstruktur bis 1939
Keine Angaben.

8. Erfassung und Abtransport jüdischer Bewohner
Keine jüdischen Bewohner.

9. Meldebögen der Aktion T 4?
Berliner Anstaltsliste vom 31.8.1941: 26 Meldebögen.

10. Abtransporte im Rahmen "Aktion T 4"
Keine

11. Weitere Abtransporte und Beschlagnahmungen bzw. Eingriffe
Keine Abtransporte, 1940 Aufnahme von Baltendeutschen.

12. Schicksale der Abtransportierten
Entfällt

13. Sterben in der Einrichtung 1933 - 1945
Keine Angaben.

14. Entwicklung der Einrichtung nach 1945
Entwicklung zum Alten- und Pflegeheim.

15. Bearbeitung der NS-Zeit und Gedenken der Opfer durch die Einrichtung
Entfällt

16. Aktenlage
Keine spezifische Überlieferung.

17. Literatur
Chronik. Ev.-luth. Heimstätte Jeggen e.V., o.O., o.J.

Rotenburger Anstalten
Rotenburg/W

Prov. Hannover
Reg.-Bez. Stade

1. Gründungsgeschichte der Einrichtung und des Beginns ihrer Behindertenarbeit
1878 auf kirchliche Initiative Gründung des "Vereins zur Pflege Epileptischer". 1880 Einweihung des "Asyls zur Pflege Epileptischer". 1904 auch Aufnahme geistig behinderter Menschen. 1905 siedelt das Diakonissen-Mutterhaus Bethesda aus Hamburg nach Rotenburg über und übernimmt die Pflege. 1920 wird das Brüderhaus "Lutherstift" gegründet. 1929 wird das Asyl durch die Übernahme der ehemaligen Fürsorgeerziehungsanstalt Kalandshof erheblich vergrößert. 1930 wird die Einrichtung umbenannt in "Rotenburger Anstalten der Inneren Mission, Heil- und Pflegeanstalt für epileptische Geistesschwache und -kranke".

2. Größe der Einrichtung 1933 - 1945
Frühjahr 1934: 980 Bewohnerinnen und Bewohner.
Frühjahr 1940: 1135.
Herbst 1941: Die Einrichtung wird bis auf 258 Frauen und Männer zur Aufrechterhaltung der Wirtschaftsbetriebe geräumt, Ausweichkrankenhaus unter städtischer Leitung.

3. Träger der Einrichtung 1933 - 1945
Verein zur Pflege Epileptischer und Idioten.

4. Art der (damaligen) Behindertenarbeit und der Bewohnerstruktur
1930: Epileptische, geisteskranke und geistesschwache Menschen aller Altersstufen von 1 ½ bis 78 Jahren.
Entwicklung von Bewahr- zur Heilanstalt. Ein großer Teil der Bewohnerinnen und Bewohner (1930 über 210) sind Kinder unter 14 Jahren, die größtenteils die Anstaltsschule besuchen. Für die Menschen über 14 Jahren gibt es Arbeits- und Beschäftigungsmöglichkeiten in Landwirtschaft und Gärtnerei, Schneiderei, Schuhmacherei, Tischlerei, Bauschlosserei, Malerei, Schlachterei, Bäckerei, Wäscherei und Küche.

5. Teilnahme an der eugenischen Diskussion vor und nach 1933
Der Anstaltsarzt Dr. Rustige propagiert (1936 - 1939) in Rotenburg auf öffentlichen Veranstaltungen der NSDAP die Rasse- und Bevölkerungspolitik.

6. Sterilisierungsmaßnahmen 1933 - 1945
Von 1934 bis 1945 werden mindestens 97 Frauen und 238 Männern im benachbarten Krankenhaus des Diakonissen-Mutterhauses sterilisiert; ein 13jähriges Mädchen und eine Frau sterben an den Folgen. In einigen Fällen läßt sich eindeutig ersehen, daß die Sterilisation gegen den erklärten Willen der Betroffenen vorgenommen worden ist.
1939 - 1943 noch mindestens 19 Sterilisationen.

7. Staatliche Eingriffe in die Einrichtungsstruktur bis 1939
Ende August 1939 wird auf Befehl der Wehrmacht das "Neue Männerhaus" geräumt, um ein Lazarett einzurichten. Es wird Ende September mit polnischen Kriegsgefangenen belegt. Lazarettbetrieb bis 1948.

8. Erfassung und Abtransport jüdischer Bewohner
1938 läßt der Oberpräsident der Provinz Hannover eine Aufstellung der Juden in hannoverschen Einrichtungen anfertigen.
Am 21. 9. 1940 werden die drei jüdischen Bewohner, ein 13-jähriges Mädchen und zwei Männer nach Wunstorf verlegt. Am 27.9.1940 Ermordung in Brandenburg.

9. Meldebögen der "Aktion T 4"
Eintreffen der Meldebögen Anfang Juli 1940, Berliner Anstaltsliste vom 31.8.1941: 1179 Meldebögen. Der Meldebogen 2 wird umgehend ausgefüllt zurückgesandt und um Fristverlängerung für das Ausfüllen der Meldebögen bis zum Ende des Jahres gebeten, da der neue Anstaltsarzt die Kranken noch nicht ausreichend kenne. Nach Rücksprache mit Pastor v. Bodelschwingh in Bethel verzögert die Anstaltsleitung die Rücksendung der Meldebögen. Bis zum Ende des Jahres werden etwa 120 Meldebögen ausgefüllt, ob sie auch abgeschickt worden sind, ist in den Aussagen nach dem Krieg strittig.
Am 24. April 1941 kommt eine Kommission unter Leitung von Dr. Steinmeyer in die Einrichtung und begutachtet innerhalb von 4 Tagen 1150 Bewohner.

10. Abtransporte im Rahmen "Aktion T 4"
Am 30. Juli und 5. August 1941 werden 70 Männer und 70 Frauen von Rotenburg nach Weilmünster transportiert.

11. Weitere Abtransporte und Beschlagnahmungen bzw. Eingriffe
Im September 1941 wird die Räumung der Rotenburger Anstalten durch die Gekrat vorbereitet, um ein Ausweichkrankenhaus für Bremen zu errichten
Zur Aufrechterhaltung der Wirtschaftsbetriebe für das entstehende Krankenhaus bleibt die Einrichtung mit 250 arbeitsfähigen Bewohnerinnen und Bewohnern erhalten. Alle übrigen müssen die Einrichtung verlassen. Die Angehörigen werden Ende September über die bevorstehende Räumung unterrichtet, 72 Bewohnerinnen und Bewohner werden Ende September und Anfang Oktober entlassen.

Verlegungen:
30.9/ 1.10. 1941: 100 Männer nach Eberswalde
                  40 Männer nach Sorau
3. / 4.10. 1941: 70 Männer / 70 Frauen nach Günzburg,
7./ 8. 10. 1941: 65 Frauen und 26 Männer nach Kaufbeuren/Irsee
9.-12.10. 1941:   140 Kinder und 7 erkrankte Erwachsene nach Lüneburg,
                  35 Kinder nach Uchtspringe,
                  99 Kinder und Jugendliche nach Bethel
                  24 Kinder nach Eben-Ezer/Lemgo

12. Schicksale der Abtransportierten
Von 819 verlegten Menschen ist von 547 sicher, daß sie an den Verlegungsorten verstorben sind:

Weilmünster	140	131 ermordet (9 in Hadamar ermordet)	
Eberswalde	100	68 ermordet	30 ungeklärt
Sorau	40	32 ermordet	7 ungeklärt
Günzburg	140	37/54 in Kaufbeuren ermordet	
Kaufbeuren/Irsee	91	63 ermordet	
Lüneburg	147	130 ermordet	
Uchtspringe	35	20 ermordet	

Keine Todesfälle Rotenburger Bewohner in Eben-Ezer und Bethel.

13. Sterben in der Einrichtung 1933 - 1945
1938 sterben von etwa 1200 Betreuten 41,
1939 sterben 68 Bewohner.
1940 sterben von insgesamt 1280 betreuten Personen 81.

Nach der Räumung ist die Zahl der Todesfälle vergleichsweise gering, da nur gesunde und arbeitsfähige Bewohner in der Einrichtung bleiben.

14. Entwicklung der Einrichtung nach 1945
1948/1949: Rückgabe der Hauptanstalt und Beginn des Wiederaufbaus
1952: 1160 Patienten, Rückgabe des Kalandhofs in den 60er Jahren.

15. Bearbeitung der NS-Zeit und Gedenken der Opfer durch die Einrichtung
Im Mai 1987 wird neben der Anstaltskirche ein Mahnmal errichtet, an dem jährlich eine Gedenkandacht stattfindet.
1992: eigenständige Veröffentlichung der Anstalten.
1996: Totenbuch zur Erinnerung an die Opfer der NS-Zeit.

16. Aktenlage
Verzeichnetes Archiv: Akten fast sämtlicher Bewohnerinnen und Bewohner der Einrichtung seit ihrer Gründung.
Verwaltungs-, Personal-, und Sachakten, auch über Verlegungen und Sterilisierungen.

17. Literatur
Sueße, Thorsten/ Meyer, Heinrich, Die Konfrontation Niedersächsischer Heil- und Pflegeanstalten mit den Euthanasiemaßnahmen des Nationalsozialismus. Schicksal der Patienten und Verhalten der Therapeuten und zuständigen Verwaltungsbeamten. (Med. Diss.), Hannover 1984.
Quelle, Michael, Die Rotenburger Anstalten in den Jahren 1933-45, Staatsexamensarbeit an der Universität Bremen, Bremen 1986.
Zuflucht unter dem Schatten deiner Flügel? Die Rotenburger Anstalten in den Jahren 1933-1945, herausgegeben von den Rotenburger Anstalten 1992.

Provinz Schleswig-Holstein

1 Kropp
2 Lübeck
3 Rickling

Provinz Schleswig-Holstein

Einwohnerzahl 1933: 1.597.000

Sterilisationen, erbgesundheitliche Erfassung, Verschlechterung des Pflegeniveaus, zahlreiche Todesfälle in der schleswig-holsteinischen Kinderfachabteilung in Schleswig, Verlegungen und Sterben in überfüllten Einrichtungen sind die wesentlichen Auswirkungen der nationalsozialistischen Maßnahmen gegen psychisch Kranke in Schleswig-Holstein. Spezifische Maßnahmen gegen die konfessionellen Einrichtungen, die über die allgemeine Politik hinausgingen, gab es zunächst nicht.
Neben Erholungsheimen und Krankenhäusern hatte die Stadt Hamburg auch Bettenplätzen für psychiatrisch Kranke außerhalb ihres Staatsgebietes. Lübeck-Strecknitz wurde zeitweilig von Hamburg und Lübeck gemeinsam betrieben: In den Ricklinger Anstalten des Landesvereins für Innere Mission in Schleswig-Holstein waren in den dreißiger Jahren in großer Zahl Hamburger Patienten untergebracht.
Im Rahmen der "Aktion T 4" gehörte Schleswig-Holstein zu den erst sehr spät betroffenen Teilen des Reichsgebietes. Die Meldebögen waren in den kirchlichen Einrichtungen erst im Sommer 1940 eingetroffen. Zu Abtransporten, wie aus den beiden großen staatlichen Landesheilanstalten in Schleswig und Neustadt kam es aus den kirchlichen Einrichtungen nicht mehr. Alle drei kirchlichen Heime waren 1941/42 zur Beschlagnahmung vorgesehen, nur in Lübeck fand die Durchführung der bereits ausgesprochenen Auflösung des Heimes nicht statt. Die Beschlagnahmungen richteten sich nicht nur gegen die konfessionellen Heime. Auch die drei staatlichen Heil- und Pflegeanstalten waren davon betroffen: Lübeck-Strecknitz wurde vollständig aufgelöst, Neustadt nahezu und Schleswig-Stadtfeld noch 1944 in großem Umfang. Alle drei konfessionellen Einrichtungen bestanden bis 1945 fort, Rickling sogar mit erheblicher Ausweitung seiner Arbeit. Die kirchliche Behindertenbetreuung in Kropp war dagegen zum Erliegen gekommen, nachdem 432 Bewohnerinnen (von 519) abtransportiert wurden. Alle Bettenhäuser der Diakonissenanstalt Kropp wurden zugunsten der Stadt Hamburg, die dort ein Versorgungsheim errichtete, beschlagnahmt. Eine Besonderheit stellt der auf städtischen Druck erfolgte Austritt des Kinder- und Pflegeheims Vorwerk aus dem Landesverband für Innere Mission Lübeck dar, der allerdings mehr formaler Natur war und keine wesentliche Änderung der Arbeit mit sich brachte.

Diakonissenanstalt Bethanien Kropp

**Preußen
Provinz Schleswig-Holstein
Reg.-Bez. Schleswig**

1. Gründungsgeschichte der Einrichtung und des Beginns ihrer Behindertenarbeit
Aus der gemeindediakonischen Arbeit des Ortspastors seit 1879 erwachsene umfangreiche diakonische Arbeitsstätte mit Ausbildungseinrichtungen, Pflegeheimen und Diakonissenmutterhaus. 1890 Aufnahme der ersten Behinderten. Ausbau der Kropper Heilstätten mit 200 Bewohnern, zumeist Frauen.

2. Größe der Einrichtung 1933 - 1945
1927: 254 Bewohnerinnen in 7 Häusern.
Umfangreiche Neuaufnahmen seit 1935. Bei Kriegsbeginn 1939 Aufnahme von 217 Patientinnen aus der Landesheilanstalt Schleswig-Stadtfeld.
1939 430: belegte Plätze, 1942: 519 Plätze.

3. Träger der Einrichtung 1933 - 1945
Die Kropper Anstalten waren ursprünglich Privateigentum von Johannes Paulsen. Ssie wurden 1903 in eine GmbH überführt, deren Anteile nach und nach vom Diakonissenhaus Bethanien in Kropp e.V. erworben wurden.

4. Art der (damaligen) Behindertenarbeit und der Bewohnerstruktur
Mitte der zwanziger Jahre Rückgang der während des 1. Weltkrieges begonnenen Erziehungsarbeit, seit 1929 überwiegend Geisteskranke und geistesschwache Patientinnen (1939 8 Männer), später weitere Aufnahmen aus Berlin, Hamburg, Eutin und Schleswig-Holstein.

5. Teilnahme an der eugenischen Diskussion vor und nach 1933
Nein. 1935 wurden in geringem Umfang auf Wunsch des Landeskrankenhauses Schleswig Sippentafeln angelegt und erbbiologische Untersuchungen betrieben.

6. Sterilisierungsmaßnahmen 1933 - 1945
Sterilisationen in geringem Umfang, da die meisten Bewohnerinnen nicht zur Entlassung anstanden und altersgemäß nicht sterilisiert wurden.

7. Staatliche Eingriffe in die Einrichtungsstruktur bis 1939
Keine

8. Erfassung und Abtransport jüdischer Bewohner
April 1940: Erfassung von 9 jüdischen Bewohnerinnen, anschließend Rückverlegung der meisten in ihre ursprünglichen staatl. Anstalten (Berlin, Schleswig) auf deren Initiative. Bei der Abholung der jüdischen Patientinnen September 1940 wurden zwei jüdische Patientinnen, die noch in Kropp waren, als bereits entlassen gemeldet.

9. Meldebögen der "Aktion T 4"
26.7. 1940 Meldebögen in Kropp eingegangen, lt. Berliner Anstaltsliste vom 31.8.1941: 523, keine Informationen über Art und Weise des Ausfüllens bekannt.

10. Abtransporte im Rahmen "Aktion T 4"
Keine

11. Weitere Abtransporte und Beschlagnahmungen bzw. Eingriffe
1941: Ankündigung der Verlegung der von der Provinz bezahlten Patientinnen in provinzeigene Heime, nicht durchgeführt.
16.4. 1942: Beschlagnahmung zu Gunsten der Hamburger Sozialverwaltung. Entlassung von 31, Übernahme in das Altersheim der Diakonissenanstalt 11, Übernahme ins Hamburger Versorgungsheim (Arbeitsfähige 20, Verlegung von 432 Patientinnen.

Nach	Altscherbitz	13.3., 17.3, 20.3. 1942	125
	Pfafferode	13.3., 17.3, 20.3. 1942	188
	Jerichow	20.3.1942	37
	Uchtspringe	15.4.1942	82

12. Schicksale der Abtransportierten
Nahezu 90% der verlegten Patientinnen starben bis Mai 1945, zum allergrößten Teil ist von Tötung auszugehen. 20 Patientinnen 1944 aus Uchtspringe nach Meseritz-Obrawalde verlegt.

13. Sterben in der Einrichtung 1933 - 1945
Im nicht mehr von der Diakonissenanstalt, sondern von der Hamburger Sozialverwaltung verwalteten Versorgungsheim Kropp monatliche Todefälle von bis zu 8% der Anwesenden eines Monats. Überbelegung und unzureichende Versorgung. Nähere Einzelheiten unbekannt.

14. Entwicklung der Einrichtung nach 1945
Rückgabe der beschlagnahmten Häuser im September 1947. Wiederaufbau der Pflege und Behandlung psychisch kranker und gestörter Frauen.

15. Bearbeitung der NS-Zeit und Gedenken der Opfer durch die Einrichtung
Von der Stadt Hamburg errichtetes Gedenkkreuz für die Toten des Hamburger Versorgungsheimes auf dem Gemeindefriedhof.

16. Aktenlage.
Keine Bewohnerakten, geordnetes Verwaltungsarchiv.

17. Literatur
Harald Jenner, Ein langer Weg... Kropper Anstalten, Diakonissenanstalt, Diakoniewerk Kropp. 111 Jahre helfen - heilen - trösten, Kropp 1990.

Kinder- und Pflegeheim Vorwerk
Lübeck

seit 1937
Preußen
Provinz Schleswig-Holstein
Reg.-Bez. Schleswig

1. Gründungsgeschichte der Einrichtung und des Beginns ihrer Behindertenarbeit
1906 als Lübecker Idiotenanstalt gegründet. Aufnahme von schwachsinnigen Kindern und Jugendlichen. Leitung von 1912 - 1950 durch einen Pädagogen. 1916: 72 Plätze, 45% Schule, 25% Beschäftigung, 30% Pflegefälle.

2. Größe der Einrichtung 1933 - 1945
1933: 255 Plätze, 1940: 314 Plätze, 1945: 294 Plätze.

3. Träger der Einrichtung 1933 - 1945
Verein zur Fürsorge für Geistesschwache e.V.

4. Art der (damaligen) Behindertenarbeit und der Bewohnerstruktur
Keine wesentlichen Veränderungen gegenüber der Gründungszeit. 52% der Bewohner im Alter zwischen 7 und 14 Jahren aufgenommen. Durchschnittlicher Aufenthalt 6 Jahre, wenige Langzeit-Bewohner: Entlassungen in die Familien oder auf einen Arbeitsplatz.

5. Teilnahme an der eugenischen Diskussion vor und nach 1933
Rassenhygienische Begründung der Asylierung bereits im ersten Jahresbericht der Leiters Paul Burwick 1914. Durchgehend rassenhygienische Argumentation, Sterilisation 1934 begeistert begrüßt, 1936 Besuch eines "rassenkundlichen Schulungslagers" in Vorwerk. Warnung vor Euthanasiemaßnahmen ab 1940, Abschrift der Galen-Predigt im Haus.

6. Sterilisierungsmaßnahmen 1933 - 1945
18% der Bewohner bereits 1934 sterilisiert, weitere Sterilisationen bis 1939.

7. Staatliche Eingriffe in die Einrichtungsstruktur bis 1939
Keine

8. Erfassung und Abtransport jüdischer Bewohner
10 jüdische Heimbewohner (Kinder, Jugendliche und Erwachsene) am 16.9.1940 in die Sammelanstalt Hamburg-Langenhorn verlegt, am 23. 9. 1940 in Brandenburg ermordet.

9. Meldebögen der "Aktion T 4"
Im Juni 1940 Meldebögen erhalten, Berliner Anstaltsliste vom 31.8.1941: 327 Meldebögen bei 300 Betten. Durchschriften in Bewohnerakten erhalten, Ausfüllung sehr oberflächlich.

10. Abtransporte im Rahmen "Aktion T 4"
Keine

11. Weitere Abtransporte und Beschlagnahmungen bzw. Eingriffe

Beschlagnahmung zu Gunsten der Hamburger Sozialverwaltung mit angedrohter Verlegung aller Bewohner im Frühjahr 1942 ausgesprochen, wegen der großen Bombenangriffe auf Lübeck nicht durchgeführt.
Auf staatlichen Druck 1942 Austritt aus dem Landesverband für Innere Mission Lübeck.

12. Schicksale der Abtransportierten

Entfällt

13. Sterben in der Einrichtung 1933 - 1945

Durchschnittliche Sterblichkeit bezogen auf alle Bewohner eines Jahres:

1921 - 1940   3 %
   1941   5 %
   1942   4 %
   1943   4 %
   1944   5 %
   1945   10 %
   1946   6,5 %

14. Entwicklung der Einrichtung nach 1945

Fortführung der Behindertenarbeit.

15. Bearbeitung der NS-Zeit und Gedenken der Opfer durch die Einrichtung

1986: Forschung im Auftrag des Heimes, s. Literatur.
Errichtung eines Gedenksteines für die ermordeten Bewohner 1986.

16. Aktenlage

Geringes Verwaltungsarchiv, nahezu alle Bewohnerakten mit Meldebogen-Durchschriften erhalten.

17. Literatur

Harald Jenner, Das Kinder- und Pflegeheim Vorwerk in Lübeck in der NS-Zeit, in: Theodor Strohm/ Jörg Thierfelder (Hg.), Diakonie im "Dritten Reich". Neuere Ergebnisse wissenschaftlicher Forschungen, Heidelberg 1990, 169 - 204.

Ricklinger Anstalten

Rickling mit Zweigeinrichtungen

Preußen
Provinz Schleswig-Holstein
Reg.-Bez. Schleswig

1. Gründungsgeschichte der Einrichtung und des Beginns ihrer Behindertenarbeit
Auf Anregung der Provinzialverwaltung 1902 Errichtung einer Anstalt für männliche Fürsorgezöglinge in Rickling durch den Landesverein für Innere Mission in Schleswig-Holstein. Gründung einer Diakonenschaft 1909. Nach Rückgang der Fürsorgeerziehungsarbeit 1931 Aufnahmen von psychisch kranken Patienten, zunächst aus Schleswig-Holstein, später auch aus Hamburg.

2. Größe der Einrichtung 1933 - 1945
Gesamtaufnahmen im Jahr: 1931: 39, 1933: 85, 1935: 431, 1937:490, 1939: 871, 1941: 991, 1943: 761, 1945: 744.

3. Träger der Einrichtung 1933 - 1945
Landesverein für Innere Mission in Schleswig-Holstein von 1875 in Kiel.

4. Art der (damaligen) Behindertenarbeit und der Bewohnerstruktur
Hauptsächlich Übernahme von Langzeitpatienten/innen aus Hamburg-Langenhorn und Schleswig-Stadtfeld, 1938 Aufnahme auch von Jugendlichen. 1930 bis in die Nachkriegszeit Aufnahme von über 700 Patienten aus Hamburg-Langenhorn.

5. Teilnahme an der eugenischen Diskussion vor und nach 1933
Teilnahme des Chefarztes an der Berliner Tagung des Ständigen Ausschusses für Rassenhygiene beim CA, Berlin 1934. Ab Mitte der 30er Jahre eugenische Themen in der Diakonenaus- und Fortbildung der Bruderschaft Rickling.

6. Sterilisierungsmaßnahmen 1933 - 1945
Sterilisationen an Ricklinger Patienten durchgeführt, die Anzahl ist unbekannt, meistens vor dem Aufenthalt in Rickling.

7. Staatliche Eingriffe in die Einrichtungsstruktur bis 1939
1933 (Juli bis Oktober) Errichtung eines Konzentrationslagers für Schutzhäftlinge aus Schleswig-Holstein durch den Landkreis.

8. Erfassung und Abtransport jüdischer Bewohner
Auf Anraten der Alsterdorfer Anstalten Hamburg 1938 Rückverlegung von 4 jüdischen Patienten nach Hamburg Langenhorn, von dort aus am 23.9.1940 in Brandenburg ermordet.

9. Meldebögen der Aktion T 4?
Im Sommer 1940 in Rickling eingetroffen, Berliner Anstaltsliste vom 31.8.1941: 807 Meldebögen, nach Rücksprache des Vereinsvorstands und Leiters des Landesverbands für Innere Mission beim Centralausschuß ausgefüllt.

10. Abtransporte im Rahmen "Aktion T 4"
Keine

11. Weitere Abtransporte und Beschlagnahmungen bzw. Eingriffe
November 1941 große Teile der Anstalten zugunsten eines Hamburger Ausweichkrankenhauses der Aktion Brandt beschlagnahmt, Verlegung von 200 Patientinnen nach Pfafferode, 20 Kinder nach Bethel.
Fortführung der Arbeit in Nebenhäusern.

12. Schicksale der Abtransportierten
95 % der verlegten Patienten bis Mai 1945 in Pfafferode gestorben/getötet.

13. Sterben in der Einrichtung 1933 - 1945
Gemessen an der Gesamtzahl der aufgenommen Patienten im Jahr

1932 - 1938	ca. 4-5%,		1944 über	20%,
1941	über 9%,		1945 über	30%,
1942	über 15%,		1946	28%,
1943	über 15%,		1947	14%.

14. Entwicklung der Einrichtung nach 1945
1950: Rückgabe des beschlagnahmten Haupthauses.

15. Bearbeitung der NS-Zeit und Gedenken der Opfer durch die Einrichtung
Gedenkstein und Tafel für die Konzentrationslagerinsassen.

16. Aktenlage
Akten der nicht verlegten Bewohner erhalten, umfangreiches geordnetes Verwaltungsarchiv.

17. Literatur
Peter Sutter, Der sinkende Petrus, Rickling 1933 - 1945, Rickling 1986.
Wunder, Michael, Euthanasie in den letzten Kriegsjahren: Die Jahre 1944 und 1945 in der Heil- und Pflegeanstalt Hamburg-Langenhorn, Husum 1992.
Weitere Veröffentlichungen in Vorbereitung.

Provinzen Nieder- und Oberschlesien

1 Jauer
2 Kraschnitz
3 Kreuzburg
4 Marklissa-Schadewald
5 Miechowitz/Mechtal
6 Neumarkt
7 Rothenburg-Tormersdorf
8 Schreiberhau

Provinzen Nieder- und Oberschlesien

Einwohnerzahl 1933: Niederschlesien 3.237.000
Oberschlesien 1.479.000

Die Provinzen Nieder- und Oberschlesien wurden 1938 vereint, und werden daher, trotz ihrer späteren erneuten teilweisen verwaltungsmäßigen Trennung, gemeinsam betrachtet. Da es praktisch keine Forschung zur Geschichte Schlesiens in der NS-Zeit gibt, die auch den Komplex der Euthanasieverbrechen berücksichtigt, bleiben auch die Kenntnisse zur Anstaltsgeschichte sehr lückenhaft. Der genaue Umfang und zeitliche Ablauf der Verbrechen an den Kranken und Behinderten ist sowohl für die staatlichen Einrichtungen wie für die Anstalten der Inneren Mission nicht genau bekannt.

Die besondere Verwaltungsgeschichte Schlesiens und die Person des ersten Gauleiters und Oberpräsidenten Josef Wagner scheinen zu einer besonderen Situation in diesem Landesteil geführt zu haben. Wagner wurde 1941 aus seinen schlesischen Ämtern entlassen, u.a. da ihm zu enge kirchliche Bindungen vorgeworfen wurden. Leitende Mitarbeiter der "Euthanasiezentrale" klagen zeitweilig in Briefen, daß sie in Schlesien keine Unterstützung ihrer Arbeit fänden.

Nachdem die NSV zunächst an einer engeren Verbindung mit der Inneren Mission interessiert war, betrafen Entkonfessionalisierungsmaßnahmen in den vierziger Jahren vor allen Erziehungseinrichtungen. Details über die Maßnahmen, die die kirchliche Einrichtungen betrafen, sind nur aus dem in Deutschland verbliebenen, nördlichen Teil der Provinz bekannt. In Rothenburg/Niederschlesien fanden im Dezember 1940 die ersten Abtransporte statt. Die Ermordung der Bewohner auf dem Sonnenstein ist sehr wahrscheinlich. Später wurde die ganze Einrichtung beschlagnahmt. Die Errichtung eines jüdischen "Gettos" innerhalb einer Anstalt der Inneren Mission ist einmalig.

Sechs große staatliche Einrichtungen mit 6000 Plätzen (1936) und zahlreiche konfessionelle und private Einrichtungen standen in Nieder- und Oberschlesien zur Verfügung. Belegt sind Abtransporte aus schlesischen Einrichtungen 1941 über Zwischenanstalten zur Ermordung auf dem Sonnenstein. In Breslau und in Loben/Lubliniec (bis 1939 polnisch) befanden sich Kinderfachabteilungen, möglicherweise wurden auch in Plagwitz Kinder getötet. In Loben wurden auch Kinder aus Polen und aus anderen Teilen des Reiches ermordet. Auch aus Rybnik, ebenfalls bis 1939 polnisch, sind zahlreiche Krankenmorde bekannt, insbesondere für 1944 gibt es Hinweise auf ein umfangreiches Hungersterben. Aus anderen Einrichtungen sind Verlegungen und Auflösungen ganzer Anstalten oder Bereiche dokumentiert, ohne daß Einzelheiten erforscht sind. Obwohl mindestens zwei staatliche Einrichtungen aufgelöst wurden, fanden Verlegungen aus dem übrigen Reichsgebiet nach Schlesien statt.

**Heilstätte
Jauer**

**Preußen
Prov. Niederschlesien
Reg.-Bez. Liegnitz**

1. Gründungsgeschichte der Einrichtung und des Beginns ihrer Behindertenarbeit
Ursprünglich getrennte Privat-Heil- und Pflegeanstalt Jauer und evang. Trinkerheilanstalt Jauer, Zusammenschluß in den dreißiger Jahren.

2. Größe der Einrichtung 1933 - 1945
1931: 80 Plätze
1940/41: 87 Plätze.

3. Träger der Einrichtung 1933 - 1945.
Evang. Verein für schlesische Trinkerheilstätten.

4. Art der (damaligen) Behindertenarbeit und der Bewohnerstruktur
Vorwiegend Alkoholkranke, auch Pflegefälle.

5. Teilnahme an der eugenischen Diskussion vor und nach 1933
Keine Angaben.

6. Sterilisierungsmaßnahmen 1933 - 1945
Keine Angaben.

7. Staatliche Eingriffe in die Einrichtungsstruktur bis 1939
Keine Angaben.

8. Erfassung und Abtransport jüdischer Bewohner
Keine Angaben.

9. Meldebögen der "Aktion T 4"
Berliner Anstaltsliste vom 31.8.1941: 13 Meldebögen.

10. Abtransporte im Rahmen "Aktion T 4"
Vermutlich keine.

11. Weitere Abtransporte und Beschlagnahmungen bzw. Eingriffe
Keine Angaben.

12. Schicksale der Abtransportierten
Keine Angaben.

13. Sterben in der Einrichtung 1933 - 1945
Keine Angaben.

14. Entwicklung der Einrichtung nach 1945
Keine Angaben.

13. Sterben in der Einrichtung 1933 - 1945
Keine Angaben.

15. Bearbeitung der NS-Zeit und Gedenken der Opfer durch die Einrichtung
Keine Bearbeitung.

16. Aktenlage
Keine Angaben.

17. Literatur
Keine Veröffentlichungen.

Deutsches Samariterordensstift
Kraschnitz

Preußen
Prov. Niederschlesien
Reg.-Bez. Breslau

1. Gründungsgeschichte der Einrichtung und des Beginns ihrer Behindertenarbeit
1860 auf Initiative von A. v. d. Recke-Volmerstein gegründet. Das Samariter-Ordensstift stand in enger Verbindung zum Kraschnitzer Diakonissenmutterhaus und zur Diakonenanstalt in Kraschnitz, deren Hauptarbeitsgebiet es war.

2. Größe der Einrichtung 1933 - 1945
1937: 777 Bewohner.
Berliner Anstaltsliste vom 31.8.1941: 880 Bewohner.

3. Träger der Einrichtung 1933 - 1945
Eigenständige Stiftung.

4. Art der (damaligen) Behindertenarbeit und der Bewohnerstruktur
Heil- und Pflegeanstalt für Geisteskranke, Schwachsinnige und Epileptiker sowie ein Krankenhaus für Nervenkranke.

5. Teilnahme an der eugenischen Diskussion vor und nach 1933
Keine Angaben.

6. Sterilisierungsmaßnahmen 1933 - 1945
Keine Angaben.

7. Staatliche Eingriffe in die Einrichtungsstruktur bis 1939
Keine Angaben.

8. Erfassung und Abtransport jüdischer Bewohner
Keine Angaben.

9. Meldebögen der "Aktion T 4"
Berliner Anstaltsliste vom 31.8.1941: 761 Meldebögen.

10. Abtransporte im Rahmen "Aktion T 4"
Keine Angaben. Da laut Planungsbericht vom Herbst 1941 nur noch mit 657 Bewohnern belegt, fanden möglicherweise Verlegungen zur Ermordung auf dem Sonnenstein statt.

11. Weitere Abtransporte und Beschlagnahmungen bzw. Eingriffe
Keine Angaben.

12. Schicksale der Abtransportierten
Keine Angaben.

13. Sterben in der Einrichtung 1933 - 1945
Keine Angaben.

14. Entwicklung der Einrichtung nach 1945
Keine Angaben.

15. Bearbeitung der NS-Zeit und Gedenken der Opfer durch die Einrichtung
Keine

16. Aktenlage
Keine Akten bekannt.

17. Literatur
Keine Veröffentlichung.

Marienheim
Kreuzburg

Preußen
Prov. Oberschlesien
Reg.-Bez. Oppeln

1. Gründungsgeschichte der Einrichtung und des Beginns ihrer Behindertenarbeit
1888 Gründung eines eigenen Diakonissenmutterhauses Bethanien in Kreuzburg. Aufbau des Marienheimes um 1900.

2. Größe der Einrichtung 1933 - 1945
35 Plätze

3. Träger der Einrichtung 1933 - 1945
Stiftung Diakonissenanstalt Bethanien Kreuzburg.

4. Art der (damaligen) Behindertenarbeit und der Bewohnerstruktur
Heim für Nerven und gemütskranke Frauen. Die Bewohnerinnen des Heims kamen vorwiegend *aus den wohlhabender Kreises Schlesiens und anderen Teilen des östlichen Deutschlands.*

5. Teilnahme an der eugenischen Diskussion vor und nach 1933
Entfällt

6. Sterilisierungsmaßnahmen 1933 - 1945
Keine Angaben, vermutlich nicht.

7. Staatliche Eingriffe in die Einrichtungsstruktur bis 1939
Keine

8. Erfassung und Abtransport jüdischer Bewohner
Es waren jüdische Bewohnerinnen im Marienheim in heute unbekannter Zahl. Nach ungenauen Auskünften sollen sie bei angedrohter Verlegung zu den Angehörigen entlassen worden sein. Einzelheiten unbekannt.

9. Meldebögen der "Aktion T 4"
Berliner Anstaltsliste vom 31.8.1941: 41 Meldebögen.

10. Abtransporte im Rahmen "Aktion T 4"
Keine Angaben, nach ungenauen Aussagen keine Abtransporte durchgeführt.

11. Weitere Abtransporte und Beschlagnahmungen bzw. Eingriffe
Keine Angaben.

12. Schicksale der Abtransportierten
Keine Angaben.

13. Sterben in der Einrichtung 1933 - 1945
Keine Angaben.

14. Entwicklung der Einrichtung nach 1945
Auflösung. Verbindung des Mutterhauses Kreuzburg mit dem Mutterhaus Berlin-Teltow.

15. Bearbeitung der NS-Zeit und Gedenken der Opfer durch die Einrichtung
Keine

16. Aktenlage
Keine Unterlagen vorhanden.

17. Literatur
Keine Veröffentlichungen.

Krüppel- und Pflegeheim Bethesda
Marklissa-Schadewalde

Preußen
Prov. Niederschlesien
Reg.-Bez. Liegnitz

1. Gründungsgeschichte der Einrichtung und des Beginns ihrer Behindertenarbeit
Errichtet 1900 als Krüppelheim für Niederschlesien.

2. Größe der Einrichtung 1933 - 1945
1925: 102 Betten, 1941: 270 Betten.

3. Träger der Einrichtung 1933 - 1945
Bethesda Verein e.V.

4. Art der (damaligen) Behindertenarbeit und der Bewohnerstruktur
Schwerpunkt der Arbeit war die pädagogische Betreuung und berufliche Ausbildung von Körperbehinderten. Aufnahme von geistigbehinderten im geringen Umfang.

5. Teilnahme an der eugenischen Diskussion vor und nach 1933
Keine Angaben.

6. Sterilisierungsmaßnahmen 1933 - 1945
Keine Angaben.

7. Staatliche Eingriffe in die Einrichtungsstruktur bis 1939
Kindergarten der Einrichtung vor 1941 abgegeben, vermutlich an die NSV.

8. Erfassung und Abtransport jüdischer Bewohner
Keine Angaben.

9. Meldebögen der "Aktion T 4"
Berliner Anstaltsliste vom 31.8.1941: Aufnahme in die Liste mit fehlerhaften Angaben.

10. Abtransporte im Rahmen "Aktion T 4"
Keine Angaben.

11. Weitere Abtransporte und Beschlagnahmungen bzw. Eingriffe
Eines der 9 Häuser vor Oktober 1941 an Volksdeutsche Mittelstelle, eines an die NSV abgetreten, unklar, ob verpachtet oder beschlagnahmt.

12. Schicksale der Abtransportierten
Keine Angaben.

13. Sterben in der Einrichtung 1933 - 1945
Keine Angaben.

14. Entwicklung der Einrichtung nach 1945
Keine Angaben.

15. Bearbeitung der NS-Zeit und Gedenken der Opfer durch die Einrichtung
Keine

16. Aktenlage
Keine Akten bekannt.

17. Literatur
Keine Veröffentlichung.

Diakonissenmutterhaus Friedenshort Miechowitz (Mechtal)
mit Alters- und Siechenheim Gnadensonne in Egelsdorf, Reg.Bez. Liegnitz; Niederschlesien

Preußen
Prov. Oberschlesien
Reg.-Bez. Kattowitz

1. Gründungsgeschichte der Einrichtung und des Beginns ihrer Behindertenarbeit
1888 Beginn der Arbeit durch Eva v. Tiele-Winckler, Aufbau eines Diakonissenmutterhauses.

2. Größe der Einrichtung 1933 - 1945
Behindertenbereich: Berliner Anstaltsliste vom 31.8.1941: 70 Plätze.
Egelsdorf: Berliner Anstaltsliste vom 31.8.1941: 30 Plätze.

3. Träger der Einrichtung 1933 - 1945
Diakonissenmutterhaus bzw. Heimat für Heimatlose GmbH.

4. Art der (damaligen) Behindertenarbeit und der Bewohnerstruktur
Betreuung vorwiegend alter und pflegebedürftiger Menschen, sowie Kinder.

5. Teilnahme an der eugenischen Diskussion vor und nach 1933
Nein

6. Sterilisierungsmaßnahmen 1933 - 1945
Keine Angaben.

7. Staatliche Eingriffe in die Einrichtungsstruktur bis 1939
Keine Angaben.

8. Erfassung und Abtransport jüdischer Bewohner
Keine Angaben.

9. Meldebögen der "Aktion T 4"
Friedenshort: Berliner Anstaltsliste vom 31.8.1941: 15 Meldebögen.
Gnadensonne: Berliner Anstaltsliste vom 31.8.1941: 13 Meldebögen.

10. Abtransporte im Rahmen "Aktion T 4"
Keine Angaben.

11. Weitere Abtransporte und Beschlagnahmungen bzw. Eingriffe
Keine Angaben.

12. Schicksale der Abtransportierten
Keine Angaben.

13. Sterben in der Einrichtung 1933 - 1945
Keine Angaben.

14. Entwicklung der Einrichtung nach 1945
Keine Angaben.

15. Bearbeitung der NS-Zeit und Gedenken der Opfer durch die Einrichtung
Keine Angaben.

16. Aktenlage
Keine Angaben.

17. Literatur
Keine Veröffentlichung.

Frauenheim
Neumarkt

Preußen
Prov. Niederschlesien
Reg.-Bez. Breslau

1. Gründungsgeschichte der Einrichtung und des Beginns ihrer Behindertenarbeit
Teil des 1854 gegründeten Rettungshauses Neumarkt.

2. Größe der Einrichtung 1933 - 1945
Berliner Anstaltsliste vom 31.8.1941: 28 Plätze.

3. Träger der Einrichtung 1933 - 1945
Stadtmission Breslau.

4. Art der (damaligen) Behindertenarbeit und der Bewohnerstruktur
Erziehungsheim für Mädchen, Frauenheim.
Seit den zwanziger Jahren vermehrt auch leicht behinderte Mädchen und Frauen.

5. Teilnahme an der eugenischen Diskussion vor und nach 1933
Keine Angaben.

6. Sterilisierungsmaßnahmen 1933 - 1945
Keine Angaben.

7. Staatliche Eingriffe in die Einrichtungsstruktur bis 1939
Keine Angaben.

8. Erfassung und Abtransport jüdischer Bewohner
Keine Angaben.

9. Meldebögen der "Aktion T 4"
Berliner Anstaltsliste vom 31.8.1941: 26 Meldebögen.

10. Abtransporte im Rahmen "Aktion T 4"
Keine Angaben.

11. Weitere Abtransporte und Beschlagnahmungen bzw. Eingriffe
Nach erheblichen Auseinandersetzungen und gegen die Proteste des Provinzialvereines 1941 der NSV überlassen.

12. Schicksale der Abtransportierten
Keine Angaben.

13. Sterben in der Einrichtung 1933 - 1945
Keine Angaben.

14. Entwicklung der Einrichtung nach 1945
Keine Angaben.

13. Sterben in der Einrichtung 1933 - 1945
Keine Angaben.

15. Bearbeitung der NS-Zeit und Gedenken der Opfer durch die Einrichtung
Keine Bearbeitung.

16. Aktenlage
Keine Angaben.

17. Literatur
Keine Veröffentlichungen.

Heil- und Pflegeanstalt Schreiberhau
Schreiberhau/Rgb.

Preußen
Provinz Niederschlesien
Reg.-Bez. Liegnitz

1. Gründungsgeschichte der Einrichtung und des Beginns ihrer Behindertenarbeit
Als Rettungshaus Schreiberhau 1835 gegründet.

2. Größe der Einrichtung 1933 - 1945
1924: 165 Plätze.
1941: 300 Betten.

3. Träger der Einrichtung 1933 - 1945
Verein zur Rettung verwahrloster Kinder im Riesengebirge.

4. Art der (damaligen) Behindertenarbeit und der Bewohnerstruktur
Seit 1897 zunehmend Aufnahme von schwachsinnigen Kindern und Jugendlichen.
Schul-, Beschäftigungs-, und Pflegeabteilung.

5. Teilnahme an der eugenischen Diskussion vor und nach 1933
Keine Angaben.

6. Sterilisierungsmaßnahmen 1933 - 1945
Keine Angaben.

7. Staatliche Eingriffe in die Einrichtungsstruktur bis 1939
Keine Angaben.

8. Erfassung und Abtransport jüdischer Bewohner
Keine Angaben.

9. Meldebögen der "Aktion T 4"
Berliner Anstaltsliste vom 31.8. 1941: 295 Meldebögen.

10. Abtransporte im Rahmen "Aktion T 4"
Abtransport von ca. 150 Bewohnern mit heute unbekanntem Ziel, vermutlich vor 1941.

11. Weitere Abtransporte und Beschlagnahmungen bzw. Eingriffe
Keine Angaben.

12. Schicksale der Abtransportierten
Keine Angaben.

13. Sterben in der Einrichtung 1933 - 1945
Keine Angaben.

14. Entwicklung der Einrichtung nach 1945
Auflösung der deutschen Anstalt 1946.

15. Bearbeitung der NS-Zeit und Gedenken der Opfer durch die Einrichtung
Entfällt

16. Aktenlage
Keine Angaben.

17. Literatur
Rondthaler, Rudolf, Unser Schreiberhauer Rettungshaus, in: Riesengebirgsbote, Jg. 33, 1982, Nr. 3 - Nr. 8.

Zoar / Martinshof
Tormersdorf/Rothenburg

Preußen
Provinz Niederschlesien
Reg.-Bez. Liegnitz

1. Gründungsgeschichte der Einrichtung und des Beginns ihrer Behindertenarbeit
1898 durch 30 Diakone aus der Diakonenanstalt Kraschnitz neu gegründete Diakonenanstalt Zoar mit Pflegeheim für männliche Sieche, Kranke, Idioten und Epileptische.
1900: 80 Pfleglinge, später auch Fürsorgeerziehung.

2. Größe der Einrichtung 1933 - 1945
1938: 323 Insassen, mit Außenstationen ca. 400 Betten, davon ca. 250 Geistesbehinderte, darunter: 56 Geisteskranke, 130 Schwachsinnige, 22 Epileptiker, 12 Invaliden, 6 Krüppel, 4 Nervenkranke, 2 Blinde, 8 Landespfleglinge, 15 Männer und 15 Frauen in Außenstation Leuthen

3. Träger der Einrichtung 1933 - 1945
Brüderschaft Zoar Rothenburg/OL, e.V. von 1900.

4. Art der (damaligen) Behindertenarbeit und der Bewohnerstruktur
1933 Beendigung der Fürsorgeerziehung, Aufnahme der Bewohner des Landesarbeitshauses Liegnitz.

5. Teilnahme an der eugenischen Diskussion vor und nach 1933
Veröffentlichungen von Vorträgen im Mitteilungsblatt.

6. Sterilisierungsmaßnahmen 1933 - 1945
Sterilisationen durchgeführt, Einzelheiten unbekannt.

7. Staatliche Eingriffe in die Einrichtungsstruktur bis 1939
Keine

8. Erfassung und Abtransport jüdischer Bewohner
Keine Angaben.

9. Meldebögen der "Aktion T 4"
Keine Angaben.

10. Abtransporte im Rahmen "Aktion T 4"
5.12.1940: Verlegungen in unbekannter Anzahl nach Lüben.
15.4.1941: Verlegungen in unbekannter Anzahl nach Zschadrass.

11. Weitere Abtransporte und Beschlagnahmungen bzw. Eingriffe

1939: Lazarett in einem Gebäude; 1941: auf staatliche Anordnung Umbenennung der biblischen Häusernamen und später des Gesamtwerkes von Zoar in Martinshof.

1941: Beschlagnahmung der Einrichtung; Entlassung einzelner Insassen zur Familie belegt, Aufnahme einiger in die Außenstelle Leuthen.

Abtransporte am 17. und 19. 6. 1941 in die Heilanstalten Bunzlau und Plagwitz, über die genaue Anzahl keine Angaben, Schätzungen sprechen von über 100.

Einrichtung eines Gettos für schlesische Juden (insgesamt ca. 700) bis 1941 in der Einrichtung (symbolische Mietzahlung an den Martinshof), Abtransporte hauptsächlich nach Theresienstadt.

1941-1945 Unterbringung verschiedener Altersheime in Zoar.

12. Schicksale der Abtransportierten

Zschadrass und Leuthen waren Zwischenanstalten für den Sonnenstein

Von Bunzlau und Plagwitz sind zahlreiche Verlegungen zum Sonnenstein belegt, ob auch nach Juni 1941 ist noch unbekannt.

13. Sterben in der Einrichtung 1933 - 1945

Bei etwa gleichbleibender Zahl der Bewohner 1925 - 1931 jährlich etwa 20 Todesfälle, 1938: 20 Todesfälle.

1940: 64 Todesfälle;

Juni 1940 - Juni 1941 (Abtransp.) 62 Todesfälle.

Zu berücksichtigen ist die Einrichtung eines (Alten-) Pflegeheims, dennoch bleibt die Höhe (ca.12% bezogen auf die Zahl Gesamtverpflegten) für 1940/41 ungewöhnlich.

14. Entwicklung der Einrichtung nach 1945

Wiederaufbau der Arbeit nach 1945

15. Bearbeitung der NS-Zeit und Gedenken der Opfer durch die Einrichtung

Mahnmal für die Opfer der Euthanasieverbrechen und die ermordeten Juden an zentraler Stelle in der Einrichtung.

16. Aktenlage

Sterberegister der Stadt Rothenburg im Landratsamt Niesky.

17. Literatur

Forschungen der Einrichtungen unveröffentlicht.

Braunschweig

1 Neuerkerode

Braunschweig

Einwohnerzahl 1933: 512.000

Das Land Braunschweig, in dem die NSDAP bereits ab 1930 mitregierte und 1933 unter Ministerpräsident Klagges durch Terrormaßnahmen, die im ganzen Reich hervorstachen, ihre politischen Gegner verfolgte, wollte zu den ideologischen Hochburgen des "Dritten Reiches" gehören. In Übereinstimmung damit hat es hier, im Unterschied zu anderen Ländern und Provinzen, keinen bekanntgewordenen Versuch von Verantwortlichen der Medizinalverwaltung gegeben, eine Begrenzung der Krankenmordaktionen zu erreichen. Der Anstaltsfürsorge standen im Land Braunschweig zur Verfügung: Die Landesheil- und Pflegeanstalt Königslutter (1941: 718 Plätze), die zur Inneren Mission gehörenden Neuerkeröder Anstalten (1940: 520 Plätze) und die Privatklinik Kruse in Peine-Woltorf (1941: 60 Plätze). Durch Gebietsaustausch kam 1941 die Privat-Heil-und Pflegeanstalt Fontheim in Liebenburg hinzu (1941: 650 Plätze). Der Leiter der Landesheilanstalt Königslutter wurde 1942 von Klagges zum kommissarischen in Leiter von Neuerkerode bestellt. Klagges beschlagnahmte mehrere Einrichtungen der Inneren Mission sowohl im Rahmen der Entkonfessionalisierung (Erziehungsheime) als auch im Interesse des kriegsbedingten katastrophenmedizinischen Bedarfes (1942 Neuerkerode).

Meldebögen gingen in den Anstalten ab Juli 1940 ein und wurden von den Ärzten aller vier Einrichtungen (bis 1944) nach Berlin eingereicht. Königslutter wurde 1940 Zwischenanstalt der Tötungsanstalt Bernburg; zwischen dem 19.5. und 14. 8. 1941 erreichten es zur Weiterleitung 6 Transporte mit 420 Patienten. Aus Königslutter selbst wurden in 5 Transporten zwischen dem 19. 5. und 11. 8. 1941 insgesamt 184 Patienten nach Hadamar, Sonnenstein sowie Bernburg transportiert und dort ermordet. "Mit an Sicherheit grenzender Wahrscheinlichkeit" wurden außerdem in der Landesheilanstalt Königslutter während der dezentralen Euthanasie-Morde ab Herbst 1941 bis Mitte April 1945 in größerer Zahl Patienten getötet. Aus der Fontheimschen Anstalt in Liebenburg wurden am 12. 9. 1941 60 Patientinnen nach Weilmünster verlegt: 57 von ihnen wurden dort oder in Hadamar getötet. Im Dezember 1944 wurde die Klinik als Ausweichkrankenhaus für die Stadt Braunschweig beschlagnahmt und geräumt (Verlegung aller Patienten nach Hildesheim, Ilten und Neuerkerode). Zwei den Neuerkeröder Anstalten im Rahmen der "Aktion T 4" angekündigte Abtransporte fanden nicht statt. Erste Opfer der NS-"Euthanasie" im Lande waren im September 1940 die jüdischen Bewohner bzw. Patienten von Königslutter und Neuerkerode; sie wurden über Wunstorf nach Brandenburg transportiert und dort ermordet.

In Verbindung mit der Beschlagnahmung von Neuerkerode als Ausweichkrankenhaus wurden zwischen dem 21. 6. 1943 und 11. 2. 1945 in 6 Transporten 176 Heimbewohner nach Uchtspringe, Königslutter und Hadamar verlegt; von diesen haben nur 53 die Kriegszeit überlebt.

Neuerkeröder Anstalten
Neuerkerode

Braunschweig

1. Gründungsgeschichte der Einrichtung und des Beginns ihrer Behindertenarbeit
In Erkerode a. Elm 1868 mit zunächst 10 Plätzen für Knaben vom Ortspfarrer G. Stutzer und Braunschweiger Bürgern gegründet. 1871 milde Stiftung privaten Rechts, im gleichen Jahr Verlegung des Stiftungszentrums nach "Neu -Erkerode" und dort rascher Ausbau der Anstalt für Kinder und Erwachsene mit Schule und Werkstätten. 1900 Erweiterung um eine Bildungsabteilung nach Einführung der Schulpflicht für "bildungsfähige schwach- oder blödsinnige Kinder" im Herzogtum Braunschweig. 1911 Ankauf eines landwirtschaftlichen Betriebes zur Selbstversorgung.

2. Größe der Einrichtung 1933 - 1945
1933: 520 Plätze (410 in Pflegehäusern, 110 in der Bildungsanstalt) in 15 Häusern. Ab 1943 bei gleichbleibendem Gebäudebestand Erweiterung der Bettenzahl auf 640 für die Teilfunktion als Ausweichkrankenhaus.

3. Träger der Einrichtung 1933 - 1945
1933 - 1942 Stiftung Neuerkeröder Anstalten/Stiftung privaten Rechts.
1943 - 1945 durch erzwungene Satzungsänderung Stiftung öffentlichen Rechts.

4. Art der (damaligen) Behindertenarbeit und der Bewohnerstruktur
1933 lebten in Neuerkerode 499 geistigbehinderte und lernbehinderte Bewohner, davon 114 in der Bildungsabteilung. Für jugendliche und erwachsene Bewohner bestanden Arbeitsplätze in den Wirtschaftsbetrieben sowie in 6 Werkstätten. Ca. 50% der Bewohner konnten keine Arbeit verrichten, ab 1934 zunehmend Aufnahme von pflegebedürftigen Menschen. Frauen- und Männerbereiche wurden auf Anordnung der Landesbehörden nach Inkrafttreten des GzVeN (1934) streng voneinander getrennt. Mit der Verlegung von 180 Bewohnern ab 1943 und Umfunktionierung von deren Plätzen änderte sich die Bewohnerstruktur. Nicht verlegt werden arbeitsfähige und bildungsfähige Heimbewohner.

5. Teilnahme an der eugenischen Diskussion vor und nach 1933
Weitgehende Akzeptanz der gesamtgesellschaftlichen eugenischen Diskussion und der 1933 einsetzenden staatlichen Maßnahmen. Das gesundheitspolitische Konzept des GzVeN wird von der Anstaltsleitung gegenüber Angehörigen und Besichtigungsgruppen vertreten.

6. Sterilisierungsmaßnahmen 1933 - 1945
1934 - 1945 : 124 Anträge an das Erbgesundheitsgericht Braunschweig durch Anstaltsleiter und Anstaltsarzt, 2 Anträge von Angehörigen. 109 Sterilisationen in Braunschweiger Krankenhäusern, 11 Ablehnungen, 6 Fälle bleiben unbearbeitet. Nach 1945 stellte die Anstaltsleitung zunächst Entlassungen nicht sterilisierter Bewohner zurück, da sie annahm, daß das GzVeN weiter in Kraft bleibt.

7. Staatliche Eingriffe in die Einrichtungsstruktur bis 1939
1934 muß der Landwirtschaftsbetrieb 25 Morgen Ackerland für militärische Zwecke ersatzlos abtreten. Die Kreisgesundheitsämter üben ab 1934 aus Kostengründen auf die Anstalt Druck aus, Heimbewohner in die Familien zu entlassen.

8. Erfassung und Abtransport jüdischer Bewohner

Am 21.9.1940 werden vier jüdische Bewohner (3 weibliche im Alter von 64, 56 und 37 Jahren und 1 männlicher im Alter von 13 Jahren) in die Landesheilanstalt Wunstorf verlegt. Am 27.9.1940 Ermordung in Brandenburg.

9. Meldebögen der "Aktion T 4"?

Meldebögen treffen am 30.6.1940 ein (Berliner Anstaltsliste vom 31.8.1941: 511) und werden bearbeitet. Bis 1944 in unregelmäßigen Abständen weitere Meldebögen nach Berlin.

Den vom Anstaltsarzt ausgefüllten und unterzeichneten Meldebögen fügte in vielen Fällen der Anstaltspfarrer eine gesonderte Bescheinigung über die vorhandene oder zu erwartende Arbeitsleistungsfähigkeit bei.

Nach Neuerkerode kommt mehrfach Dr. R. Müller, Arzt an der Heil- und Pflegeanstalt Königslutter und 1941 - 1943 hauptamtlicher T4-Arzt, zu Selektionsuntersuchungen für vorgesehene Verlegungen.

10. Abtransporte im Rahmen "Aktion T 4"

Über das braunschweigische Innenministerium gehen 1941 (und 1942) aus Berlin Verlegungsankündigungen und -listen ein. Als vorgesehene Verlegungsziele sind Leipzig-Dösen, Uchtspringe, Jerichow und Haldensleben angegeben; keiner dieser angekündigten Transporte wird tatsächlich durchgeführt.

11. Weitere Abtransporte und Beschlagnahmungen bzw. Eingriffe

Ab 21.8.1939 ist das Staatsministerium Braunschweig damit befaßt, die Rechtsstruktur der Anstalt zu klären, um eigene Einflußmöglichkeiten zu sondieren. 1941 lehnt das Staatsministerium die Zustimmung zur Wahl von Pastor Fehr zum neuen Anstaltsleiter durch den Verwaltungsrat ab und ernennt den ärztlichen Direktor der Landesheilanstalt Königslutter, Dr. Meumann, ab 5.9.1941 zum kommissarischen Leiter der Neuerkeröder Anstalten. Der frühere Pfarrer Ahlborn wird auf Weisung des Reichsstatthalters am 1.12. 1942 zum Direktor der Anstalten berufen, er leitet Neuerkerode "im nationalsozialistischen Geist".

1943 erzwingt der Braunschweiger Ministerpräsident Klagges eine grundlegende Satzungsänderung, durch die Neuerkerode aus der Inneren Mission ausgegliedert und mit seinen drei größten Gebäuden zum Ausweichkrankenhaus und Siechenpflegeheim bestimmt wird. Die 1943-1945 erfolgten Verlegungen sind Zwangsräumungsmaßnahmen zur Erfüllung dieses geänderten Stiftungszwecks.

Verlegungen:

				verstorben bis 8.5.45	verstorben nach 8.5.45	entlassen nach 1945
16.4.1943	Königslutter	5	(Erw.)	5		
7.5.1943	Uchtspringe	29	(Kinder)	28		1
21.6.1943	Hadamar	2	(jüd. „Mischlinge")	2		
29.11.1943	Uchtspringe	9	(Kinder)	8	1	
1.2.1945	Uchtspringe	28	(Kinder)	20	3	5
11.2.1945	Königslutter	103	(Erwachsene)	56	15	32
Verlegungen insgesamt:		176		119	19	38
Verlegungen jüd. Bew. 1940		4		4		
Gesamtverlegungen 1940-1945:		180		123	19	38

12. Schicksale der Abtransportierten

Von den 180 verlegten Bewohnern sind 123 bis zum Ende der NS-Herrschaft verstorben, die meisten von ihnen bald nach ihrer Verlegung. Es ist davon auszugehen, daß sie getötet wurden. 18 verlegte Bewohner sind nach Kriegsende in der Verlegungsanstalt gestorben, 1 Kind in Pfafferode (weiterverlegt von Uchtspringe). 38 Verlegte wurden nach 1945 entlassen, von diesen kamen 8 nach Neuerkerode zurück.

13. Sterben in der Einrichtung 1933 - 1945

1933 bis 1941 betrug die Sterberate pro Jahr 2,4% bis 5,5%. Durch die Siechenpflege im Ausweichpflegeheim und Ausweichkrankenhaus erfolgte ein starker Anstieg der Sterberate:

Jahr	Belegung per 1.1.	Sterbefälle
1942	531	48 (9,0%)
1943	540	80 (14,8%)
1944	582	141 (24,3%)
1945	643	167 (26,0%)

14. Entwicklung der Einrichtung nach 1945

31. 5. 1945 Entlassung des Direktors Ahlborn durch den von der britischen Militärregierung eingesetzten braunschweigischen Ministerpräsidenten, Ernennung von Pastor Fehr zum Direktor, Berufung eines neuen Verwaltungsrates. In Verbindung mit Satzungsänderung Wiedereingliederung der Anstalt in die Innere Mission

Neuerkerode erweitert zunächst sein Angebot an Altenheimplätzen, besonders für Flüchtlinge. Eerst ab 1950 werden wieder nur behinderte Menschen aufgenommen, die Platzzahl erhöht sich in den folgenden Jahren bis auf 940.

15. Bearbeitung der NS-Zeit und Gedenken der Opfer durch die Einrichtung

Im Rahmen staatsanwaltschaftlicher Ermittlungsverfahren gegen Mitarbeiter von Königslutter zwischen 1947 und 1972 wird auch den Verlegungen aus Neuerkerode nachgegangen, zu einer Anklageerhebung kommt es nicht.

Ab 1980 systematische Aufarbeitung der NS-Zeit.

Am 15.11.1987 Gedenktafel an der Außenwand der Kirche von Neuerkerode.

16. Aktenlage

Anstaltsarchiv mit Findbuch
vorhanden sind:
– nahezu sämtliche Akten der Bewohner seit Anstaltsgründung.
– Personalakten der Mitarbeiter seit 1900
– Verwaltungsakten
– Namensliste der Zwangssterilisierten
– Unterlagen zum Sachkomplex "Euthanasie"
Akten zu den Verlegungen und der Beschlagnahmung im Niedersächsischen Staatsarchiv Wolfenbüttel, in Hadamar, Uchtspringe und Pfafferode.

17. Literatur

100 Jahre Dienst der Diakonie in Neuerkerode. Festschrift der Neuerkeröder Anstalten. Neuerkerode 1968.

Klieme, Joachim, Die Neuerkeröder Anstalten in der Zeit des Nationalsozialismus, Neuerkerode 1984.

Klieme, Joachim, Eugenik und "Euthanasie" im Lande Braunschweig, in: Pollmann, K.E., Der schwierige Weg in die Nachkriegszeit, Göttingen 1995, 235 - 263.

Klieme, Joachim, Ausgrenzung aus der NS-Volksgemeinschaft. Die Neuerkeröder Anstalten in der Zeit des Nationalsozialismus. 1933 - 1945, Heidelberg 1997 [Diss.theol.].

Sueße, Thorsten/ Meyer,Heinrich, Die Konfrontation niedersächsicher Heil- und Pflegeanstalten mit den "Euthanasiemaßnahmen" des Nationalsozialismus, Hannover 1984 (Diss.Med), 425 - 448.

Wartheland

1 Pleschen
2 Tonndorf

Reichsgau Wartheland

Einwohnerzahl 1941: 4.584.000

1939 wurde aus den im Versailler Vertrag abgetretenem Gebiet der damaligen preußischen Provinz Posen, einem kleinen Teil von Niederschlesien und großen Gebieten Polens der Reichsgau Posen, aufgeteilt in drei Regierungsbezirke, gebildet. 1940 erhielt er den Namen Reichsgau Wartheland, oftmals auch Warthegau genannt. Der Warthegau bildete eine eigene Verwaltungseinheit, die an keine Länderverwaltung angeschlossen war. Ohne auf vorhandene Strukturen und eingespielte Verwaltungen Rücksicht zu nehmen, konnte im Warthegau nationalsozialistische Politik durchgesetzt werden. Dies betraf vor allem die polnische Mehrheitsbevölkerung (90%) und die jüdische Bevölkerung. Die Deutsche Evangelische Kirche und ihre Einrichtungen der Inneren Mission hatten bis 1939 im damaligen Polen immer die Verbindung an die preußische Kirche und den Centralausschuß der Inneren Mission halten können und wurden auch von dort unterstützt. Mit Bildung des Warthegaus wurde die Zuständigkeit des Oberkirchenrates der preußischen Landeskirche ausdrücklich bestritten. Die nationalsozialistische Verwaltung führte gerade auf dem Gebiet der Kirchenpolitik Maßnahmen durch, die als Vorbilder für die Zeit nach dem "Endsieg" angesehen werden können. Mit der Verordnung vom 13. 9. 1941 über religiöse Vereinigungen und Religionsgesellschaften, verloren die Kirchen ihren Status als "Körperschaft des öffentlichen Rechts" und galten nunmehr als private Vereinigung. Ihre vom Reichsstatthalter kontrollierten Aufgaben beschränkten sich auf kirchliche Verkündigung im engeren Sinn. Einrichtungen der Inneren Mission gingen an den Reichsgau über. Aus den Einrichtungen des Warthegaus wurden seit 1940 in großer Zahl Patienten, unabhängig von den "T4 Maßnahmen", durch Gaswagen oder Erschießen innerhalb des Warthelandes, ermordet. Diesen Aktionen werden auch die Bewohner der ehemaligen Einrichtungen der Inneren Mission zum Opfer gefallen sein. Hierzu sind auch die Bewohner der ehemaligen "Zöcklerschen Anstalten" in Galizien zu rechnen. Die aus Stanislau ins Wartheland "rückgesiedelte" Anstalt fand zunächst Unterkunft in Łodz. Hier wurden die behinderten Kinder in Einrichtungen der NSV überführt. Die Schwesternschaft selber vereinigte sich mit dem westpreußischen Mutterhaus Wolfshagen.

In den ehemals polnischen Heilanstalten wurden die meisten polnischen Patienten ermordet. Die großen Anstalten Tiegenhof und Wartha dienten anschließend als Aufnahmenanstalt, insbesondere für das nördliche und westliche Reichsgebiet. Zahlreiche Menschen, auch aus evangelischen Einrichtungen, wurden hier nach 1941 durch Medikamente, Pflegentzug und Verhungernlassen ermordet.

Jost-Strecker-Anstalten
Pleschen

Wartheland
Reg.-Bez. Posen

1. Gründungsgeschichte der Einrichtung und des Beginns ihrer Behindertenarbeit
1854 als Rettungs- und Waisenhaus für Knaben durch die Kirchengemeinde Pleschen auf Initiative des Gemeindepfarrers Strecker gegründet. Weiterer Ausbau unter dem Gemeindepfarrer Jost. Angliederung von Alters- und Pflegeeinrichtungen, Behindertenabteilungen. 1916 Name Jost-Strecker-Anstalten, nach 1918 Weiterführung in deutscher Leitung im polnischen Staat.

2. Größe der Einrichtung 1933 - 1945
Bis 1940 270 Bewohner in 9 Arbeitsbereichen.

3. Träger der Einrichtung 1933 - 1945
Selbständige Stiftung in enger Anbindung an die Kirchengemeinde.

4. Art der (damaligen) Behindertenarbeit und der Bewohnerstruktur
Innerhalb der verschiedenen Arbeitsbereiche:
Schwachsinnigenheim: gemütskranke und geistesschwache Frauen (leichte Fälle).
Psychopathenheim: für haltlose Mädchen und Frauen.

5. Teilnahme an der eugenischen Diskussion vor und nach 1933
Keine Angaben.

6. Sterilisierungsmaßnahmen 1933 - 1945
Entfällt

7. Staatliche Eingriffe in die Einrichtungsstruktur bis 1939
Entfällt

8. Erfassung und Abtransport jüdischer Bewohner
Keine Angaben.

9. Meldebögen der "Aktion T 4"
Keine Angaben.

10. Abtransporte im Rahmen "Aktion T 4"
Keine Angaben. Berliner Anstaltsliste vom 31.8.1940 nicht aufgeführt.

11. Weitere Abtransporte und Beschlagnahmungen bzw. Eingriffe
Nach Eingliederung des Warthelandes zunächst Beendigung der Erziehungsarbeit.
1941: Verlegung aller Heimbewohner in staatliche Anstalten, Auflösung der Jost-Strecker-Anstalten, da alle kirchlich-diakonischen Einrichtungen dem Staat übergeben werden müssen.

12. Schicksale der Abtransportierten
Verlegungsorte und Schicksal nicht bekannt.

13. Sterben in der Einrichtung 1933 - 1945
Entfällt

14. Entwicklung der Einrichtung nach 1945
Entfällt

15. Bearbeitung der NS-Zeit und Gedenken der Opfer durch die Einrichtung
Entfällt

16. Aktenlage
Keine Akten bekannt.

17. Literatur
Keine

Männersiechenheim Tonndorf
Tonndorf b. Jannowitz

Reg.-Bez. Hohensalza
Wartheland

1. Gründungsgeschichte der Einrichtung und des Beginns ihrer Behindertenarbeit
Auf Initiative des Generalsuperintendenten von Posen Johannes Hesekiel um 1895 gegründet. Nach 1919 innerhalb der Arbeit der Inneren Mission der deutschen Kiche in Polen. Unterstützung der Arbeit durch den CA der Inneren Mission.

2. Größe der Einrichtung 1933 - 1945
Berliner Anstaltsliste vom 31.8.1941: 40 Plätze.

3. Träger der Einrichtung 1933 - 1945
Ev. Verein für Siechenpflege e.V., Posen.

4. Art der (damaligen) Behindertenarbeit und der Bewohnerstruktur
Siechenpflege, vereinzelt Aufnahme behinderter Männer.

5. Teilnahme an der eugenischen Diskussion vor und nach 1933
Nein

6. Sterilisierungsmaßnahmen 1933 - 1945
Entfällt, da bis 1939 polnisch.

7. Staatliche Eingriffe in die Einrichtungsstruktur bis 1939
Entfällt, da bis 1939 polnisch.

8. Erfassung und Abtransport jüdischer Bewohner
Keine Angaben.

9. Meldebögen der "Aktion T 4"
Berliner Anstaltsliste vom 31.8.1941: 6 Meldebögen.

10. Abtransporte im Rahmen "Aktion T 4"
Keine Angaben.

11. Weitere Abtransporte und Beschlagnahmungen bzw. Eingriffe
Keine Angaben, vermutlich 1941 aufgelöst oder verstaatlicht.

12. Schicksale der Abtransportierten
Keine Angaben.

13. Sterben in der Einrichtung 1933 - 1945
Keine Angaben.

14. Entwicklung der Einrichtung nach 1945
Keine Angaben, in polnischer Zeit Fortführung der Pflegearbeit.

15. Bearbeitung der NS-Zeit und Gedenken der Opfer durch die Einrichtung
Keine

16. Aktenlage
Keine Akten bekannt.

17. Literatur
Keine Veröffentlichungen.

Rheinprovinz

1 Bad Kreuznach
2 Bielstein
3 Düsseldorf-Kaiserswerth
4 Lintorf
5 Mönchengladbach
6 Ratingen
7 Remscheid-Lüttringhausen
8 Waldbröl
8a Hausen

Rheinprovinz

Einwohnerzahl 1933: 7.627.000

In der überwiegend katholisch geprägten Rheinprovinz war die Anstaltsfürsorge stark konfessionell bestimmt. Von den rund 20.000 Betten, die in Heil- und Pflegeanstalten zur Verfügung standen, entfielen rund die Hälfte auf staatliche Einrichtungen, ein Drittel auf katholische und rund 15 Prozent auf fünf größere evangelische Anstalten. Die Beteiligung der konfessionellen Anstalten an der Zwangssterilisation war aufgrund des traditionellen Pflegecharakters der privaten Anstaltsfürsorge geringer als bei den staatlichen Heil- und Pflegeanstalten. So führten 9214 Sterilisationsanzeigen von privaten Anstalten bis Ende September 1935 nur zu 918 durchgeführten Sterilisationen, während 9062 Anzeigen von staatlichen Anstalten 2286 Sterilisationen zur Folge hatten. Aus den drei Einrichtungen Bad Kreuznach, Stiftung Tannenhof sowie Bildungs- und Pflegeanstalt Hephata sind bis zum Frühjahr 1936 insgesamt 307 Sterilisationen nachweisbar. Die Anstalt Waldbröl mußte auf Druck der DAF 1938 zugunsten der Einrichtung eines Hotels die Gebäude in Waldbröl aufgeben und erhielt als Ersatz die vormals katholische Anstalt Hausen zugewiesen.

Die Meldebögen der "Aktion T4" erreichten die rheinischen Anstalten im Sommer 1940, und die evangelischen Anstaltsleiter verweigerten ihre Rücksendung. Nach Verhandlungen und Zugeständnissen kamen im Juli und August 1941 Ärztekommissionen in die evangelischen Einrichtungen und füllten die Meldebögen aus. Zu Verlegungen aufgrund der Meldebögen kam es bis zum Ende der "Aktion T4" nicht mehr.

Aus staatlichen Anstalten wurden erstmals im März 1940 (Teilräumung der Anstalten Bedburg-Hau und Düren) und dann von März 1941 bis August 1941 rund 2000 Patienten über die Zwischenanstalten Galkhausen und Andernach nach Hadamar deportiert. Im Februar 1941 verlegten die Anstalten Hephata, Tannenhof, Hausen und Bad Kreuznach insgesamt 12 jüdische Anstaltsbewohner in die staatlichen Sammelanstalten, von denen die Patienten in Tötungseinrichtungen weitertransportiert wurden.

Von 1942 bis Kriegsende fanden katastrophenschutzpolitisch bedingte Verlegungen aus rheinischen Anstalten statt. In Verbindung mit der Ausweitung von Reservelazaretten (Kaiserswerth 1941/42) und der Beschlagnahme von Anstaltsteilen zur Schaffung von Ausweichkrankenhäusern für die luftkriegsbedrohten Städte (Tannenhof 1942/43; Hephata, Bad Kreuznach, Hausen 1943) kam es zur direkten Verlegung von ca. 910 Anstaltsbewohnern evangelischer Einrichtungen in außerrheinische Anstalten, wo diese überwiegend den Tod fanden. Nicht eingerechnet sind dabei Patienten, die zunächst in andere rheinische Anstalten verlegt wurden und später von dort aus Opfer der Tötungen wurden. Die Gesamtzahl der Opfer unter den verlegten Kranken und Behinderten aus dem Rheinland beträgt mehr als 7000.

Diakonie-Anstalten
Bad Kreuznach

Preußen
Rheinprovinz
Reg.-Bez. Köln

1. Gründungsgeschichte der Einrichtung und des Beginns ihrer Behindertenarbeit
Gegründet 1889 als "Zweites Rheinisches Diakonissen-Mutterhaus" in Sobernheim durch Pfr. H. Reich. Weitere Häuser zur Pflege Behinderter: Asbacher Hütte (1892), Haus "Bethanien" (1900) und "Pella" (seit 1920) in Bad Kreuznach, Niederreidenbacher Hof in Fischbach-Weyerbach (1904), Erziehungsanstalt Niederwörresbach (seit 1927 mit Abteilung für Geistigbehinderte), Hof-Rechtenbach (seit 1926 mit Abteilung für Schwachbegabte).

2. Größe der Einrichtung 1933 - 1945
Ca. 900 überwiegend weibliche Geistigbehinderte, dazu Körperbehinderte.

3. Träger der Einrichtung 1933 - 1945
Diakonie-Anstalten Bad Kreuznach.

4. Art der (damaligen) Behindertenarbeit und der Bewohnerstruktur
Pflege Geistigbehinderter unterschiedlicher Grade in verschiedenen Zweiganstalten (landwirtschaftliche und hauswirtschaftliche Arbeit).

5. Teilnahme an der eugenischen Diskussion vor und nach 1933
Vor 1933 keine Äußerungen nachweisbar. Nach 1933 Bejahung der Zwangssterilisation bei Betonung des Lebensrechts der Behinderten.

6. Sterilisierungsmaßnahmen 1933 - 1945
Bis 1936 sind 56 Sterilisationsoperationen an Anstaltsbewohnern nachweisbar. Im Krankenhaus der Bad Kreuznacher Diakonie wurden bis August 1936 234 Sterilisationen vorgenommen (überwiegend nicht aus den eigenen Anstalten eingewiesene Patienten).

7. Staatliche Eingriffe in die Einrichtungsstruktur bis 1939
Keine

8. Erfassung und Abtransport jüdischer Bewohner
Am 8.2.1941 wurden drei jüdische Patienten in die rheinische Sammelanstalt Andernach verlegt, von wo sie am 11.2.1941 weiterverlegt wurden (wahrscheinlich nach Hadamar).

9. Meldebögen der "Aktion T 4"
Die Meldebögen erreichen die rheinischen Anstalten Anfang Juli 1940, gemeinsame Weigerung, die Meldebögen auszufüllen, im Juli und August 1941 kommen Gutachterkommissionen in die rheinischen Anstalten, Berliner Anstaltsliste vom 31.8.1941: (mit Zweiganstalten) 752.

10. Abtransporte im Rahmen "Aktion T 4"
Keine

11. Weitere Abtransporte und Beschlagnahmungen bzw. Eingriffe
Verschiedene Einquartierungen und Verlegungen der Patienten zwischen den einzelnen Zweiganstalten der Diakonie Bad Kreuznach seit 1939;
Am 7. 5 1943: Verlegung von 100 Pfleglingen nach Wien und 42 nachWartha b. Schieratz zur Räumung der Zweiganstalt Niederreidenbacher Hof für die Aufnahme von 350 Pfleglingen aus der Anstalt Hephata in Mönchengladbach;
Am 17. 5 1944: Räumung der Zweiganstalt Asbacher Hütte für die Aufnahme eines luftkriegsbedrohten Erziehungsheims und Verlegung von 98 Pfleglingen nach Meseritz-Obrawalde.

12. Schicksale der Abtransportierten
In Wien wird Krankenmord an den Verlegten vermutet (eine Anfrage erbrachte bei 24 aufgespürten Namen das Überleben von nur 5 bis Ende 1945; allein 7 sind noch nach der Besetzung Wiens durch alliierte Truppen Mitte April 1945 gestorben);
In Wartha b. Schieratz sind von 42 Verlegten 32 dort gestorben, 9 sind zur Anstalt Tiegenhof weiterverlegt worden, wo sie ebenfalls während der Kriegszeit starben.
Von den 98 nach Meseritz-Obrawalde Verlegten sind in den allerdings unvollständig überlieferten Totenbüchern 69 als verstorben verzeichnet.

13. Sterben in der Einrichtung 1933 - 1945
Im November 1944 wird von einer Sterblichkeit "in den friedensmäßigen Grenzen" berichtet; sonst keine Angaben.

14. Entwicklung der Einrichtung nach 1945
Pflegearbeit weiterbetrieben.

15. Bearbeitung der NS-Zeit und Gedenken der Opfer durch die Einrichtung
Festschrift zum 100jährigen Bestehen 1988 mit Aufsatz über die NS-Zeit.
Eigene Schulderklärung mit Blick auf die Opfer von Zwangssterilisation und "Euthanasie".
1988: Mahnmal auf dem Anstaltsgelände.

16. Aktenlage
Eigenes Archiv, Karteikarten verzeichnet, kein Findbuch.

17. Literatur
Wittmütz, Volkmar, Die Diakonie Bad Kreuznach in der Zeit des "Dritten Reiches", in: Diakonie-Anstalten Bad Kreuznach. 100 Jahre Diakonie-Anstalten Bad Kreuznach. Nicht aufhören anzufangen 1889-1989, Mainz 1989.
Wittmütz, Volkmar, Sterilisation und 'Euthanasie' in der rheinischen Inneren Mission, in: Günther van Norden/Volkmar Wittmütz (Hg.), Evangelische Kirche im Zweiten Weltkrieg, Köln 1991.
S. auch: Kaiserswerth

Waldruhe
Bielstein

Preußen
Rheinprovinz
Reg.-Bez. Köln

1. Gründungsgeschichte der Einrichtung und des Beginns ihrer Behindertenarbeit
1907 als „Anstalt für Erwerbsbeschränkte" gegründet.

2. Größe der Einrichtung 1933 - 1945
Ca. 25 Plätze

3. Träger der Einrichtung 1933 - 1945
Duisburger Diakonenanstalt.

4. Art der (damaligen) Behindertenarbeit und der Bewohnerstruktur
Geistigbehinderte, in der Landwirtschaft beschäftigt.

5. Teilnahme an der eugenischen Diskussion vor und nach 1933
Nein

6. Sterilisierungsmaßnahmen 1933 - 1945
Auskünfte über Pfleglinge wurde an Erbgesundheitsgerichte gegeben. Durchführung von Sterilisationen an Pfleglingen nicht überliefert.

7. Staatliche Eingriffe in die Einrichtungsstruktur bis 1939
Nein

8. Erfassung und Abtransport jüdischer Bewohner
Nein

9. Meldebögen der "Aktion T 4"
Berliner Anstaltsliste vom 31.8.1941: nicht aufgeführt.

10. Abtransporte im Rahmen "Aktion T 4"
Keine

11. Weitere Abtransporte und Beschlagnahmungen bzw. Eingriffe
Aufnahme von 36 "hochbetagten" Baltendeutschen von 1941 bis 1943. Von 1943 bis 1946 Beherbergung der Hauptverwaltung der Duisburger Diakonenanstalt.

12. Schicksale der Abtransportierten
Entfällt

13. Sterben in der Einrichtung 1933 - 1945
Keine Angaben.

14. Entwicklung der Einrichtung nach 1945
Behinderteneinrichtung

15. Bearbeitung der NS-Zeit und Gedenken der Opfer durch die Einrichtung
s. Literatur

16. Aktenlage
Geordnetes Archiv des heutigen Theodor Fliedner Werks (ehemalige Duisburger Diakonenanstalt), hier auch Erwähnung der Anstalt Waldruhe.

17. Literatur
Kaminsky, Uwe, Von der Duisburger Diakonenanstalt zum Theodor Fliedner Werk 1919 bis 1981, in: Hildemann, Klaus/ Kaminsky, Uwe/Magen, Ferdinand, Pastoralgehilfenanstalt - Diakonenanstalt - Theodor Fliedner Werk. 150 Jahre Diakoniegeschichte, Köln 1994 (=Schriftenreihe des Vereins für Rheinische Kirchengeschichte 114).

Kaminsky, Uwe, Zwangssterilisation und "Euthanasie" im Rheinland. Evangelische Erziehungsanstalten sowie Heil- und Pflegeanstalten 1933 bis 1945, Düsseldorf 1995 (=Schriftenreihe des Vereins für Rheinische Kirchengeschichte 116).

Kaminsky, Uwe, Die Innere Mission im Rheinland und die Krankenmorde in der NS-Zeit, in: Diakonie im Rheinland, Jg. 29, Heft 3, 1992.

Kaminsky, Uwe, Die Rheinische Provinzialverwaltung, die Einrichtungen der Inneren Mission und die "Euthanasie". Zum Verhältnis staatlicher und konfessioneller Wohlfahrtspflege in der NS-Zeit, in: Folgen der Ausgrenzung. Studien zur Geschichte der NS-Psychiatrie in der Rheinprovinz (hg. vom Landschaftsverband Rheinland, Archivberatungsstelle, Red. Wolfgang Schaffer), Köln 1995.

Heilanstalt für evangelische weibliche Gemütskranke Düsseldorf-Kaiserswerth

Preußen
Rheinprovinz.
Reg.-Bez. Düsseldorf

1. Gründungsgeschichte der Einrichtung und des Beginns ihrer Behindertenarbeit
Gegründet 1852 durch Theodor Fliedner nach Überlassung einer unbenutzten Invalidenkaserne durch den preußischen König Friedrich Wilhelm IV. für "evangelische weibliche Gemütskranke".

2. Größe der Einrichtung 1933 - 1945
80 bis 100 Patientinnen.

3. Träger der Einrichtung 1933 - 1945
Diakonissenanstalt Kaiserswerth.

4. Art der (damaligen) Behindertenarbeit und der Bewohnerstruktur
Evangelische Privatpatientinnen, weniger Pflegefälle, hohe Fluktuation.

5. Teilnahme an der eugenischen Diskussion vor und nach 1933
Mitarbeit des leitenden Arzt Dr. A. Schaefer (seit 1927) im April 1935 und Februar 1938 im Ständigen Ausschuß für Rassenpflege und Rassenhygiene des CA (mit eher abwägenden Äußerungen), er hielt auf einer Pfarrer-Freizeit in Düsseldorf-Kaiserswerth im April 1934 einen Vortrag über "Diakonie und Volksgesundheit", seit 1941 Beisitzer eines Erbgesundheitsgerichts.

6. Sterilisierungsmaßnahmen 1933 - 1945
Sterilisierungen durchgeführt, genaue Zahl unbekannt.

7. Staatliche Eingriffe in die Einrichtungsstruktur bis 1939
Keine

8. Erfassung und Abtransport jüdischer Bewohner
Keine jüdischen Bewohner.

9. Meldebögen der "Aktion T 4"
Die Meldebögen erreichen die rheinischen Anstalten Anfang Juli 1940, gemeinsame Weigerung die Meldebögen auszufüllen, im Juli und August 1941 kommen Gutachterkommissionen in die rheinischen Anstalten, Berliner Anstaltsliste vom 31.8.1941: 2 Meldebögen.

10. Abtransporte im Rahmen "Aktion T 4"
Keine

11. Weitere Abtransporte und Beschlagnahmungen bzw. Eingriffe
Zwischen Dezember 1941 und März 1942 Umzug der Heilanstalt aufgrund der Ausweitung des Kaiserswerther Lazaretts zu einer Ausweichunterkunft, ca. 15 "schwierige" Patientinnen wurden verlegt.

12. Schicksale der Abtransportierten
Keine Angaben.

13. Sterben in der Einrichtung 1933 - 1945
Keine Angaben.

14. Entwicklung der Einrichtung nach 1945
Nervenklinik

15. Bearbeitung der NS-Zeit und Gedenken der Opfer durch die Einrichtung
S. Literatur

16. Aktenlage
Vereinzelte Akten aus der Zeit vor 1945; Krankenblattarchiv.

17. Literatur
Kaminsky, Uwe, Zwangssterilisation und "Euthanasie" im Rheinland. Evangelische Erziehungsanstalten sowie Heil- und Pflegeanstalten 1933 bis 1945, Düsseldorf 1995 (=Schriftenreihe des Vereins für Rheinische Kirchengeschichte 116).
Kaminsky, Uwe, Die Innere Mission im Rheinland und die Krankenmorde in der NS-Zeit, in: Diakonie im Rheinland, Jg. 29, Heft 3, 1992.
Kaminsky, Uwe, Die Rheinische Provinzialverwaltung, die Einrichtungen der Inneren Mission und die "Euthanasie". Zum Verhältnis staatlicher und konfessioneller Wohlfahrtspflege in der NS-Zeit, in: Folgen der Ausgrenzung. Studien zur Geschichte der NS-Psychiatrie in der Rheinprovinz (hg. vom Landschaftsverband Rheinland, Archivberatungsstelle, Red. Wolfgang Schaffer), Köln 1995.

**Bethesda,
Lintorf**

**Preußen
Rheinprovinz
Reg.-Bez. Düsseldorf**

1. Gründungsgeschichte der Einrichtung und des Beginns ihrer Behindertenarbeit
Eröffnet 1901 als Trinkerheilanstalt 1901; 1936 umgestellt auf die Aufnahme von "Heimpfleglingen" der Provinzial-, Heil- und Pflegeanstalt Düsseldorf-Grafenberg.

2. Größe der Einrichtung 1933 - 1945
1936: 40 Betten, Berliner Anstaltsliste vom 31.8.1941: 86 Betten.

3. Träger der Einrichtung 1933 - 1945
Duisburger Diakonenanstalt.

4. Art der (damaligen) Behindertenarbeit und der Bewohnerstruktur
Umstellung von Trinkerheilarbeit auf "Heimpflege" im Jahre 1936 aus finanziellen Gründen (Trinkerheilarbeit trug sich nicht mehr), neue Bewohner waren chronische, aber arbeitsfähige Patienten, sie arbeiteten in der Landwirtschaft unter der Aufsicht eines Hausvaters und dreier Pfleger.

5. Teilnahme an der eugenischen Diskussion vor und nach 1933
Nicht überliefert.

6. Sterilisierungsmaßnahmen 1933 - 1945
Nicht überliefert.

7. Staatliche Eingriffe in die Einrichtungsstruktur bis 1939
Keine

8. Erfassung und Abtransport jüdischer Bewohner
Ein jüdischer Patient im Februar 1941 in die Provinzial- Heil- und Pflegeanstalt Düsseldorf-Grafenberg zurückverlegt, doch vor seinem Weitertransport noch entlassen.

9. Meldebögen der "Aktion T 4"
Nicht überliefert; wenn, dann wurden diese von der Provinzial-, Heil- und Pflegeanstalt Düsseldorf-Grafenberg ausgefüllt, die alle Patienten ärztlich betreute.
Berliner Anstaltsliste vom 31.8.1941: nicht aufgeführt.

10. Abtransporte im Rahmen "Aktion T 4"
Keine

11. Weitere Abtransporte und Beschlagnahmungen bzw. Eingriffe
Sommer 1943: Beschlagnahme durch den Landrat zugunsten der "Organisation Todt", Patienten sind zur Provinzial-, Heil- und Pflegeanstalt Düsseldorf-Grafenberg zurückgeholt worden.

12. Schicksale der Abtransportierten
Keine Angaben.

13. Sterben in der Einrichtung 1933 - 1945
Keine Angaben.

14. Entwicklung der Einrichtung nach 1945
Wird wieder eine Art Außenstelle der Provinzial-, Heil- und Pflegeanstalt Düsseldorf-Grafenberg.

15. Bearbeitung der NS-Zeit und Gedenken der Opfer durch die Einrichtung
Festschrift zum 150jährigen Jubiläum der Gründung der Duisburger Diakonenanstalt.

16. Aktenlage
Geordnetes Archiv des heutigen Theodor Fliedner Werks (ehemalige Duisburger Diakonenanstalt), hier auch Erwähnung der Anstalt Bethesda.

17. Literatur
Hildemann, Klaus/ Kaminsky, Uwe/Magen, Ferdinand, Pastoralgehilfenanstalt - Diakonenanstalt - Theodor Fliedner Werk. 150 Jahre Diakoniegeschichte, Köln 1994 (=Schriftenreihe des Vereins für Rheinische Kirchengeschichte 114).
Kaminsky, Uwe, Zwangssterilisation und "Euthanasie" im Rheinland. Evangelische Erziehungsanstalten sowie Heil- und Pflegeanstalten 1933 bis 1945, Düsseldorf 1995 (=Schriftenreihe des Vereins für Rheinische Kirchengeschichte 116).

Ev. Bildungs- und Pflegeanstalt Hephata
Mönchengladbach

Preußen
Rheinprovinz
Reg.-Bez. Düsseldorf

1. Gründungsgeschichte der Einrichtung und des Beginns ihrer Behindertenarbeit
Gegründet 1859 nach fast sechsjährigem Vorlauf (Werbung durch Flugblatt, Schriften zur Problemlage der Geistigbehinderten) mit Unterstützung des Rheinischen Provinzialausschusses für Innere Mission, freiwilligen Spendengeldern (bes. des Johanniterordens) und evangelischer Honoratioren unter Führung des Rheydter Pastors Balke. 1938 wurde die ehemalige Fürsorgeerziehungsanstalt Benninghof in Mettmann als Zweiganstalt übernommen (250 Plätze).

2. Größe der Einrichtung 1933 - 1945
1934: 547 Betten.
1942 (mit Benninghof): 881 Betten.

3. Träger der Einrichtung 1933 - 1945
Selbständige Stiftung Hephata.

4. Art der (damaligen) Behindertenarbeit und der Bewohnerstruktur
Männliche geistig Behinderte (überwiegend Kinder und Jugendliche).

5. Teilnahme an der eugenischen Diskussion vor und nach 1933
Anstaltsleiter Pfarrer Nell (seit 1931) beteiligte sich im Juni 1932 an der zweiten Fachkonferenz für Eugenik und wurde im Oktober 1932 Vertreter der rheinischen Inneren Mission im eugenischen Fachausschuß. In einem Vortrag vor einer Pfarrerkonferenz 1934 rechtfertigte und propagierte er das Sterilisationsgesetz, 1938 beschäftigte er sich mit der "Brauchbarenauslese" unter Anstaltsbewohnern. Anstaltsarzt Dr. Kröber begrüßte 1933 das Sterilisationsgesetz.

6. Sterilisierungsmaßnahmen 1933 - 1945
Bis zum 1.4.1941: 255 Sterilisationen.

7. Staatliche Eingriffe in die Einrichtungsstruktur bis 1939
Keine

8. Erfassung und Abtransport jüdischer Bewohner
Am 12.2.1941 wurden drei jüdische Patienten in die rheinische Sammelanstalt Düsseldorf-Grafenberg verlegt, von wo sie am 14./15.2.1941 weiterverlegt wurden (wahrscheinlich nach Hadamar).

9. Meldebögen der "Aktion T 4"
Die Meldebögen erreichen die rheinischen Anstalten Anfang Juli 1940, gemeinsame Weigerung der evangelischen Einrichtungen die Meldebögen auszufüllen, im Juli und August 1941 kommen Gutachterkommissionen in die rheinischen Anstalten, Berliner Anstaltsliste vom 31.8.1941: 669 Meldebögen.

10. Abtransporte im Rahmen "Aktion T 4"
Keine

11. Weitere Abtransporte und Beschlagnahmungen bzw. Eingriffe
Katastrophenpolitisch begründete Verlegungen
14.5 1943: 350 Bewohner in die Zweiganstalt der Diakonieanstalten Bad Kreuznach Niederreidenbacher Hof verlegt.
15./19. 5. 1943: 24 Bewohner nach Klagenfurt, 24 nach Hildburghausen verlegt.
12. 7. 1943: 135 Bewohner nach Scheuern/Nassau verlegt.
Im August 1943 wurde die Einrichtung in Mönchengladbach bis Kriegsende als Altenkrankenhaus durch die Stadt Mönchengladbach beschlagnahmt.
Im Juli 1943 wurde die Zweiganstalt Benninghof vom Landrat des Kreises Mettmann als Ausweichkrankenhaus beschlagnahmt, jedoch nicht belegt. Bis Kriegsende wurden immer mehr Räume der Anstalt zweckentfremdet genutzt ("Meisterschule des Deutschen Handwerks", seit Mai 1944 140 HJ-Mitglieder), der Raum für die noch 100 in der Landwirtschaft beschäftigten Pfleglinge immer mehr verengt.

12. Schicksale der Abtransportierten
Von den 350 zum Niederreidenbacher Hof verlegten männlichen Pfleglingen starben bis Kriegsende rund 100 (davon 58 als Opfer eines Bombenangriffs, viele andere aufgrund von ausgebrochener Tbc);

Datum	Anzahl	Ziel	Weiterverlegung bis 1945	überlebt bis 1945	ungeklärt	Tod bis 1945
19.5. 1943	40	Klagenfurt		1		39
19.5. 1943	24	Hildburghausen	25.5.1943 3 nach Walldorf, (davon am 1.9.43 2 nach Langenhain 25.5.43 15 nach Stadtroda, davon am 1.2.45 4 nach Pfafferode)	1	4	19
12.7.1943	135		25.7.1943 6 nach Pfafferode Scheuern 17.6.1944 6 nach Idstein 7.9.1944 1 nach Idstein 3.11.1943 54 nach Hadamar 2.9. und 3.9.1944 52 nach Hadamar	7 6		15 100
insgesamt	199			15	4	180

13. Sterben in der Einrichtung 1933 - 1945
Leichter Anstieg der Sterblichkeit von 2,8 % der Gesamtverpflegten im Jahre 1938 auf 4,2 % im Jahre 1941.

14. Entwicklung der Einrichtung nach 1945
Einrichtung arbeitete weiter als Bildungs- und Pflegeanstalt.

15. Bearbeitung der NS-Zeit und Gedenken der Opfer durch die Einrichtung
Denkmal auf dem Anstaltsgelände.

16. Aktenlage
Eigenes geordnetes Anstaltsarchiv mit Findbuch.

17. Literatur
Leweling, Horst, Zwangssterilisation, "Euthanasie" und die Anstalt "Hephata" in Mönchengladbach, in: Seidel, Ralf/ Werner, Wolfgang Franz, Psychiatrie am Abgrund. Spurensuche und Standortbestimmung nach den NS-Psychiatrie-Verbrechen, Köln 1991, 40-45.
Kaminsky, Uwe, Zwangssterilisation und "Euthanasie" im Rheinland. Evangelische Erziehungsanstalten sowie Heil- und Pflegeanstalten 1933 bis 1945, Düsseldorf 1995 (=Schriftenreihe des Vereins für Rheinische Kirchengeschichte 116).
Kaminsky, Uwe, Die Innere Mission im Rheinland und die Krankenmorde in der NS-Zeit, in: Diakonie im Rheinland, Jg. 29, Heft 3, 1992.
Kaminsky, Uwe, Die Rheinische Provinzialverwaltung, die Einrichtungen der Inneren Mission und die "Euthanasie". Zum Verhältnis staatlicher und konfessioneller Wohlfahrtspflege in der NS-Zeit, in: Folgen der Ausgrenzung. Studien zur Geschichte der NS-Psychiatrie in der Rheinprovinz, (hg. vom Landschaftsverband Rheinland, Archivberatungsstelle, Red. Wolfgang Schaffer), Köln 1995.

Evangelisches Mädchenheim
Ratingen

Preußen
Rheinprovinz
Reg.-Bez. Düsseldorf

1. Gründungsgeschichte der Einrichtung und des Beginns ihrer Behindertenarbeit
Gegründet 1912 als Ev. Fürsorgeheim für Mädchen.

2. Größe der Einrichtung 1933 - 1945
120 Plätze.

3. Träger der Einrichtung 1933 - 1945
Evangelischer Verein Mädchenschutz e.V.

4. Art der (damaligen) Behindertenarbeit und der Bewohnerstruktur
Zwei Drittel weibliche Fürsorgezöglinge und ein Drittel geistig behinderte Fürsorgezöglinge.

5. Teilnahme an der eugenischen Diskussion vor und nach 1933
Nein

6. Sterilisierungsmaßnahmen 1933 - 1945
Bis 1939 sind 27 Sterilisationen nachweisbar.

7. Staatliche Eingriffe in die Einrichtungsstruktur bis 1939
Heim mußte 1939 aufgrund des Entkonfessionalisierungsdrucks an die Rheinische Provinzialverwaltung abgegeben werden, wurde von dieser jedoch an die Innere Mission verpachtet.

8. Erfassung und Abtransport jüdischer Bewohner
Keine jüdischen Bewohnerinnen.

9. Meldebögen der "Aktion T 4"
Berliner Anstaltsliste vom 31.8.1941: 6, Einzelheiten unbekannt.

10. Abtransporte im Rahmen "Aktion T 4"
Keine Angaben.

11. Weitere Abtransporte und Beschlagnahmungen bzw. Eingriffe
Keine

12. Schicksale der Abtransportierten
Entfällt

13. Sterben in der Einrichtung 1933 - 1945
Keine Angaben.

14. Entwicklung der Einrichtung nach 1945
Mädchenheim

15. Bearbeitung der NS-Zeit und Gedenken der Opfer durch die Einrichtung
Nein

16. Aktenlage
Nur sehr geringe Überlieferung.

17. Literatur
Kaminsky, Uwe, Zwangssterilisation und "Euthanasie" im Rheinland. Evangelische Erziehungsanstalten sowie Heil- und Pflegeanstalten 1933 bis 1945, Düsseldorf 1995 (=Schriftenreihe des Vereins für Rheinische Kirchengeschichte 116).

Stiftung Tannenhof
Remscheid-Lüttringhausen

Preußen
Rheinprovinz
Reg.-Bez. Düsseldorf

1. Gründungsgeschichte der Einrichtung und des Beginns ihrer Behindertenarbeit
Gegründet 1896 in Lüttringhausen vom Rheinischen Provinzialausschuß für Innere Mission mit einem Darlehen der Provinzialverwaltung als Heil- und Pflegeanstalt.

2. Größe der Einrichtung 1933 - 1945
1933: 533 Betten, Berliner Anstaltsliste vom 31.8.1941: 618 Betten.

3. Träger der Einrichtung 1933 - 1945
Stiftung Tannenhof.

4. Art der (damaligen) Behindertenarbeit und der Bewohnerstruktur
Heil- und Pflegeanstalt, seit 1934 zunehmende Betonung des Heilanstalts-Charakters.

5. Teilnahme an der eugenischen Diskussion vor und nach 1933
Anstaltsleiter Pfr. P. Werner war bereits vor 1933 an der Rassenhygiene interessiert gewesen und durch verschiedene Beiträge im eugenischen Fachausschuß der Inneren Mission aufgefallen. Er trat nicht nur für die Sterilisation ein, sondern befürwortete ebenso im November 1934 den eugenisch begründeten Schwangerschaftsabbruch. Er mußte 1936 aufgrund seiner radikalen nationalsozialistischen Anschauung (Konflikt mit der Oberin und dem Vorstand) seinen Anstaltsleiterposten aufgeben. Anstaltsarzt Beelitz (seit 1896) beteiligte sich 1934 an den Vorarbeiten und der Durchführung der Zwangssterilisation. Sein Nachfolger Dr. Wilhelm Philipps verfocht die Sterilisation als Voraussetzung für eine Entlassung im Rahmen der von ihm vertretenen "aktiven Behandlung der Geisteskranken". Er wirkte zudem als Propagandist des Sterilisationsgesetzes in Vorträgen und Schulungen und war seit Mitte 1936 nichtbeamteter ärztlicher Beisitzer am Erbgesundheitsgericht Düsseldorf.

6. Sterilisierungsmaßnahmen 1933 - 1945
Bis 1936: 120 Sterilisationen.

7. Staatliche Eingriffe in die Einrichtungsstruktur bis 1939
Keine

8. Erfassung und Abtransport jüdischer Bewohner
12.2.1941 wurden zwei jüdische Patienten in die rheinische Sammelanstalt Düsseldorf-Grafenberg verlegt, von wo sie am 14./15.2.1941 weiterverlegt wurden (wahrscheinlich nach Hadamar).

9. Meldebögen der "Aktion T 4"

9. Meldebögen der "Aktion T 4"
Die Meldebögen erreichen die rheinischen Anstalten Anfang Juli 1940, gemeinsame Weigerung der evangelischen Einrichtungen die Meldebögen auszufüllen, im Juli und August 1941 kommen Gutachterkommissionen in die rheinischen Anstalten, Berliner Anstaltsliste vom 31.8.1941: 484 Meldebögen.

10. Abtransporte im Rahmen "Aktion T 4"
Keine

11. Weitere Abtransporte und Beschlagnahmungen bzw. Eingriffe
4.9.1941: Verlegung von 52 Patienten in der Fürsorge des Provinzialverbandes nach Grafenberg.
5.9.1941: Verlegung von 61 Patienten in der Fürsorge des Provinzialverbandes nach Süchteln (Viersen).
Im Oktober 1942 werden verschiedene Häuser der Anstalt als "Sonderkrankenanlage der Aktion Brandt" in Aussicht genommen.
Im Januar 1943 wird die Anstalt durch die Stadt Remscheid als Ausweichkrankenhaus beschlagnahmt; von November 1942 bis Ende März 1943 wurden 184 Patienten entlassen und 229 verlegt, fast ausschließlich Privatpatienten zu anderen Einrichtungen (64 in die evangelische Heil- und Pflegeanstalt Hausen, 19 in die Provinzial-, Heil- und Pflegeanstalt Galkhausen, 22 in das Kloster Maria Hilf in Tilbeck); der Krankenbestand reduzierte sich in dieser Zeit von 579 auf 262.
Januar 1944: 3 Ostarbeiter zur Sammelanstalt Galkhausen verlegt, von wo sie "nach unbekannt" abtransportiert (wahrscheinlich getötet) worden sind.
18.11.1944: Abtransport von 80 Patienten (chronische Pflegefälle) aus dem Hilfskrankenhaus im Lazarettzug nach Mitteldeutschland und Schlesien.

12. Schicksale der Abtransportierten
Von den nach Düsseldorf-Grafenberg und Viersen (Süchteln) verlegten Patienten wurden im Rahmen der Räumung rheinischer Heil- und Pflegeanstalten seit dem Herbst 1942 einige in Tötungseinrichtungen weiterverlegt (von 113 Verlegten sind 54 in außerrheinische Einrichtungen verlegt worden, wo ihnen der Krankenmord drohte).
Von den Verlegten der Zeit 1942/43 sind nur in Einzelfällen Weiterverlegungen in Tötungseinrichtungen feststellbar.
Die im Januar 1944 verlegten 3 Ostarbeiter sind wahrscheinlich getötet worden.
Von der Lazarettzugverlegung im November 1944 wußte der Tannenhof bereits zwei Tage später von zwei Todesfällen aufgrund der schlechten Transportbedingungen.

13. Sterben in der Einrichtung 1933 - 1945
Leicht erhöhte Sterblichkeit, vermehrte Aufnahme von Alterserkrankten bis 1942.

14. Entwicklung der Einrichtung nach 1945
Heilanstalt

15. Bearbeitung der NS-Zeit und Gedenken der Opfer durch die Einrichtung
Nein

16. Aktenlage
Verwaltungsaktenarchiv rudimentär vorhanden (ungeordnet) und Krankenblattarchiv seit der Gründung alphabetisch.

17. Literatur

Kaminsky, Uwe, Zwangssterilisation und "Euthanasie" im Rheinland. Evangelische Erziehungsanstalten sowie Heil- und Pflegeanstalten 1933 bis 1945, Düsseldorf 1995 (=Schriftenreihe des Vereins für Rheinische Kirchengeschichte 116)

Kaminsky, Uwe, Die Innere Mission im Rheinland und die Krankenmorde in der NS-Zeit, in: Diakonie im Rheinland, Jg. 29, Heft 3, 1992.

Kaminsky, Uwe, Die Rheinische Provinzialverwaltung, die Einrichtungen der Inneren Mission und die "Euthanasie". Zum Verhältnis staatlicher und konfessioneller Wohlfahrtspflege in der NS-Zeit, in: Folgen der Ausgrenzung. Studien zur Geschichte der NS-Psychiatrie in der Rheinprovinz, (hg. vom Landschaftsverband Rheinland, Archivberatungsstelle, Red. Wolfgang Schaffer), Köln 1995.

Wolff, Martin, Die Stiftung Tannenhof in der Zeit des Nationalsozialismus. Bericht und Dokumentation (Manuskript), o.O. (Remscheidt) o.J. (1986).

Heil- und Pflegeanstalt
Waldbröl
(seit 1938 **Hausen**)

Preußen
Rheinprovinz
Reg.-Bez. Köln (Hausen: Koblenz)

1. Gründungsgeschichte der Einrichtung und des Beginns ihrer Behindertenarbeit
Gegründet 1893 (eröffnet 1897) von Mitgliedern der evangelischen Kirchengemeinde Waldbröl mit Hilfe eines Darlehens und einer Belegungszusage der rheinischen Provinzialverwaltung. 1926 übernommen durch den Rheinischen Provinzialausschuß für Innere Mission und die Duisburger Diakonenanstalt als Betreiber.

2. Größe der Einrichtung 1933 - 1945
1933: 728; Berliner Anstaltsliste vom 31.8.1941: 780 Betten.

3. Träger der Einrichtung 1933 - 1945
Waldbröl GmbH (Gesellschafter: Rheinischer Provinzialausschuß für Innere Mission, Duisburger Diakonenanstalt).

4. Art der (damaligen) Behindertenarbeit und der Bewohnerstruktur
Heil- und Pflegeanstalt, vorwiegend chronisch Kranke.

5. Teilnahme an der eugenischen Diskussion vor und nach 1933
Fälle passiver Sterbehilfe durch Behandlungsabbruch fanden 1931/32 statt. In der Rechtfertigung des Chefarztes wurden die Wertzumessungen unterschiedlicher Krankheitsgrade deutlich. Ein Assistenzarzt schrieb 1933/34 seine Dissertation über die Durchführung des Zwangssterilisationsgesetzes in der Anstalt.

6. Sterilisierungsmaßnahmen 1933 - 1945
Bis Mitte 1934 wurden 93 Anträge auf Sterilisation von Anstaltspatienten gestellt, 15 Sterilisationen hatten bereits stattgefunden, sterilisiert wurde im der Anstalt angeschlossenen Krankenhaus.

7. Staatliche Eingriffe in die Einrichtungsstruktur bis 1939
Im September 1933 fand eine Besetzung der Anstalt durch SA statt, Anstaltsleiter und Anstaltsarzt mußten ihre Posten aufgeben. Eine von der Stadt Waldbröl und der NSDAP verfolgte Schließung der Anstalt konnte noch einmal verhindert werden; 1938 mußte die Einrichtung auf Druck der DAF (Robert Ley) aus Waldbröl weichen (Umbau des Gebäudes zu einem KdF-Hotel) und erhielt von der an ihrer Arbeit interessierten rheinischen Provinzialverwaltung, die ein Jahr zuvor in den Besitz der Provinz übergegangene, ehemals katholische Anstalt in Hausen (üb. Linz am Rhein) angeboten, in der sie ihre Arbeit fortführen konnte.

8. Erfassung und Abtransport jüdischer Bewohner
10.2.1941 wurden drei jüdische Patienten in die rheinische Sammelanstalt Andernach verlegt, von wo sie am 11.2.1941 weiterverlegt wurden (wahrscheinlich nach Hadamar).

9. Meldebögen der "Aktion T 4"
Die Meldebögen erreichen die rheinischen Anstalten Anfang Juli 1940, gemeinsame Weigerung der evangelischen Einrichtungen die Meldebögen auszufüllen, im Juli und August 1941 kommen Gutachterkommissionen in die rheinischen Anstalten, Berliner Anstaltsliste vom 31.8.1941: 671 Meldebögen.

10. Abtransporte im Rahmen "Aktion T 4"
Keine

11. Weitere Abtransporte und Beschlagnahmungen bzw. Eingriffe
Anfang Mai 1943: Verlegung von 42 Patienten über die Anstalt St. Antoniushaus in Waldbreitbach nach Meseritz-Obrawalde zwecks Aufnahme von Patienten aus der nördlichen Rheinprovinz (aus Anstalten Düsseldorf-Unterrath und Neuss, die aus katastrophenpolitischen Gründen geräumt wurden);
Juli 1943: Räumung aufgrund der Beschlagnahme als Ausweichkrankenhaus für die Stadt Köln, 470 von 770 Patienten werden abtransportiert in die Einrichtungen Günzburg, Eichberg, Eglfing-Haar.

12. Schicksale der Abtransportierten
Bei den nach Meseritz verlegten Patienten wird von Krankenmord ausgegangen;
Krankenmord ist auch bei den späteren Verlegungen zu vermuten, doch nur bei den nach der Anstalt Eichberg abtransportierten Patienten einigermaßen sicher zu belegen (von 280 verlegten Patientinnen starben auf dem Eichberg 133, 21 haben dort überlebt und 125 sind in andere hessische Einrichtungen weiterverlegt worden, allein 40 nach Hadamar).

13. Sterben in der Einrichtung 1933 - 1945
Keine Angaben.

14. Entwicklung der Einrichtung nach 1945
Die Einrichtung wurde 1947 aufgelöst, da die katholische Franziskanerbrüderschaft als ursprünglicher Besitzer Rückübertragungsansprüche gestellt hat.

15. Bearbeitung der NS-Zeit und Gedenken der Opfer durch die Einrichtung
Festschrift zum 150jährigen Jubiläum der Gründung der Duisburger Diakonenanstalt.

16. Aktenlage
Keine Akten der Einrichtung selbst mehr vorhanden.

17. Literatur
Kuhlberg, Helmut, Die Auswirkungen des Gesetzes zur Verhütung erbkranken Nachwuchses in der Heil- und Pflegeanstalt Waldbröl, Bonn 1934 (Diss. med.).
Weitere Literatur s. auch: Bethesda, Lintorf.

Provinz Westfalen
Lippe-Detmold

1 Bethel
2 Lemgo
3 Wittekindshof

Provinz Westfalen und Lippe

Einwohnerzahl Provinz Westfalen 1933: 5.031.000; Lippe: 175.000

In Westfalen gab es eine Kooperation zwischen staatlichen und konfessionellen Trägern bei der Anstaltsfürsorge. Während Geisteskranke fast ausschließlich von Anstalten des westfälischen Provinzialverbandes, etwa 70% der fast 13.000 Betten von 1933, versorgt wurden, fanden sich Geistesschwache und Epileptiker überwiegend in konfessionellen und privaten Einrichtungen, vor allem in den großen evangelischen Einrichtungen Bethel und Wittekindshof. Der nationalsozialistische Machtantritt führte auch in der westfälischen Provinzialverwaltung zur Besetzung von Schlüsselfunktionen mit NS-Anhängern, was den Übergang von der Wohlfahrtspflege zur nationalsozialistischen Volkspflege unter Betonung der NS-Rassenideologie förderte. Im kleinsten deutschen Land Lippe zog seit 1935 der Reichsstatthalter und Gauleiter Meyer die Landesregierung an sich. In der staatlichen Anstalt Lindenhaus wurden über 500 und in der evangelischen Anstalt Eben-Ezer in Lemgo über 300 Bewohner versorgt. In Provinzial-Heilanstalten Westfalens sind bis 1943 3277 und in den Privatanstalten 875 Sterilisationen nachweisbar.

Die Meldebögen der "Aktion T4" erreichten die westfälischen und lippischen Anstalten im Juni/Juli 1940 und führten bei den provinzeigenen Anstalten zu zwei Verlegungswellen im September 1940 und von Juni bis August 1941. Konfessionelle Einrichtungen Westfalens und Lippes waren nicht von Verlegungen im Rahmen der "Aktion T4" betroffen. Unter Führung des Betheler Anstaltsleiters v. Bodelschwingh verweigerten die evangelischen Einrichtungen bereits die Rücksendung der ausgefüllten Meldebögen. Dies führte, beginnend in Bethel im Februar 1941, zu Besuchen staatlicher Ärztekommissionen, die die Meldebögen vor Ort ausfüllten. Die Kommissionen konnten dabei auf Vorarbeiten der Anstaltsärzte zurückgreifen. Die verzögernde Verweigerung der evangelischen Anstalten bewahrte jedoch die Patienten vor einer Verlegung. Die wachsenden Proteste in der Bevölkerung und die den Krankenmord anprangernde Predigt des katholischen Bischofs v. Galen aus Münster trugen zum Abbruch der "Aktion T4" bei, der 1334 von 2890 zu hessischen Zwischenanstalten abtransportierte Anstaltsbewohner aus Westfalen zum Opfer fielen. Die restlichen Patienten wurden im Verlauf des Krieges fast alle Opfer der schlechten Versorgungsbedingungen und fortgesetzter Tötungen. Jüdische Anstaltspatienten aus staatlichen wie konfessionellen Anstalten Westfalens wurden bereits im September 1940 nach Wunstorf und Gießen verlegt und von dort zur Ermordung nach Brandenburg gebracht. In Niedermarsberg (von Ende 1941 bis zur Jahreswende 1941/42) und Dortmund-Aplerbeck (seit Ende 1941) waren Kinderfachabteilungen eingerichtet, deren Opferzahlen im Rückblick nicht mehr genau bestimmbar sind. Mit der Ausweitung des Bombenkrieges kam es auch in Westfalen zu katastrophenschutzpolitisch motivierten Verlegungen: von 2846 aus provinziellen Anstalten nach Hessen, Mittel-, Süd- und Ostdeutschland verlegten Patienten lebten am Ende des Zweiten Weltkrieges nur noch etwa 15 Prozent.

v. Bodelschwinghsche Anstalten
Bethel/ üb. Bielefeld

Preußen
Prov. Westfalen
Reg.-Bez. Minden

1. Gründungsgeschichte der Einrichtung und des Beginns ihrer Behindertenarbeit
Gegründet 1867 als Rheinisch-Westfälische Anstalt für Epileptische. 1872 übrnahm F. v. Bodelschwingh die Leitung der Einrichtung, die zur größten und wichtigsten deutschen Behindertenanstalt wurde. 1869 Diakonissenanstalt (Sarepta), 1877 Brüderhaus Nazareth, 1882 Arbeiterkolonie Wilhelmsdorf. Ausgangspunkt der Arbeit war die Betreuung von Epileptikern, später kamen geistig Behinderte und Pflegefälle hinzu. Heilstätte für Alkoholkranke in der Zweiganstalt Eckardtheim.

2. Größe der Einrichtung 1933 - 1945
1.1. 1935: 2. 763 Bewohner bei 3.300 Plätzen.
Berliner Anstaltsliste 1941: 3.300 Betten.

3. Träger der Einrichtung 1933 - 1945
"v. Bordelschwingchen Anstalten Bethel" mit den selbständigen Anstalten Nazareth und Sarepta.

4. Art der (damaligen) Behindertenarbeit und der Bewohnerstruktur
1935: 3300 Plätze, davon 2300 Plätze für Epileptiker, 600 Geisteskranke, sowie "Nervenkranke, Psychopathen, einschl. Trunksüchtige"
211 Plätze auf der Psychiatrischen- und Nervenstation von Sarepta

5. Teilnahme an der eugenischen Diskussion vor und nach 1933
Die Betheler Einrichtung war seit der ersten Fachkonferenz für Eugenik in Treysa im Mai 1931 mit ärztlichen wie theologischen Vertretern an den Beratungen beteiligt (Carl Schneider, P. Friedrich von Bodelschwingh, P. Wolf, P. Gustav Dietrich, Werner Villinger). Auch weitere Theologen und Anstaltsärzte Bethels (Ernst Kleßmann, Hans Knöppler) beteiligten sich in anstaltsinternen Veröffentlichungen an eugenischen Diskussionen. Die teilweise defensive und zögerliche Haltung der Theologen wurde von einer aktiven und propagierenden Haltung der Ärzte (Hans Wilmers, Karsten Jaspersen, Werner Villinger) gegenüber dem Zwangssterilisationsgesetz überspielt.

6. Sterilisierungsmaßnahmen 1933 - 1945
Im Januar 1939 faßte Villinger in einem Bericht an den westfälischen Oberpräsidenten die bisherigen Sterilisationen in Bethel zusammen: rund 3200 Anzeigen, rund 1000 Anträge und über 900 durchgeführte Eingriffe.

7. Staatliche Eingriffe in die Einrichtungsstruktur bis 1939
Rückverlegungen von (ca. 55) Kranken in der Fürsorge des Provinzialverbandes Westfalen in provinzielle Anstalten aus Kostengründen fanden seit 1937 statt. (dafür Aufnahme von 93 Kindern und Jugendlichen aus der aufgelösten Anstalt Hannover-Langenhagen); im Frühjahr 1938 fanden auch Rückverlegungen von Kranken des Bezirksverbandes Hessen-Nassau (ca. 57) in hessische Provinzialeinrichtungen statt.

8. Erfassung und Abtransport jüdischer Bewohner
Im September 1940 werden 8 jüdische Bewohner aus Bethel in die Landesheilanstalt Wunstorf verlegt. Eine wird dort entlassen, die 7 anderen am 21. 9. 1940 im Sammeltransport nach Brandenburg gebracht und dort ermordet.

9. Meldebögen der "Aktion T 4"
Die Meldebögen erreichten die Betheler Einrichtung Ende Juni 1940. Bodelschwingh entschloß sich zur Verweigerung der Rücksendung der ausgefüllten Meldebögen (Schreiben an das Reichsinnenministerium am 17. 7. 1940) unter Verweis auf die mittlerweile fertiggestellte Denkschrift Braunes gegen die "Euthanasie" und die fehlende gesetzliche Grundlage des Krankenmords. Auch staatlicher Druck und die Drohung seiner Verhaftung konnten ihn und die Anstaltsärzte Dickel und Jaspersen nicht umstimmen. Anstaltsarzt Jaspersen versuchte erfolglos Bündnisgenossen gegen die Krankenmorde im psychiatrischen Bereich sowie innerhalb von Parteikreisen zu finden. Für den im Februar 1941 erfolgten Besuch einer Ärzte-Kommission wurden anstaltsintern eine Vorbegutachtung der Patienten durchgeführt. Seit Januar 1941 fanden mehrere Besuche des Euthanasiebeauftragten Karl Brandt in Bethel und Gespräche mit Bodelschwingh statt, die zusammen mit dem verzögernden Verfahren eine Verschonung von Abtransporten bewirkten.

10. Abtransporte im Rahmen "Aktion T 4"
Keine Abtransporte aufgrund der von der Kommission ausgefüllten Meldebögen bis August 1941.

11. Weitere Abtransporte und Beschlagnahmungen bzw. Eingriffe
Von Betheler Einrichtungen wurden seit Kriegsbeginn zeitweilig bis zu 2000 Lazarettplätze in 25 verschiedenen Häusern zur Verfügung gestellt, ohne daß dafür Abtransporte in fremde Anstalten vorgenommen werden mußten. Die im Sommer 1941 angedrohte Rückverlegung von 295 Patienten aus der Fürsorge des Provinzialverbandes Rheinland in rheinische Einrichtungen konnte zunächst bis zum Frühjahr 1942 verzögert werden und fand dann wegen der mittlerweile vollbelegten rheinischen Anstalten nicht statt.
Am 21. 11. 1941 und 2. 12. 1941 wurden westfälische Patienten in die Landesheilanstalten Gütersloh (46 Kranke) und Lengerich (40 Kranke) zurückverlegt. (insgesamt sollen 94 Patienten zurückverlegt worden sein).

12. Schicksale der Abtransportierten
Teilweise gab es 1943 Weitertransporte der verlegten Patienten aus westfälischen Provinzialanstalten. Sieben Todesfälle von ursprünglich Betheler Patienten in den Anstalten Wartha, Bernburg und Meseritz-Obrawalde sind überliefert.

13. Sterben in der Einrichtung 1933 - 1945
Keine Angaben.

14. Entwicklung der Einrichtung nach 1945
Fortsetzung der Arbeit.

15. Bearbeitung der NS-Zeit und Gedenken der Opfer durch die Einrichtung
Zahlreiche Veranstaltungen und Veröffentlichungen.

16. Aktenlage
Hauptamtlich verwaltetes Archiv.

16. Literatur

Kaminsky, Uwe, Die Anstalten der Inneren Mission und die Krankenmorde 1940/41 im Rheinland und in Westfalen, in: Bachmnn, Hans/ Spankeren, Reinhard van (Hg.), Diakonie. Geschichte von unten. Christliche Nächstenliebe und kirchliche Sozialarbeit in Westfalen, Bielefeld 1995, 299 - 325.

AK 'Geschichte Bethels' (Hg.), Lesetexte zum Problemkreis "Eugenik, Sterilisation, Euthanasie", Bielefeld 1983.

Hochmuth, Anneliese, Bethel in den Jahren 1939-1943. Eine Dokumentation zur Vernichtung lebensunwerten Lebens, Bielefeld: Eigenverlag (Arbeitsheft 1), [4]1979.

Hochmuth, A., Spurensuche. Eugenik, Sterilisation, Patientenmorde und die v. Bodelschwinghschen Anstalten Bethel 1929-1945, hrsg. v. Matthias Benad, Bielefeld 1997.

Kühl, Stefan, Bethel zwischen Anpassung und Widerstand. Die Auseinandersetzung der von Bodelschwinghschen Anstalten mit der Zwangssterilisation und den Kranken- und Behindertenmorden im Nationalsozialismus, Bielefeld o. J.

Eben-Ezer
Lemgo

Lippe-Detmold

1. Gründungsgeschichte der Einrichtung und des Beginns ihrer Behindertenarbeit
1870 aus privater Initiative mit öffentlicher Unterstützung als Blödenanstalt für Lippe-Detmold gegründet.

2. Größe der Einrichtung 1933 - 1945
1928:   276 Pfleglinge
1.4. 1940: 300
1.4. 1944: 420 Pfleglinge und 130 Lazarettplätze
1.4. 1945: 395

3. Träger der Einrichtung 1933 - 1945
Selbständige Stiftung Eben-Ezer.

4. Art der (damaligen) Behindertenarbeit und der Bewohnerstruktur
Erziehungs-,-Unterrichts, Beschäftigungs-, Heil- und Pflegeanstalt für Geistesschwache, Blöde und Fallsüchtige.

5. Teilnahme an der eugenischen Diskussion vor und nach 1933
Sterilisationsforderung des Anstaltsarztes 1932.

6. Sterilisierungsmaßnahmen 1933 - 1945
Bis 1936: 54 Sterilisationen von angeblich 219 Erbkranken von 354 Pfleglingen.
1934 - 1944: 82 Anträge auf Sterilisation.

7. Staatliche Eingriffe in die Einrichtungsstruktur bis 1939
Rücknahme von Patienten aus Westfalen und Verlegungen in westf. Anstalten 1937:
5.4. 1937: Wittekindshof 14
8.4. 1937: Warstein 62

8. Erfassung und Abtransport jüdischer Bewohner
Soweit bekannt 1940 keine jüdischen Bewohner.

9. Meldebögen der "Aktion T 4"
Einzelheiten unbekannt, Berliner Anstaltsliste vom 31.8.1941: 306, Juni 1941 Ärztekommission zur Untersuchung der Bewohner.

10. Abtransporte im Rahmen "Aktion T 4"
Keine

11. Weitere Abtransporte und Beschlagnahmungen bzw. Eingriffe
September 1939 - 31. 10. 1940: Lazarett
1939: Übernahme von Patienten/Bewohnern aus Wunstorfund Lüneburg.
Juli 1941 - 1945: Lazarett
Oktober 1941: Übernahme von Patienten/Bewohnern ausRotenburg/Hann.
Februar 1945: Verlegung von 90 Pfleglingen nach Brake/ Lindenhof

12. Schicksale der Abtransportierten
Aus Warstein sind Transporte nach Hadamar bekannt.
Keine Verlegungen der Bewohner aus Wittekindshof oder Brake, Todesfälle in Wittekindshof.

13. Sterben in der Einrichtung 1933 - 1945
Keine Angaben.

14. Entwicklung der Einrichtung nach 1945
Fortsetzung der Arbeit.

15. Bearbeitung der NS-Zeit und Gedenken der Opfer durch die Einrichtung
Darstellung in Festschrift 1987

16. Aktenlage.
Kleines Archiv

17. Literatur
Bauer, Inge/ Berger, Klaus/ Groeneveld, Berend/ Walter, Joachim, 125 Jahre Stiftung Eben-Ezer, 1862-1987, Lemgo 1987.

Evangelische Heilerziehungs-, Heil- und Pflegeanstalt Wittekindshof

Preußen
Prov. Westfalen
Reg.-Bez. Minden

1. Gründungsgeschichte der Einrichtung und des Beginns ihrer Behindertenarbeit
1887 als christliche Anstalt für die Betreuung von Geisteskranken gegründet.

2. Größe der Einrichtung 1933 - 1945
1933 - 1938: 1100 - 1200 Bewohner.
1.1.1941: 1331
1941 - 1945: ca.: 300 Bewohner, Lazarett.

3. Träger der Einrichtung 1933 - 1945
Stiftung

4. Art der (damaligen) Behindertenarbeit und der Bewohnerstruktur
Umfassende Betreuung von geistig Behinderten in Schulen, Werkstätten und Pflegeabteilung.

5. Teilnahme an der eugenischen Diskussion vor und nach 1933
1921 klare Ablehnung jeder möglichen Form der Euthanasie in einem Vortrag des Anstaltsleiters. Regelmässige Teilnahme von leitenden Mitarbeitern an den Sitzungen des eugenischen Ausschusses des CA.

6. Sterilisierungsmaßnahmen 1933 - 1945
Aufgrund von 158 Anträgen wurden 1934 92 Sterilisationen von Bewohnern durchgeführt. Angaben für die Jahre nach 1934 fehlen.

7. Staatliche Eingriffe in die Einrichtungsstruktur bis 1939
Verstärkte Einflußnahme von nationalsozialistischen Institutionen.

8. Erfassung und Abtransport jüdischer Bewohner
Verlegung von 6 jüdischen Bewohnern am 21.8.1940 nach Wunstorf, von dort zur Ermordung nach Brandenburg.

9. Meldebögen der "Aktion T 4"
Berliner Anstaltsliste vom 31.8.1941: 1356. Im Frühjahr 1941 wurden die geforderten Meldebögen ausgefüllt. Juni 1941 "erbbiologische Bestandsaufnahme" durch Ärztekommission.

10. Abtransporte im Rahmen "Aktion T 4"
Keine

11. Weitere Abtransporte und Beschlagnahmungen bzw. Eingriffe
Oktober bis Dezember 1941: Verlegung von 956 Bewohnern in Einrichtungen der Provinz Westfalen in mehreren Transporten.
1942 - 1945 Lazarett: Weiterführung des Anstaltsbetriebes in geringem Umfang.

12. Schicksale der Abtransportierten
Für 84 weiterverlegte Bewohner ist von der Ermordung auszugehen. Zahlreiche Todesfälle ehemaliger Bewohner des Wittekindshofes in Provinzialanstalten. Rückkehr von 150 Bewohnern nach Kriegsende.

13. Sterben in der Einrichtung 1933 - 1945
Keine Erhöhung bekannt.

14. Entwicklung der Einrichtung nach 1945
1945- 1948: britisches Militärhospital.
1949: Wiederaufnahme der alten Arbeit.
1952: 1300 Bewohner.

15. Bearbeitung der NS-Zeit und Gedenken der Opfer durch die Einrichtung
Unveröffentlichte Untersuchung von Einzelschicksalen.
Errichtung eines Mahnmals 1995.

16. Aktenlage
Im Archiv nur vereinzelt Unterlagen aus der NS-Zeit.

17. Literatur
Jahre der Bedrängnis (1931-1947), in: 100 Jahre Wittekindshof. Diakonische Einrichtung für Geistigbehinderte, Bad Oyenhausen: Eigenverlag.

Hamburg

1 Alsterdorf
2 Anscharhöhe

Hamburg

Einwohnerzahl 1937: 1.668.000

Mit der sorgfältigen erbbiologische Erfassung der Bevölkerung durch die Hambugrer Gesundheitsämter wird Hamburg zeitweilig zu einem der führenden Ländern und Regionen der nationalsozialistischen Gesundheitspolitik. Diese Erfassung wird überdies teilweise bis 1948 weitergeführt. Sterilisationen werden in Hamburg sehr früh vorgenommen und betreffen auch die allgemeine Bevölkerung, nicht nur die Anstaltsbewohner.
Weitere gegen psychisch kranke Menschen in Hamburg durchgeführte Aktionen fanden auf Initiative von Reichsstatthalter und Gauleiter Kaufmann bereits im Frühjahr 1934 statt und hatten auch Auswirkungen auf kirchliche Einrichtungen in Hamburg und Schleswig-Holstein. Durch den sogenannten "Friedrichsberg-Langenhorn-Plan" wurde die moderne staatliche Irrenanstalt Friedrichsberg in ein allgemeines Krankenhaus umfunktioniert. Die Verlegung von Patienten in die andere Hamburger Irrenanstalt, Langenhorn, führte dort zu so erheblichem Platzmangel, daß man gezwungen war, auf die Pflegemöglichkeiten kirchlicher Einrichtungen zurückzugreifen. Die Anscharhöhe, damals noch schleswig-holsteinisch und eine Einrichtung der freien evang.-lutherischen St. Anschar-Kirche in Hamburg, nahm bis 1939 100 weibliche, leicht zu pflegende Patientinnen in Auftragspflege auf. Die schleswig-holsteinischen Ricklinger Anstalten des Landesvereins für Innere Mission nahmen in weit größerer Zahl Patienten aus Hamburg auf. Gegen die Arbeit der Inneren Mission gerichtete Aktionen auf dem Gebiet der Geisteskranken-Fürsorge waren daher in Hamburg und auch in Schleswig-Holstein zunächst nicht möglich. Die größte kirchliche Einrichtung zur Betreuung von Behinderten in Hamburg, die Alsterdorfer Anstalten, war eng mit dem Hamburger kirchlichen und gesellschaftlichen Leben verbunden. Eine Auflösung der Einrichtung aus Entkonfessionalisierungsbestrebungen war nicht beabsichtigt. Die Alsterdorfer Anstalten waren in vielen Gebieten, u.a. durch das rassenpolitische Amt, das in Alsterdorf untergebracht war, eng mit dem Nationalsozialismus in Hamburg verzahnt. Die erste Verlegung aus Alsterdorf, die der jüdischen Bewohner, erfolgte dann auch bereits 1938 auf Alsterdorfer Initiative. Die Meldebögen erreichten Alsterdorf im Sommer 1940, wurden aber erst im Februar 1941 ausgefüllt zurückgesandt. Die daraufhin erfolgten Verlegungen im Juli 1941 zunächst nach Langenhorn gehören zu den spätesten Verlegungen der ersten Euthanasiephase aus einer kirchlichen Einrichtung. Die Auflösung oder der Abtransport der Bewohner mit katastrophenpolitischer Begründung wurde in der Hamburger Verwaltung zwar erwogen, aber nicht eingeleitet. Auf Initiative Alsterdorfs wurden 1943 469 Bewohner abgeholt, von denen etwa 400 ermordet wurden. Aus der staatlichen Krankenanstalt Langenhorn (später Ochsenzoll genannt) wurden bis März 1945 über 4000 Patienten verlegt, von denen über 70% starben.

Alsterdorfer Anstalten
Hamburg

1. Gründungsgeschichte der Einrichtung und des Beginns ihrer Behindertenarbeit
1863 als Asyl für schwach- und blödsinnige Kinder durch Pastor Heinrich Sengelmann (1821 - 1899) gegründet. Größte norddeutsche evangelische Behinderteneinrichtung, um 1900 ca. 600 Plätze mit Schulen und Heimen.

2. Größe der Einrichtung 1933 - 1945
1.12. 1933: 1257 Bewohner davon 113 Neuaufnahmen.
1.12. 1944: 983 Bewohner davon 83 Neuaufnahmen.

3. Träger der Einrichtung 1933 - 1945
Selbständige Stiftung.

4. Art der (damaligen) Behindertenarbeit und der Bewohnerstruktur
Geistigbehinderte, Epileptiker.

5. Teilnahme an der eugenischen Diskussion vor und nach 1933
Forderung nach Sterilisation seit 1930. Aktive Teilnahme an der eugenische Diskussion innerhalb der evangelischen Kirche durch Anstaltsleiter P. Friedrich Lensch und Anstaltsarzt Gerhard Kreyenberg. Zahlreiche Vorträge und Veröffentlichungen, aktive Teilnahme an den Fachkonferenzen in Treysa und Berlin. Zweideutige Aussagen von Lensch und Kreyenberg lassen auch die Tötung von Behinderten möglich erscheinen. Später auch eindeutige Absagen an Euthanasie. Erbbiologische Forschung durch Anstaltsarzt Kreyenberg (Mehr *als in anderen Anstalten*, Lensch).

6. Sterilisierungsmaßnahmen 1933 - 1945
Schon vor Inkrafttreten des Gesetztes 297 Patienten zur Sterilisation angemeldet. Bis Mai 1936 sind 154 Bewohner/innen sterilisiert.

7. Staatliche Eingriffe in die Einrichtungsstruktur bis 1939
Keine

8. Erfassung und Abtransport jüdischer Bewohner
Auf eigene Initiative schon Oktober 1938 15 jüdische Bewohner in staatliche Heime verlegt. Später von dort in die Sammelanstalt Langenhorn und am 23.9.1940 zur Ermordung nach Brandenburg.

9. Meldebögen der "Aktion T 4"
Die Meldebögen sind am 27.7.1940 eingegangen (Berliner Anstaltsliste vom 31.8.1941: 617 Meldebögen). Besprechung Lensch und v. Bodelschwingh im Dezember 1940. Bei Rücksprache des Stiftungsvorstands und der Anstaltsleitung mit der Hamburger Verwaltung Januar 1941 Informationen über den Zusammenhang der Meldebögen mit den Krankenmorden. Dennoch wurden am 24.2.1941 ca. 750 Meldebögen abgesandt mit der Bemerkung, *daß der Vorstand eine eigene Verantwortung von sich aus abweise, falls die Fragebogen zu anderen Zwecken verwendet werden sollten.* Später wurden weitere Meldebögen ausgefüllt und abgesandt.

10. Abtransporte im Rahmen "Aktion T 4"
28.7. 1941: Verlegung von 70 Bewohnern nach Langenhorn, im November 1941 weiter nach Tiegenhof.

11. Weitere Abtransporte und Beschlagnahmungen bzw. Eingriffe
Auf Initiative Alsterdorfs nach Zersörungen mehrerer Häuser durch Luftangriffe 1943:
7.8. Eichberg 76,   7.8. Idstein 52, 11.8. Mainkofen 113, 14.8. Wien   228.

12. Schicksale der Abtransportierten
Tiegenhof: 70 davon 69 bis Mai 1945 ermordet.
Eichberg: 76, davon 72 ermordet.
Idstein : 52, davon 51 ermordet.
Mainkofen: 113, davon 74 ermordet.
Wien 228: davon 196 ermordet.

13. Sterben in der Einrichtung 1933 - 1945
Nur geringfügige Steigerung der Sterblichkeit bekannt.

14. Entwicklung der Einrichtung nach 1945
Bruchlose Fortführung der Arbeit, Entlassung Kreyenbergs am 24.8. 1945 auf Anweisung der britischen Militärverwaltung, Versetzung P. Lensch in ein Gemeindepfarramt Oktober 1945.

15. Bearbeitung der NS-Zeit und Gedenken der Opfer durch die Einrichtung
Staatsanwaltschaftliche Untersuchungen gegen Lensch und Kreyenberg, 1970 ohne Verfahren eingestellt. 1984 Errichtung eines Mahnmals im Anstaltsgelände, Gedenkbuch mit den Namen der Opfer in der Anstaltskirche.

16. Aktenlage
Die meisten Patientenakten (auch Rückgabe aus Verlegungsorten) und zahlreiche Verwaltungsakten erhalten.

17. Literatur
Michael Wunder, Harald Jenner, Ingrid Genkel: Auf dieser schiefen Ebene gibt es kein Halten mehr. Die Alsterdorfer Anstalten im Nationalsozialismus, Hamburg 1987[1], 1988[2].

Anscharhöhe

seit 1938 Hamburg
bis 1938 Lokstedt
Preußen
Prov. Schleswig-Holstein
Reg.-Bez. Schleswig

1. Gründungsgeschichte der Einrichtung und des Beginns ihrer Behindertenarbeit
Diakonische Einrichtung der Hamburger Kapellengemeinde St. Anschar, 1884 als Erziehungsheim eingerichtet, später zahlreiche weitere Heime für verschiedene Aufgaben. Kinderheime, Kinderkrankenhaus. 1890- 1936 selbständige Stiftung, dann Eigentum der inzwischen freikirchlichen St. Anschargemeinde.

2. Größe der Einrichtung 1933 - 1945
Insgesamt 1937 fast 500 meist weibliche Bewohner auf der Anscharhöhe, darunter 1936 bis 1939 100 Langenhorner Patientinnen.
Bei Kriegsbeginn Erweiterung auf 120 Patientinnen.

3. Träger der Einrichtung 1933 - 1945
Seit 1936 St. Anschargemeinde Hamburg.

4. Art der (damaligen) Behindertenarbeit und der Bewohnerstruktur
Rückgang der Fürsorgeerziehungsarbeit, seit 1928 Aufnahme von Patientinnen aus der Landesheilanstalt Neustadt/H., seit 1936 ca. 100 Patientinnen der Hamburger Staats- irrenanstalt Langenhorn zur Pflege bei medizinischer und organisatorischer Betreuung durch Langenhorn.

5. Teilnahme an der eugenischen Diskussion vor und nach 1933
Teilnahme des Leiters P. Rothe an der Berliner Tagung des Ständigen Ausschusses für Rassenhygiene beim CA, Berlin 1934.
Bis 1934: 4 Sterilisationen von Fürsorgezöglingen.
Patientinnen ggf. durch die Ursprungsanstalten sterilisiert.

6. Sterilisierungsmaßnahmen 1933 - 1945
Sterilisation von 4 Fürsorgezöglingen bis 1936 belegt. Sterilisation von Langenhorner Patientinnen durch Langenhorn.

7. Staatliche Eingriffe in die Einrichtungsstruktur bis 1939
Aufgabe der Erziehungsarbeit, in der Kriegszeit Neubeginn.

8. Erfassung und Abtransport jüdischer Bewohner
Keine jüdischen Bewohner.

9. Meldebögen der Aktion T 4?
Über Langenhorn.

10. Abtransporte im Rahmen "Aktion T 4"
Keine

11. Weitere Abtransporte und Beschlagnahmungen bzw. Eingriffe
Rückgabe der Patientinnen eines Hauses nach Langenhorn Winter 1941/42 und Neubelegung mit gesunden Kindern durch die Hamburger Jugendbehörde, Sommer 1943 Rückverlegung der verbliebenen Patientinnen.
Abtransport von Altenheimbewohnern nach Bombenangriffen 1943 nach Wittstock und andere staatliche Heime, u.a. Tworki im Generalgovernement.

12. Schicksale der Abtransportierten
Wie andere Langenhorner Patienten, zahlreiche Verlegungen und nach Rickling (s.dort) und Meseritz-Obrawalde.
Der Tod aller verlegten Altersheimbewohner gilt als sicher.

13. Sterben in der Einrichtung 1933 - 1945
Keine Angaben.

14. Entwicklung der Einrichtung nach 1945
Fortführung verschiedener diakonischer Aufgaben, Krankenhaus, Kinderheim.

15. Bearbeitung der NS-Zeit und Gedenken der Opfer durch die Einrichtung
Hinweis bei Veranstaltungen zur 100 Jahrfeier 1986.

16. Aktenlage
Keine Bewohnerakten, nahezu keine Verwaltungsakten.

17. Literatur
Harald Jenner, 100 Jahre Anscharhöhe 1886 - 1986. Die Anscharhöhe in Hamburg - Eppendorf im Wandel der Zeit, Neumünster 1986.

Reichsgau Oberdonau

1 Gallneukirchen

Reichsgau Oberdonau

Einwohnerzahl 1939: 1.035.000

Das "Gesetz zur Verhütung erbkranken Nachwuchses", trat in Österreich erst nach dem "Anschluß" am 1.1.1940 in Kraft trat. Dies erklärt auch, weshalb dort "nur" 5.000 Menschen zwangssterilisiert wurden.

In Oberösterreich war eine der sechs Vernichtungsanstalten der "Euthanasie". In der ehemaligen Behinderteneinrichtung "Schloß Hartheim" wurden 20.000 Menschen mit Behinderungen und 10.000 KZ-Häftlinge, meist aus dem nahe gelegenen KZ Mauthausen, getötet. Ebenfalls in der Nähe von Hartheim, ca. 30-40 km entfernt, befindet sich oberhalb von Linz das evangelische Diakonissenheim Gallneukirchen, die einzige Behinderteneinrichtung Österreichs, die zur Zeit des Dritten Reiches in evangelischer Trägerschaft war.

In Wien hatte die Anstalt "Am Steinhof" in der "Wagner von Jauregg-Heil- und Pflegeanstalt" in der Klinik "Am Spiegelgrund" eine Kinderfachabteilung eingerichtet, in der „mißgebildete und idiotische Kinder" im Alter zwischen 3 bis 17 Jahren ermordet wurden. Aus der Anstalt "Am Steinhof" wurden in der ersten Phase der Mordaktionen bis 1941 über 3000 Patienten zur Tötung abtransportiert, vor allem nach Hartheim. Ab 1943 wurden aus den Ballungsgebieten des Reiches, so aus dem Rheinland und aus Hamburg in großer Zahl Anstaltsbewohner hierher verlegt und durch Medikamente, Hunger und Nichtbetreuung ermordet.

Da es in Österreich kaum konfessionelle Einrichtungen gab, waren in erster Linie die Heil- und Pflegeanstalten und psychiatrischen Krankenhäuser in öffentlicher Trägerschaft betroffen.

Gallneukirchen
Gallneukirchen üb. Linz

Österreich
seit 1938 Reichsgau Oberdonau

1. Gründungsgeschichte der Einrichtung und des Beginns ihrer Behindertenarbeit
Gründung 1890 als evangelische Diakonissenanstalt im katholischen Österreich.

2. Größe der Einrichtung 1933 - 1945
November 1940: 177 behinderte Bewohner.

3. Träger der Einrichtung 1933 - 1945
Diakonissenanstalt Gallneukirchen des Vereins für Innere Mission.

4. Art der (damaligen) Behindertenarbeit und der Bewohnerstruktur
Behinderte Menschen jeden Alters, Ausbildungs- und Beschäftigungseinrichtungen.

5. Teilnahme an der eugenischen Diskussion vor und nach 1933
Keine Angaben.

6. Sterilisierungsmaßnahmen 1933 - 1945
Keine Angaben.

7. Staatliche Eingriffe in die Einrichtungsstruktur bis 1939
Übernahme der Heime für Jugendliche und Kinder durch die NSV.

8. Erfassung und Abtransport jüdischer Bewohner
Keine Angaben.

9. Meldebögen der "Aktion T 4"
Berliner Anstaltsliste vom 31.8.1941 : 211 Meldebögen.

10. Abtransporte im Rahmen "Aktion T 4"
63 Verlegungen mit unbekanntem Ziel in zwei Transporten
am 13. (59) und 30. (4) Januar 1941.

11. Weitere Abtransporte und Beschlagnahmungen bzw. Eingriffe
Keine

12. Schicksale der Abtransportierten
Die Ermordung der meisten Abtransportierten auf dem Sonnenstein ist anzunehmen.

13. Sterben in der Einrichtung 1933 - 1945
Nicht untersucht.

14. Entwicklung der Einrichtung nach 1945
Fortführung der Arbeit.

15. Bearbeitung der NS-Zeit und Gedenken der Opfer durch die Einrichtung
Veröffentlichung 1981.

16. Aktenlage
Archiv mit Bewohnerkartei.

17. Literatur
Evangelisches Diakoniewerk Gallneukirchen (Hg.), Der Gallneukirchner Bote - Sonderfolge 1981: Gnadentod 1941 - Eine Denkschrift, Gallneukirchen: Eigenverlag, 1981.

Auswertung

Auswertung
Harald Jenner

Die Ergebnisse der vorstehenden Erhebungen sind sehr unterschiedlich zu bewerten. Die Darstellung bestimmter Informationen über ein Frageraster sollte die Vergleichbarkeit ermöglichen. Dabei wird deutlich, daß die Ausgangslage sehr unterschiedlich ist. Neben Anstalten, die mit zahlreichen Untersuchungen an die Öffentlichkeit getreten sind, stehen Einrichtungen, von denen gerade noch ihre ungefähre Größe bekannt ist. Es ist daher in allen folgenden Aussagen immer wieder zu beachten, daß noch keine endgültigen Ergebnisse präsentiert werden. Dennoch soll eine Zusammenfassung der aus sehr unterschiedlichen Quellen erhobenen Daten erfolgen, um die Komplexität der Einbeziehung der Einrichtungen Innerer Mission in die nationalsozialistischen Euthanasie-Verbrechen darzustellen.

Die zusammengestellten - teilweise erstmalig erhobenen - Informationen über die Einrichtungen der Inneren Mission lassen noch einmal deutlich erkennen, daß es die typische Anstalt der Inneren Mission im Dritten Reich nicht gegeben hat. So wie jede Einrichtung selbständig und unabhängig war, ist auch ihr Schicksal und das ihrer Bewohner individuell. Leider sind auch die auffindbaren Informationen sehr unterschiedlich, selbst Basisdaten wie Größe und Art der Arbeit sind nicht immer vollständig zu ermitteln und variieren im Untersuchungszeitraum erheblich.

Für die vorgelegte Untersuchung wurden Informationen über 86 evangelische Einrichtungen für Menschen mit geistiger und seelischer Behinderung im damaligen Deutschland zusammengestellt. Die Frage nach dem evangelischen Charakter wurde durch die Mitgliedschaft in einem Verband/Verein der Inneren Mission beantwortet. Es sind Einrichtungen darunter, die aus einer besonderen Frömmigkeitsbewegung heraus entstanden sind, mit einer Schwestern- oder Brüderschaft verbunden waren oder einer spezifischen theologischen Richtung innerhalb der evangelischen Kirche nahestanden. Zu diesem Bereich sind auch die mit Freikirchen verbundenen Einrichtungen zu zählen. Andere Häuser wiederum, die aus der Tradition bürgerlicher Wohltätigkeit oder aus landesherrlichen Stiftungen heraus entstanden sind, verfügen über eigenständige, sehr unterschiedliche Bindungen an die Kirche.

Die Anstalten für Behinderte der Inneren Mission in Deutschland
(Fragen 1-4)

Die Größen der Einrichtungen reichen von mehreren tausend Bewohnern in so bekannten Werken wie Bethel oder Neuendettelsau bis hin zu kleinen Heimen mit einer Platzzahl von unter 50 Betten. Die Angaben über die Bettenzahlen sind nicht durchweg zu vergleichen. Die Größenangaben beziehen sich oft auf unterschiedliche Jahre. In vielen Einrichtungen ist auch unterschiedlich gezählt worden, z.B. wenn nur ein Teil der Arbeit der Fürsorge für Geisteskranke oder -behinderte galt und in einem anderen Teil eine andere Aufgabe wahrgenommen wurde. Dennoch wird deutlich, daß ca. ein Viertel der Einrichtungen über die Hälfte der insgesamt etwa 30.000 Betten der Einrichtungen der Inneren Mission für psychisch Kranke und geistig Behinderte verfügte.

Größenverteilung

über	1000	Plätze	6	Einrichtungen
über	500	Plätze	15	Einrichtungen
über	100	Plätze	38	Einrichtungen
über	50	Plätze	14	Einrichtungen
10	bis 50	Plätze	13	Einrichtungen

Die Bedeutung einer Einrichtung wird nicht allein durch ihre Größe, sondern auch durch ihre Tradition und regionale Anerkennung geprägt. Dennoch läßt sich erkennen, daß die Leiter der großen Einrichtungen auch die prägenden Persönlichkeiten innerhalb der evangelischen Behindertenarbeit waren. Die Bedeutung Bethels z.B. lag dabei neben der Größe der Anstalt auch in der Person v. Bodelschwinghs. Auch die Tagungen der eugenischen Fachkonferenzen des Centralausschusses und andere Besprechungen wurden im wesentlichen von den Vertretern der 15 bis 20 größten Einrichtungen durchgeführt. Sowohl über den Centralausschuß, wie über den Verband der Heilerziehungs-, Heil- und Pflegeanstalten und über informelle und persönliche Kontakte standen die meisten Anstaltsleiter der großen Einrichtungen in sehr engem Kontakt. Die weiteren ca. 70 Einrichtungen waren in der Regel nur von regionaler Bedeutung.

Die vorgestellten 86 Einrichtungen dienten verschiedenen Bereichen der Geisteskranken- und Behindertenarbeit. Die meisten Einrichtungen waren ihrem Selbstverständnis nach auf die mögliche Beschäftigung oder Ausbildung und gegebenenfalls nötige Pflege ausgerichtet. Spezifisch medizinische Therapien standen häufig im Hintergrund. Zahlreiche Heime waren entweder auf die Aufnahme von Jugendlichen oder von alten Menschen ausgerichtet. Eine genaue zahlenmäßige Übersicht verbietet sich jedoch, da die Aufnahmemodalitäten innerhalb weniger Jahre sehr stark wechselten.

Von etwa 10 Einrichtungen ist bekannt, daß sie erst im Laufe der späten zwanziger oder zu Anfang der dreißiger Jahre auch Menschen mit geistiger oder seelischer Behinderung aufnahmen, da ihr ursprüngliches Arbeitsgebiet, meist die Erziehungsarbeit, zum Erliegen gekommen war.

Ausgangspunkt ist nach Möglichkeit das Jahr 1937 mit den Angaben nach Laehr, ansonsten wird auf die Berliner Anstaltsliste von 1941 verwiesen. Abweichende Jahre sind angegeben, bei Bettenzahlen ohne Jahreszahl liegen nur unspezifische Angaben für den Untersuchungszeitraum vor. ➨

Tabelle 1

Name	Bettenzahl	im Jahr	Name	Bettenzahl	im Jahr
Bethel	3300	1941	Gallneukirchen	177	1940
Neuendettelsau	1758	1940	Grafeneck	170	1941
Kückenmühle	1400	1937	Rockenhausen	160	1941
Wittekindshof	1331	1941	OberurselHohem.	150	
Alsterdorf	1257	1933	Belgard	150	1941
Rotenburg	1135	1940	Aue	144	1937
Bad Kreuznach	900		Wilhelmsdorf	144	1941
Carlshof	870	1936	Moritzburg	135	1941
Magdeburg	800	1939	Lübtheen	126	1937
Neinstedt	800	1937	Johannesstift		
Waldbröl	780	1941	Berlin	120	1941
Scheuern	778	1937	Ratingen	120	
Kraschnitz	880	1937	Borsdorf	110	1940
Stetten	770	1939	Bad Frankenh.	110	
Angerburg	650	1937	Arnstadt	100	
Remscheid	618	1941	Anscharhöhe	100	1937
Schwäbisch Hall	590	1940/41	Klein Wachau	99	1937
Niederramstadt	561	1937	Sohland	93	1937
Mönchengladbach	547	1934	Kaiserswerth	90	
Neuerkerode	520	1933	Jauer	87	1941
Reutlingen	517	1933	Lintorf	86	1941
Treysa	491	1938	Hohenleuben	82	1941
Rickling	490	1937	Guben	73	1937
Mosbach	469	1939	Arolsen	70	
Kropp	430	1939	Tettnang	68	1934
Landau	370	1937	Bad Blankenburg	60	
Tormersdorf	323	1938	Wernigerode	56	1936
Lübeck	314	1940	Bernburg Johannes	54	1937
Hildesheim	300	1940	Oelsnitz	50	1940
Schreiberhau	300	1941	Quittelsdorf	50	
Lemgo	300	1940	Frankfurt, Nathalien	40	
Gifhorn	285	1941	Züllichau	40	1928
Pleschen	270	1940	Tonndorf	40	1941
Marklissa	270	1941	Kreuzburg	35	1941
Radebeul	250		Gefell	30	1937
Apolda	235	1941	Neumarkt	28	1941
Kork	234	1934	Kleinschweidnitz	25	1931
Winnenden	225	1940	Rastenberg	25	1941
Groß Hennersd.	220	1937	Miechowitz	25	1941
Nikolassee	207	1941	Bielstein	25	
Mariaberg	200	1937	Friedeberg/Sachs.	20	
Bischofswerder	190	1941	Jeggen	20	1925
Erkner	190	1935	Chemnitz	18	1941
Fürstenwalde	182				

Eugenische Diskussion und Sterilisationen
Frage 5 und 6

Die Untersuchung der einzelnen Einrichtungen bestätigt die bereits bekannten Darstellungen über die Art der eugenischen Diskussion innerhalb der Inneren Mission. Einzelne Vertreter der großen Einrichtungen nahmen aktiv an der Diskussion teil. Persönliches und wissenschaftliches Interesse waren hierbei mit ausschlaggebend. Von einzelnen Ausnahmen abgesehen, wurden die Zwangssterilisationen im Rahmen des Gesetzes zur Verhütung erbkranken Nachwuchses (GzVeN) von den meisten Einrichtungen im Rahmen der gesetzlichen Bestimmungen veranlaßt. Von 20 der betroffenen Einrichtungen läßt die Untersuchung erkennen, daß die erbbiologische Erfassung und die Zwangssterilisation in besonders aktiver Weise durchgeführt wurde. Hier gilt aber der grundsätzliche Hinweis, daß die Überlieferungslage und der Forschungsstand keine quantitativen Aussagen zulassen.

Die Zahl der Zwangssterilisationen ist nur für sehr wenige Einrichtungen - und oftmals nur für einen bestimmten Zeitraum - genau bekannt.

Nach der durchgeführten Erhebung können jetzt 2922 Sterilisationen in evangelischen Einrichtungen als gesichert gelten. Nur aus 24 Einrichtungen sind überhaupt derartig unsichere Zahlen überliefert. Für über 50% der Einrichtungen gilt als sicher, daß Zwangssterilisationen stattfanden, der genaue Umfang ist aber unbekannt. Die Zahl hängt wesentlich vom Alter der betreuten Personen ab, in einer Einrichtung mit dem Schwerpunkt der Alterspflege war sie gering, ohne daß daraus auf ein Widerstreben der Anstaltsleitung gegen derartige Maßnahmen geschlossen werden darf.

Zahlemäßige Angaben über Sterilisation liegen aus 20 Einrichtungen vor:

Tabelle 2

	Anzahl der Sterilisationen	Zeitraum
Bethel	900	1934 - 1944
Rotenburg/Hann.	354	1934 - 1945
Mönchengladbach	255	1934 - 1941
Stetten	184	1934 - 1945
Alsterdorf	154	1934 - 1936
Erkner	138	1934 - 1943
Remscheid	120	1934 - 1936
Neuerkerode	109	1934 - 1945
Kork	102	1934 - 1937
Wittekindshof	92	1934
Treysa	90	1934 - 1936
Mosbach	60	1934 - 1945
Bad Kreuznach	56	1934 - 1936

Lemgo	54	1934 - 1936
Bernburg	49	1934 - 1939
Lübeck	45	1934
Aue	44	1943 - 1940
Ratingen	27	1934 - 1939
Sohland	24	1934 - 1935
Apolda	22	1935 - 1938
Käsdorf	21	1934 - 1945
Waldbröl	15	1934
Lobetal	17	1934 - 1937
Tettnang	6	1934 - 1939

Die Gesamtsumme von 2922 gesicherten Zwangssterilisationen in evangelischen Einrichtungen sagt wenig aus über die tatsächlich insgesamt durchgeführten Eingriffe. Vielfach sind nur die Sterilisationen der Jahre 1934 bis höchstens 1936 bekannt, da diese in Jahresberichten erwähnt wurden. Die z.T. geringere Zahl der folgenden Jahre ist schon unbekannt. Die Dunkelziffer ist so hoch, daß keine Schätzungen über den tatsächliche Umfang möglich sind. Die Eintragung lautet im allgemeinen: "Sterilisationen durchgeführt, Einzelheiten unbekannt". Es ist anzunehmen, daß in nahezu allen Einrichtungen mit Bewohnern, für die das Gesetz galt, auch Zwangssterilisationen durchgeführt wurden.

Eingriffe vor 1939
(Frage 7)

Die Euthanasie-Verbrechen mit der Ermordung von mindestens 150.000 Menschen bilden zwar den Gipfel der staatlichen Maßnahmen gegen die Behinderten und die Einrichtungen, in denen sie lebten, ihnen gingen jedoch umfangreiche Einschränkungen und Veränderungen voraus, die bis zur Auflösung von Heimen und Anstalten führen konnten. Deutlich wird durch die vorgelegte Untersuchung, daß es kein generelles politisches Konzept für die Behandlung der konfessionellen Behinderteneinrichtungen gab. Entscheidend war das Engagement der regionalen politischen Administration, bzw. der Parteidienststellen. Gegen durchgesetzte Maßnahmen der Entkonfessionalisierung, wie in Hessen, gab es wohl kaum wirksame Gegenmaßnahmen. Das staatliche Vorgehen hatte seine Ursache z.T. in einer bewußten Entkonfessionalisierungspolitik, zum anderen waren staatliche und kirchliche Einrichtungen von der Politik der Verschlechterung der Lebensbedingungen in allen Bereichen von psychiatrischen Einrichtungen betroffen. Die regional begonnene Entkonfessionalisierung zeigte sich aber im Allgemeinen stärker im Bereich der Erziehung und Ausbildung (reichsweit Verbot der Konfessionsschulen, regional und lokal Übergang von kirchlichen Kindergärten und Heimen an die NSV) als in Einrichtungen des Heil- und Pflegebereichs. Die Auswertung der Informationen zeigt die starke Differenzierung der Verhältnisse nach Regionen. Während in Hessen Einrichtungen der Inneren Mission nahezu aufgelöst wurden, findet in anderen Gebieten (z.B. Hannover) eine enge Zusammenarbeit zwischen staatlichen und kirchlichen Anstalten statt.

Die Erfassung und Ermordung jüdischer Bewohner
(Frage 8)

Die Erfassung der jüdischen Patienten in Heimen und Anstalten im Sommer 1940 geschah im Rahmen einer reichsweiten Aktion in nahezu allen staatlichen, privaten und konfessionellen Einrichtungen. Es gab auch Heime, wie z.B. die Alsterdorfer Anstalten in Hamburg, die ihre jüdischen Bewohner schon 1938 in staatliche Heime verlegt hatten, so daß sie von dort aus zur Ermordung weiterverlegt wurden. Da es sich in vielen Einrichtungen oft nur um die Verlegung einzelner Bewohner handelte, ist die Vertreibung der Juden aus den evangelischen Einrichtungen und ihre Ermordung vielfach nicht mehr genau zu dokumentieren. Nur die sorgfältige Auswertung von Patientenunterlagen führt hier zu Ergebnissen, diese Untersuchungen sind oft auf Grund mangelnder Quellen nicht mehr durchzuführen. Aus den Einrichtungen, in denen keine sorgfältige Forschung betrieben wurde, und aus denen, die im heutigen Polen liegen, fehlen die Informationen.

Bekannt ist die Verlegung von jüdischen Patienten bzw. Heimbewohnern aus folgenden evangelischen Einrichtungen:

Tabelle 3

1940

Vorwerk/Lübeck	10	Bewohner
Bethel	7	Bewohner
Arolsen	6	Bewohner
Neuerkerode	4	Bewohner
Kork	3	Bewohner
Himmelsthür/Hildesheim	3	Bewohner
Rotenburg/Hann.	3	Bewohner
Stetten	3	Bewohner
Mariaberg	1	Bewohner
Züllichau	2	Bewohner
Neinstedt (?)	1	Bewohner

1941

	Bad Kreuznach	3	Bewohner
	Hephata/Mönchengladbach	3	Bewohner
	Tannenhof/Remscheid	2	Bewohner
	Waldbröl	3	Bewohner
	Neinstedt	1	Bewohner

1942

	Hoffnungstal	10	Bewohner
	Aue	2	Bewohner
	Erkner	1	Bewohnerin

Die Meldebögen der "Aktion T4" und Abtransporte
(Frage 9 und 10)

Die Meldebögen zur Vorbereitung der Mordaktion wurden nahezu allen Einrichtungen mit geistig behinderten Menschen im damaligen Deutschland zugesandt, in den annektierten Gebieten nur im Osten, dem Anschein nach nicht im annektierten Elsaß-Lothringen.

Auch hier ist wieder festzustellen, daß in den meisten kleineren Einrichtungen die Reaktion auf die Meldebögen und der genaue Zeitpunkt ihrer Ankunft und ihrer Bearbeitung nicht mehr bekannt sind. Die ungenaue Quellen- und Forschungslage verbietet eine qualifizierte Auswertung. Die Breite der Reaktionen reicht von sofortigem Ausfüllen bis zur bewußten Verweigerung.

Nach dem 1945 in Hartheim aufgefundenen Dokument wurden im Rahmen der "Aktion T4" bis August 1941 70.273 Menschen umgebracht. Für 26 Einrichtungen der Inneren Mission ist jetzt bekannt, daß aus ihnen 3.665 Menschen im Rahmen der "Aktion T4" in den Tod verlegt wurden. Auch hierbei ist eine erhebliche Dunkelziffer zu beachten.

Es wird deutlich, daß nur in wenigen Gebieten, so in Brandenburg, Württemberg und Pommern, Abtransporte in die Tötungsanstalten aus evangelischen Einrichtungen in großer Zahl durchgeführt wurden. Das Schema, nach dem zunächst die staatlichen Anstalten "bearbeitet" wurden, und anschließend private und konfessionelle Anstalten zur Ermordung der Insassen anstanden, führte dazu, daß bei der Beendigung dieser Form der Euthanasie-Verbrechen 1941, eine große Zahl der konfessionellen Heime und Anstalten noch nicht betroffen waren.

Tabelle 4

Regionale Auflistung der evang. Einrichtungen, aus denen bis August 1941 Menschen zur Ermordung abgeholt wurden.

Einrichtung	Land/Provinz	Jahr	Zahl
Guben	Brandenburg	1940/41	42
Fürstenwalde	Brandenburg	1940	25[1]
Sohland	Sachsen	1939/40	20
Groß Hennersdorf	Sachsen	?	187[2]
Klein Wachau	Sachsen	1940	?[3]
Röderhof	Sachsen	1940	71
Radebeul	Sachsen	1941	ca.150[4]
Freiberg	Sachsen	1940	ca. 25[5]
Kork	Baden	1940	113
Mosbach	Baden	1940	218
Reutlingen	Württemberg	1941	27
Mariaberg	Württemberg	1940	61
Schwäbisch Hall	Württemberg	1940	296
Stetten	Württemberg	1940/41	340
Wilhelmsdorf	Württemberg	1941	18
Winnenden	Württemberg	1940 (?)	7
Tettnang	Württemberg	?	19
Quittelsdorf	Thüringen	1940/41	ca. 20[6]
Cracau/Magdeburg.	Prov. Sachsen	1941	58[7]
Neinstedt	Prov. Sachsen	1940/41	447
Neuendettelsau	Bayern	1940/41	1.135[8]
Gallneukirchen	Oberdonau	1941	63
Belgard	Pommern	1941	10
Niederramstadt	Hessen	1941	33
Rotenburg/Hann.	Hannover	1941	140
Rothenburg/OL	Schlesien	1941	ca. 100[9]

[1] Verlegung 40 weiterer Menschen wahrscheinlich.
[2] Andere Quellen nennen 204.
[3] Transportgröße unbekannt. ca. 50-80.
[4] Gesamtauflösung, Einzelheiten unbekannt, ca. 150 Plätze.
[5] Gesamtauflösung, Einzelheiten unbekannt, 25 Plätze.
[6] Genaue Zahl unbekannt.
[7] Weitere Verlegungen unbekannter Anzahl.
[8] Abtransporte nicht in direkter Verbindung zu T 4.
[9] Abtransporte nach Beschlagnahmung der Einrichtung, genaue Anzahl unbekannt.

Weitere Eingriffe und das damit zusammenhängende Schicksal der Abtransportierten
(Fragen 11 und 12)

Nach Beendigung der "Aktion T4", d.h. der Deportation von Anstaltsbewohnern und ihrer Ermordung in den Tötungsanstalten auf Grund der Auswertung der Meldebögen, z. T. auch zeitgleich, gab es weitere umfangreiche Verlegungen, die ebenfalls vielfach den Tod der Menschen zur Folge hatten.

Bereits unmittelbar nach Kriegsbeginn wurden aus den Grenzregionen Pfalz und Pommern Patienten verlegt. Während die Landauer Bewohner in einer gut organisierten Verteilaktion des Centralausschusses in andere evangelische Einrichtungen aufgenommen wurden, und später zurückkehren konnten, wurden die pommerschen Anstaltsbewohner ermordet. Hieran wird auch die typische Situation der Verlegungen von August 1941 bis 1945 deutlich. Die Ursache der Verlegung war nicht mehr primär das Interesse am Tod der Anstaltsbewohner/innen, sondern stand in engster Verbindung mit der weiteren Nutzung der Räumlichkeiten.

Die Beschlagnahmungen von Anstalten oder ihren Teilbereichen war in vielen Fällen mit dem Abtransport von Bewohnern in andere, oft weit entfernte Einrichtungen verbunden. Sowohl regionale als auch Berliner Dienststellen benannten die staatlichen Einrichtungen, die zur Aufnahme bestimmt waren. In vielen dieser Aufnahmeanstalten wurde auch, wie in Meseritz, Großschweidnitz oder Hadamar in großem Umfang gezielt getötet. In anderen Heimen führten die Überbelegung und die schlechte Versorgung ebenfalls in großer Zahl zum Tode. Nur in Einzelfällen überlebten Patienten/innen und Bewohner/innen diese Transporte.

Die Ursachen für diese Abtransporte waren sehr unterschiedlich: Katastrophenmedizinische Überlegungen, militärische Nutzung, Kinderlandverschickung und die Unterbringung von Übersiedlern waren die meisten Auslöser für die Verlegungen der Anstaltsbewohner in den Tod.

Die ebenfalls vielfältigen Beschlagnahmungen von Teilen der Anstalten der Inneren Mission als Lazarett konnten fast immer durch interne Verlegungen und Umorganisationen aufgefangen werden.

Zahlenmäßig belegt sind die Verlegungen von 5100 Personen aus folgenden Einrichtungen der Inneren Mission:

Tabelle 5

Beschlagnahmungen und Abtransporte

Einrichtung	Jahr	Verlegungszahl
Wittekindshof	1941	956
Rotenburg/Hann.	1941	679
Rickling	1941	220
Bad Frankenhausen	1941	ca. 100[1]
Kropp	1942	532
Neinstedt	1942	147
Reutlingen, Gustav-Werner	1942[2]	17
Kaiserswerth	1942	15
Remscheid	1942/43	229
Mönchengladbach	1943	549
Waldbröl/Hausen	1943	512
Alsterdorf	1943	469
Neuerkerode	1943[3]	176
Lintorf	1943	ca. 90[4]
Wernigerode	1943	45
Wilhelmsdorf/Württ.	1943	35
Bad Kreuznach	1943/44	240
Lemgo	1945	90

---

[1] Verlegung aller Bewohner bei Auflösung, Einzelheiten unbekannt.
[2] Verlegungen zwischen 1942 und 1945.
[3] Verlegungen zwischen April 1943 und Februar 1945.
[4] Genaue Anzahl unbekannt, Verlegung nach Beschlagnahmung.

Vollständig aufgelöst wurden, bzw. in staatliche und kommunale Trägerschaft gingen über:

Carlshof/Ostpr.	1939
Hohenleuben/Thür.	1939
Kückenmühle/Pommern	1940
Angerburg/Ostpr.	1941
Lübtheen/Meckl.	1941
Radebeul/Sachsen	1941
Jost-Strecker Pleschen/Wartheland	1941
Tonndorf/Wartheland	1941
Stanislau-Wolfshagen/Wartheland	1941
Belgard	1941

Anzunehmen ist auch die Auflösung der Anstalt Bischofswerder/Westpr. Unklar ist das Schicksal der schlesischen Anstalten: Miechowitz, Neumarkt und Schadewald.

Sterben in den Einrichtungen
(Frage 13)

Die noch sehr geringen Forschungsergebnisse zu den Fragen nach den Todesfällen in den Einrichtungen, besonders in den letzten Kriegsjahren (und auch zu Beginn der Nachkriegszeit), erlauben noch keine gesicherten Aussagen. Neben Einrichtungen mit stark erhöhter Sterblichkeit stehen andere Heime mit gleichbleibender Zahl von Todesfällen.

Tabelle 5

Hinweise oder Untersuchungen zur erhöhten Sterblichkeit im Vergleich zur Vorkriegszeit liegen vor über die Einrichtungen:

Apolda	Rickling
Bad Blankenburg	Rotenburg/Hann.
Fürstenwalde	Rothenburg/Schl.
Gefell	Scheuern
Hoffnungstal	Sohland
Kropp	Stetten
Mönchengladbach	Tannenhof/Remscheid
Neuerkerode	Vorwerk

Hinweise oder Untersuchungen auf eine nicht erhöhte Sterblichkeit gibt es für die Einrichtungen:

Bad Kreuznach
Klein Wachau
Mosbach
Wernigerode

Die Ursachen einer erhöhten Sterblichkeit waren sehr veilfältig: kriegsbedingte Einschränkung an Raum, Personal, Nahrung, Heizung, Kleidung, Überbelegung, Aufnahme von alten und geschwächten Patienten, differenzierte Ernährung nach Arbeitsfähigkeit oder auch aktive Tötung.
Der Verdacht auf bewußte Tötung von Anstaltsbewohnern besteht in einer kleinen Einrichtung in Sachsen, dem Martinshof/Sohland. Doch liegen hier noch keine endgültigen, veröffentlichten Forschungsergebnisse vor.

Entwicklung nach 1945
(Frage 14)

Die große Mehrzahl der Einrichtungen der Inneren Mission in Deutschland setzte ihre Arbeit nach 1945 in ähnlicher Weise fort. Beschlagnahmungen von Einrichtungen oder ihrer Teile blieben in den drei Westzonen bzw. später der Bundesrepublik oftmals noch über einige Jahre hinweg bestehen, in der SBZ kamen neue Beschlagnahmungen durch die Besatzungstruppen hinzu. In den polnisch gewordenen Gebieten konnte die Arbeit zunächst für eine kurze Zeit fortgesetzt werden. Im Zuge der Vertreibung der deutschen Bevölkerung wurden die Anstalten von polnischen Institutionen übernommen.

Gedenken an die Opfer
(Frage 15)

Das zunehmende Interesse in den Einrichtungen und in der Öffentlichkeit an den Ereignissen von 1933 - 1945 seit Beginn der 80er Jahre ist vor allem an den Schicksalen der Opfer orientiert. Veröffentlichungen und Veranstaltungen verstanden und verstehen sich weiterhin als Gedenken an die Opfer. In zahlreichen Einrichtungen, die von Deportationen betroffen waren, sind Gedenksteine, Gedenkbücher oder andere sichtbare Ausdrucksformen des Gedenkens an zentraler Stelle errichtet worden. Ohne historische Forschungen, die Opferschicksale in übergreifende Zusammenhänge der Herrschaft des Nationalsozialismus, der "Euthanasie", der regionalen Wohlfahrtspflege und der Kirchengeschichte einbetten, sind über ein ritualisiertes Gedenken hinausgehende Schritte nicht zu erwarten.

Forschung und Bearbeitungsmöglichkeiten
(Frage 16 und 17)

Die Frage nach der Archivsituation erlaubt keine quantitative Auswertung. Versuche, den gesamten Archivbestand in öffentlichen Archiven und Einrichtungsarchiven zum Bereich der Euthanasie-Verbrechen in einem Inventar zu erfassen, stehen noch aus. Oftmals ist mit der Erstellung von größeren Arbeiten zur Anstaltsgeschichte oder speziell zur Geschichte in der NS-Zeit die erste Sichtung des Archivguts vorgenommen worden. Die Literatur wird in der Anstaltsbibliographie im letzten Teil nachgewiesen.

Unterschiedlich umfangreiche, geordnete Archive bestehen in folgenden Einrichtungen:

Alsterdorf
Arnstadt
Aue
Bad Kreuznach
Bethel
Gefell
Kork
Kropp
Lemgo
Lobetal
Mönchengladbach
Neuendettelsau
Neuerkerode
Paulinenpflege Winnenden
Rickling
Rotenburg/Wü.
Scheuern
Diakonissenanstalt Speyer f. Landau
Stetten
Wittekindshof

Aktenüberlieferungen zum Bereich der nationalsozialistischen Euthanasieverbrechen und der Zwangssterilisation liegen vor in:

Apolda
Fürstenwalde
Gallneukirchen
Großhennersdorf
Mariaberg
Moritzburg
Neinstedt
Niederramstadt
Schwäbisch Hall
Treysa
Vorwerk/Lübeck
Wernigerrode

Schlußbemerkung

Die vorgelegte Untersuchung liefert eine Gesamtübersicht über die Einrichtungen der Inneren Mission für psychisch Kranke und geistig Behinderte und stellt zahlreiche unveröffentlichte oder nur verstreut bekannte Einzelergebnisse zusammen. Zur zahlenmäßigen Erfassung von ca. 7600 verlegten und ermordeten Anstaltsbewohnern und -bewohnerinnen kommen noch die Bewohner und Bewohnerinnen aus den zahlreichen Einrichtungen über die keine Forschungsergebnisse vorliegen. Es bleiben noch umfangreiche Forschungsarbeiten zu leisten, bis alle Fakten bekannt sind, die zur Darstellung und Beurteilung der Ereignisse zwischen 1933 und 1945 in den Einrichtungen der Inneren Mission wichtig sind. Insbesondere Fragen des theologischen Hintergrundes, des allgemeinen Menschenbildes und der Rolle der Medizin in den Einrichtungen sind weitgehend unerforscht und konnten auch durch diese Zusammenstellung nicht erfaßt werden. Die Rolle der Mitarbeiter der Einrichtungen bei den durchgeführten Maßnahmen steht ebenfalls zur Untersuchung an.

Grundlegende Informationen fehlen noch über nahezu alle Einrichtungen im heutigen Polen. Da die Forschung bislang überwiegend von den heute noch existierenden Einrichtungen ausgeht, blieben die Einrichtungen im heutigen Polen bislang ausgespart. In vielen Fällen wären aber bei gründlicher Arbeit noch interessante Erkenntnisse zu gewinnen.

Wie schon dargestellt, ist das Schicksal der Juden in den evangelischen Einrichtungen nur in wenigen Fällen erforscht. Auch das Thema Zwangssterilisation ist nur sehr bruchstückhaft erforscht. Die vorhandenen Quellen sind noch nicht ausgeschöpft.

Unsere durchgeführten Erhebungen und Forschungen zeigten die besondere Bedeutung der Regionen. Von Landesteil zu Landesteil wirkten sich die Maßnahmen des nationalsozialistischen Staates unterschiedlich aus. Zu prüfen wäre auch, ob sich ähnliche Vorgehensweisen bezüglich der katholischen Einrichtungen finden lassen.

Es konnte nicht Aufgabe der vorgelegten Übersicht sein, diese unerforschten Themen zu bearbeiten. Wenn diese Zusammenstellung aber zur Erforschung der offenen Fragen anregt, ist eines der Anliegen der Herausgeber und der Mitarbeiterin und Mitarbeiter erfüllt.

Bibliographie
Christoph Beck

Zum Aufbau der Bibliographie

Ziel dieser Literaturzusammenstellung ist es, einen möglichst vollständigen Überblick zu geben, über das, was zum "Euthanasie"-Geschehen in den Einrichtungen der Inneren Mission geschrieben wurde. Aus diesem Grund wird ein sehr weiter Begriff von Literatur verwendet. Unter Literatur werden hier alle schriftlichen Äußerungen zu dem behandelten Thema verstanden. Es werden nicht nur Monographien, Sammelbände oder Aufsätze aus wissenschaftlichen Zeitschriften aufgeführt, sondern auch Sekundär-, Tertiär- und graue Literatur (Jahresberichte, Broschüren der Einrichtung oder des Trägers, Diplomarbeiten, Dissertationen, Zeitungsartikel, Vorträge und teilweise auch Archivbestände).

Die Bibliographie will zum Weiterforschen anregen. Bei Büchern und Zeitschriften, die man in Buchhandlungen oder öffentlichen (wissenschaftlichen) Bibliotheken erwerben, bzw. ausleihen und einsehen kann, wird gemäß der üblichen, wissenschaftliche Zitierweise verfahren:

Monographien (Name, Vorname, Titel, Erscheinungsort, Erscheinungsjahr) / Sammelbände (Name, Vorname <Hg.>, Titel, Erscheinungsort, Erscheinungsjahr) einzelne Aufsätze in Periodika/Sammelbänden (Name, Vorname, Titel, in: Zeitschrift / bzw. Angaben zu dem Sammelband) bei Zeitschriften: Jahrgang/ Band, (Erscheinungsjahr) Heftnummer, Seitenzahl(en)

Bei den anderen Literaturangaben werden diese Minimalangaben, um weitestgehende Hilfestellung beim Auffinden der Literatur zu geben, ergänzt. Hinter dem Erscheinungsort wird, durch Doppelpunkt getrennt, die Angabe des Verlages eingefügt. In der Regel erscheint hier das Wort "Eigenverlag", d.h. daß diese Veröffentlichung direkt beim Autor, bei der Einrichtung oder bei dem Träger der Einrichtung zu bekommen ist.

Handelt es sich um eine wissenschaftliche Arbeit, wird hinter der Ortsangabe (= Ort der Hochschule), durch Doppelpunkt getrennt, die Art der Arbeit angegeben, z.B. wissenschaftlich Hausarbeit, Magisterarbeit, Diplomarbeit, Dissertation ...

Bei Sammelbänden werden die Sammlungen, deren einzelnen Beiträge zu einem Thema Aussagen machen, wie Monographien behandelt. Gesondert aufgeführt werden einzelne Aufsätze eines Sammelbandes, wenn es sich um verschiedene Autoren handelt, oder die einzelnen Aufsätze unterschiedliche Themenschwerpunkte setzen.

Einige Werke werden immer wieder angeführt. Diese werden, wie folgt, verkürzt zitiert:

Kaminsky, Uwe, Zwangssterilisation und "Euthanasie" im Rheinland. Evangelische Erziehungsanstalten sowie Heil- und Pflegeanstalten 1933-1945, Köln, 1995
= Kaminsky, Rheinland, 1995

Klee, Ernst, "Euthanasie" im NS-Staat. Die "Vernichtung lebensunwerten Lebens", Frankfurt, 1983
= Klee, NS-Staat, 1983

Rüter-Ehlermann, Adelheid/Rüter, C. F. (Hg.), Justiz und NS-Verbrechen. Sammlung deutscher Strafurteile wegen nationalsozialistischer Tötungsverbrechen, Amsterdam, 21 Bände, 1968-1981
= Rüter-Ehlermann/ Rüter, Tötungsverbrechen, Bd .., 1968 ff

Schlaich, Ludwig, Lebensunwert? Kirche und Innere Mission Württembergs im Kampf gegen die Vernichtung "lebensunwerten" Lebens, Stuttgart, 1947
= Schlaich, Lebensunwert?, 1947

Schmuhl, Hans-Walter, Rassenhygiene, Nationalsozialismus, Euthanasie. Von der Verhütung zur Vernichtung 'lebensunwerten Lebens' 1890-1945, Göttingen, (1987)²1992
= Schmuhl, Rassenhygiene, 1987

Hessen / Provinz Hessen-Nassau

Bathildisheim, Arolsen

- Jahre Bathildisheim Arolsen - Chronik des Bathildisheim, Arolsen: Eigenverlag, 1987

Christliche Wohnstätten, Aue

- Antwort der Liebe, 100 Jahre christliche Pflegeanstalt Schmalkalden, Aue, 1973
- Hornickel, Heidi, "Die, so im Elend sind, führe in dies Haus" (Jes 58.7). Entstehung und Entwicklung der christlichen Wohnstätten Schmalkalden GmbH von den Anfängen bis 1989, Schülerwettbewerbsarbeit 1997

Nathalienhaus, Frankfurt

- Getrost und freudig. 125 Jahre Frankfurter Diakonissenhaus 1870-1995, Frankfurt: Eigenverlag, 1995

Nieder-Ramstädter Heime, Nieder-Ramstadt

- Gunkel, Hermann, Geschichte der Nieder-Ramstädter Heime der Inneren Mission. Mühltal: Eigenverlag, 1996, S. 129-194
- Huthmann, Hans, Jahre der Bewährung und Tage der Anfechtung 1938-1945, in: ders. (Hg.), 75 Jahre Nieder-Ramstädter Heime, Nieder-Ramstadt: Eigenverlag, 1975, S. 5
- Klee, NS-Staat, 1983: passim
- Nieder-Ramstädter Heime (Hg.), Ein Gang durch unsere Geschichte - Nieder-Ramstädter Heime der Inneren Mission - Heimat für geistig und mehrfachbehinderte Menschen seit dem Jahr 1900, Mühltal: Eigenverlag, 1989
- Nieder-Ramstädter Heime (Hg.), Begleitheft zur Ausstellung "90 Jahre aktiv für andere", Nieder-Ramstadt: Eigenverlag, 1990
- Schneider, Otto, Nieder-Ramstädter Heime der Inneren Mission 1900-1950 - 50 Jahre im Dienste der Barmherzigkeit, Nieder-Ramstadt: Eigenverlag, 1950

Erziehungs- und Pflegeanstalt für Geistesschwache, Scheuern

- Klee, NS-Staat, 1983: passim
- Rüter-Ehlermann/ Rüter, Tötungsverbrechen, Bd III, 1969, S. 251-272
- Schmuhl, Rassenhygiene, 1987: passim

- Skizzen aus der Geschichte der Heilerziehungs- und Pflegeheime Scheuern 1850-1990. 140 Jahre Hoffnung und Hilfe im Geiste des Evangeliums, Scheuern: Eigenverlag, 1990, S. 23-37
- Otto, Renate, Die Heilerziehungs- und Pflegeanstalt Scheuern, in: Böhme, K./ Lohalm, U. (Hg.), Wege in den Tod - Hamburgs Anstalt Langenhorn und die Euthanasie in der Zeit des Nationalsozialismus, Hamburg, 1993, S. 320-334

Hephata/Treysa

- Gedenk- und Mahnzeichen übergeben, in: Hephata, 41 (1991) 1, S. 3-7
- Göbel, Peter/ Thormann, Helmut E., Verlegt - vernichtet - vergessen ...? Leidenswege von Menschen aus Hephata im Dritten Reich. Eine Dokumentation, Schwalmstadt-Treysa: Diakonische Praxis: Beiträge aus Hephata zum kirchlich-diakonischen Handeln - Heft 2, 1985
- Klee, NS-Staat, 1983: passim
- Mehr Mut wäre wirkungsvollstes Mittel gegen T 4-Aktion gewesen, in: Hephata, 39 (1989) 6, S. 7-8
- Thormann, Helmut E., Eine überlebte, weil sie wirtschaftlich verwertbar war - weil sie es nicht war, wurde eine andere umgebracht - Zum Schicksal zweier Heimbewohnerinnen aus dem Hessischen Diakoniezentrum Hephata, in: Zur Orientierung, 17 (1993) 4, S. 8-13

Ostpreußen

Carlshöfer Anstalten, Carlshof über Rastenburg

- Dembrowski, Hermann, Heinz Dembrowski 1884-1945. Eine Beschreibung seines Lebens, Bonn, 1977
- Klee, NS-Staat, 1983: S. 191

Provinz Pommern

Kückenmühler Anstalten, Stettin

- Bartels, Michael, Die Stellung der evangelischen Diakonie zu Sterilisation und "Euthanasie" am Beispiel der Kückenmühler Anstalten (Stettin), Jena: Dipl.-Arb. theol., 1990
- Bernhardt, Heike, Anstaltspsychiatrie und "Euthanasie" in Pommern 1933 bis 1945. Die Krankenmorde an Kindern und Erwachsenen am Beispiel der Landesheilanstalt Ueckermünde, Frankfurt, 1994

- Bernhardt, Heike, "Euthanasie" und Kriegsbeginn. Die frühen Morde an Patienten aus Pommern. In: Zeitschrift für Geschichtswissenschaft, 44 (1996) 9, S. 773-788
- Braune, Paul Gerhard, Der Kampf der Inneren Mission gegen die Euthanasie, in: Die Innere Mission, 37 (1957) 5/6, S. 13-34
- Klee, NS-Staat, 1983: passim
- Riess, Volker, Die Anfänge der Vernichtung "lebensunwerten Lebens" in den Reichsgauen Danzig-Westpreußen und Wartheland 1939/1940, Frankfurt, 1995, S. 108-117

Provinz Brandenburg

Haus Gottesschutz, Erkner

- Pagel, Karl, Das Wirken von Paul Gerhard Braune und sein Widerstand im Heim "Gottesschutz" in Erkner, in: Fröhlich helfen 86 - Teil I, Berlin (Handreichungen des Diakonischen Werks - Innere Mission und Hilfswerk - der Evangelischen Kirchen in der DDR), 1986, S. 45-51

Samariteranstalten Fürstenwalde/Ketschendorf

- Stachat, Friedrich, Notizen zu den "Euthanasie-Aktionen" in den Samariteranstalten, in: 100 Jahre Samariteranstalten. Inseln im Meer oder Teile der Stadt, Fürstenwalde: Eigenverlag, 1992, S. 23-29

Hoffnungstaler Anstalten, Lobetal

- Braune, Berta, Hoffnung gegen die Not. Mein Leben mit Paul Braune 1932-1954, Wuppertal, 1983
- Braune, Martin, Aus den Erinnerungen von Paul Gerhard Braune, Anstaltsleiter in Lobetal bei Bernau 1922-1954, in: Evangelische Akademie Mülheim/Ruhr (Hg.), Diakonie im Dritten Reich, Mülheim: Eigenverlag (Begegnungen 5/87), 1987, S. 56-80
- Braune, Paul Gerhard, Der Kampf der Inneren Mission gegen die Euthanasie, in: Die Innere Mission 37, 1947, H. 5/6. S. 12 - 34.
- Cantow, Jan, Zwangssterilisation in der NS-Zeit, in: Das Kettenglied - Mitteilungsblatt der Hoffnungstaler Anstalten Lobetal, (1996) 2, S. 9-21
- Funke Alex/ Scharf, Kurt, Paul Gerhard Braune ein Mann des kirchlichen Widerstandes, Bielefeld: Bethel-Beiträge Nr. 21, 1979
- Klee, NS-Staat, 1983: passim

- Nowak, Kurt/ Götting, Gerald, Paul Gerhard Braune. Ein Christ der Tat, Bielefeld: Bethel-Beiträge Nr. 39, 1988
- Nowak, Kurt, Sozialarbeit und Menschenwürde. Pastor Paul Gerhard Braune im "Dritten Reich", in: Strohm, Theodor/ Thierfelder, Jörg (Hg.), Diakonie im "Dritten Reich". Neuere Ergebnisse zeitgeschichtlicher Forschung, Heidelberg (Veröffentlichungen des Diakoniewissenschaftlichen Instituts Bd 3), 1990, S. 209-225
- Pagel, Karl, Was geschah 1940 am "lebensunwerten Leben"?, in: Die Innere Mission, 57 (1967) 7, S. 304-316
- Pagel, Karl, Paul Gerhard Braune und der Kampf gegen die Krankenmordaktion, in: Diakonisches Werk der evangelischen Kirchen in der DDR (Hg.), Eugenik und „Euthanasie" im sogenannten Dritten Reich - Stand der Forschung und Diskussion in den beiden deutschen Staaten, Berlin: Eigenverlag, 1990, S. 64-70

Berlin

<u>Johannisstift Spandau, Berlin-Spandau</u>

- Schreiner, Helmuth, Vom Recht zur Vernichtung unterwertigen Menschenlebens. Eine sozialethische Studie zum Verhältnis von Euthanasie und Wohlfahrtspflege, Schwerin (Arzt und Seelsorger 13), 1928
- Becker, Horst, Das Evangelische Johannesstift in Berlin-Spandau. Seine Geschichte von 1858 - 1983, Berlin: Eigenverlag 1983.
- Evangelisches Johannisstift Berlin 1858 - 1993. 135 Jahre Fakten und Bilder aus seiner Geschichte, Berlin: Eigenverlag 1993. [Jahresbericht 1992/93 des evangelischen Johannesstift Berlin]

Baden

<u>Heil- und Pflegeanstalt für Epileptische Kork</u>

- Ausstellung zum Gedenken an die Deportation und Ermordung von behinderten Menschen aus der Anstalt Kork 1940 vom 20. Mai 1990 - 31. Oktober 1990, in: Zur Orientierung, 14 (1990) 2, S. 40
- Ausstellung zur 'Aktion T-4' (Ausstellung Kork: "Wo bringt ihr uns hin?". Deportation und Ermordung behinderter Menschen aus der Anstalt Kork im Jahre 1940), in: Zeitschrift für Heilpädagogik, 41 (1990) 6, S. 427
- Freudenberger, Klaus/ Murr, Walter (Hg.), "Wo bringt ihr uns hin?" Deportation und Ermordung behinderter Menschen aus der Anstalt Kork im Jahre 1940, Kehl-Kork: Eigenverlag, 1990

- Freudenberger, Klaus/ Murr, Walter, Von der Eugenik zur "Euthanasie". Ausstellung erinnert an die Ermordung behinderter Menschen, in: Kork, (1990) 2, S. 3-4
- Freudenberger, Klaus/ Murr, Walter, Wo bringt ihr uns hin? Zur Deportation und Ermordung behinderter Menschen aus der Anstalt Kork im Jahre 1940, in: Die Ortenau, 70 (1990), S. 454-487
- Klee, NS-Staat, 1983: passim
- Rückleben, Hermann, Deportation und Tötung von Geisteskranken aus den badischen Anstalten der Inneren Mission Kork und Mosbach, Karlsruhe (Veröffentlichungen des Vereins für Kirchengeschichte in der evangelischen Landeskirche in Baden, Bd. XXXIII), 1981
- Rüter-Ehlermann/ Rüter, Tötungsverbrechen, Bd VI, 1971, S. 494 ff
- Thierfelder, Jörg, Wo bringt ihr uns hin? Deportation und Ermordung behinderter Menschen aus der Anstalt Kork 1940, in: Glaube und Lernen, 6 (1991) 1, S. 76-93
- Zum Gedenken und zur Mahnung. Schriftzug erinnert an 113 Opfer der "Euthanasie", in: Kork, (1990) 3

Erziehungs- und Pflegeanstalt für Geistesschwache in Mosbach, mit Zweiganstalt Schwarzacher Hof, Unterschwarzach

- Ausstellung: "Uns wollen sie auf die Seite schaffen". "Am Schmerzen derjenigen teilnehmen, die keiner mehr kennt" - Ansprache Direktor Armin Kern, Vorstandsvorsitzender der Johannes-Anstalten zur Ausstellungseröffnung, in: Informationen aus den Johannes-Anstalten Mosbach, 14 (1990) 4, S. 11-15
- Blesch, Werner/ Jany, Rosemarie/ Kaiser, Konrad/ Link, Rudolf/ Menges, Andrea/ Scheuing, Hans-Werner, "Uns wollen sie auf die Seite schaffen". Deportation und Ermordung von 262 behinderten Menschen der Johannes-Anstalten Mosbach und Schwarzach in den Jahren 1940 und 1941, Mosbach (Stadtverwaltung: Mosbach im 3. Reich Heft 2), 1993
- Geiger, Martin, 1985: 40 Jahre danach. Erinnerung ist der Weg zur Überwindung, in: Informationen aus den Johannes-Anstalten Mosbach, 9 (1985) 2, S. 47-50
- Johannes-Anstalten Mosbach (Hg.), 90 Jahre Johannes-Anstalten Mosbach, Mosbach: Eigenverlag, 1970, S. 10-12
- Johannes-Anstalten Mosbach (Hg.), 100 Jahre Johannes-Anstalten Mosbach, Mosbach: Eigenverlag, 1980, S. 273-301
- Johannes-Anstalten Mosbach, Die vergessenen Opfer. Die Inschrift des Gedenksteins an der Johannes-Kirche in Mosbach. Graf Galen am 3. August 1941: Öffentlicher Protest von der Kanzel: Gegen die Tötung 'unproduktiver Volksgenossen', in: Informationen aus den Johannes-Anstalten Mosbach, 7 (1983) 1, S. 7-15

- Johannes-Anstalten Mosbach, Die vergessene "Geheime Reichssache T 4". Gedenkstein erinnert an die "Gnadentod"- Opfer in den Johannes-Anstalten, in: Informationen aus den Johannes-Anstalten Mosbach, 7 (1983) 2, S. 17-19
- Johannes-Anstalten Mosbach, "Wir sind fassungslos und beschämt". In den Jahren 1940 und 1944 wurden 262 behinderte Menschen aus den Anstalten in Schwarzach und Mosbach deportiert, in: Informationen aus den Johannes-Anstalten Mosbach, 14 (1990) 2, S. 5-6
- Johannes-Anstalten Mosbach, Ausstellung, „Uns wollen sie auf die Seite schaffen", in: Informationen aus den Johannes-Anstalten Mosbach, 14 (1990) 4, S. 11-13
- Klee, NS-Staat, 1983: S. 399
- Rückleben, Hermann, Deportation und Tötung von Geisteskranken aus den badischen Anstalten der Inneren Mission Kork und Mosbach, Karlsruhe (Veröffentlichungen des Vereins für Kirchengeschichte in der evangelischen Landeskirche in Baden, Bd. XXXIII), 1981
- Scheuing, Hans Werner, "Wir sehen heute noch den lieben Heiland". Die Todes-Transporte aus den Anstalten Mosbach und Schwarzacher Hof 1940 und 1944. In: Schwarzacher Hof (Hg.), "Euthanasie" - damals und heute. Fachtagung auf dem Schwarzacher Hof. Mosbach: Eigenverlag. 1994. S. 9-34
- Scheuing, Hans Werner, "als Menschenleben gegen Sachwerte gewogen wurden". Die Geschichte der Erziehungs- und Pflegeanstalt für Geistesschwache Mosbach/Schwarzacher Hof und ihrer Bewohner 1933-1945. Heidelberg: Diss. theol., 1996

Württemberg

Samariterstift, Grafeneck

- Klee, NS-Staat, 1983: passim
- Krause-Schmitt, Ursula, Die Ermordung geistig behinderter Menschen in Grafeneck 1940, in: Informationen des Studienkreises zur Erforschung und Vermittlung der Geschichte des deutschen Widerstandes 1933-1945, 6 (1981) 1, S. 8-10
- Kretschmer, Manfred, Grafeneck - 50 Jahre danach. In: Jokusch, U./ Scholz, L. (Hg.), Verwaltetes Morden im Nationalsozialismus. Verstrickung - Verdrängung - Verantwortung von Psychiatrie und Justiz. Regensburg, 1992, S. 111-113
- Morlok, Karl, Wo bringt ihr uns hin? Geheime Reichssache Grafeneck, Stuttgart, 1985
- Morlok, Karl/ Sachs, Dietrich, Aus 50 Jahren Samariterstift Grafeneck, in: Die Kerbe, 5 (1987) 1, S. 14-17
- Neuffer, Kurt, Reute und Heggbach als Zwischenstation. Die Odyssee der Männer von Grafeneck, in: Heggbacher Einrichtungen (Hg.), Vor 50 Jahren:

Massenmord - als "Gnadentod" getarnt - und heute? Maselheim-Heggbach: Eigenverlag, 1990, S. 69-74
- Sachs, Dietrich, Aufarbeitung der Geschichte der sogenannten "Euthanasie" im Samariterstift Grafeneck, in: Zur Orientierung, 17 (1993) 4, S. 30-31
- Schmuhl, Rassenhygiene, 1987: S. 195-197, 285f, 319-323, 347f, 435f
- Stöckle, Thomas, Die 'Aktion T4' am Beispiel Grafenecks, Stuttgart: Magisterarbeit, 1993
- Stöckle, Thomas, Die 'Aktion T4' in Grafeneck. In: Die alte Stadt, 20 (1993) 4, S. 381-384

Heil- und Pflegeanstalt für Schwachsinnige Mariaberger Heime, Mägerkingen

- Eder, Karl Rudolf, (Hg.), 150 Jahre Mariaberger Heime. Beiträge zur Geschichte geistig behinderter Menschen. Gammertingen 1997
- Schlaich, Lebensunwert?, 1947, S. 23-24
- Kiefner, Johannes, Bedrohung des Lebensrechts behinderter Menschen - damals und heute, in: Mariaberger Heime, Berichte aus unserer Arbeit 1990, Mariaberg, 1991, S. 16-24
- Kiefner, Johannes, Bedrohung des Lebensrechts behinderter Menschen: Wurzeln der "Euthanasie"-Aktion und deren Durchführung am Beispiel der Mariaberger Heime (Blick in die eigene Geschichte: Die Vernichtungsaktionen in oberschwäbischen Einrichtungen für psychisch Kranke und behinderte Menschen). In: Akademie der Diözese Rottenburg-Stuttgart (Hg.); Mandry, Christof (Red.): Euthanasie - 50 Jahre nach der Aktion "Gnadentod" - Weingarten, 14. - 16. September 1990, Stuttgart: Eigenverlag (Materialien 2/95), 1995, S. 50-57
- Mariaberger Heime, "Tue deinen Mund auf für die Stummen". Vernichtung „lebensunwerten Lebens" vor 45 Jahren und unsere Verantwortung heute, in: Berichte aus der Arbeit, Mariaberg-Gammertingen: Eigenverlag, 1985, S. 10-13
- Mariaberger Heime, Gedenkstätte Mariaberg, Gammertingen: Eigenverlag, o.J., 8 S.
- Nyc, Ewald, "So was hat man noch nicht erlebt, solang die Welt steht"- Die Deportation und Tötung geistig Behinderter der Heil- und Pflegeanstalt Mariaberg in der Zeit des Nationalsozialismus, Mariaberg (Ms), 1984
- Rau, Helmut, Die nationalsozialistische Vernichtung lebensunwerten Lebens am Beispiel Mariaberg, Reutlingen: Zulassungsarbeit, 1971
- Röhm, Eberhard, Mariaberg zwischen Rassenhygiene und "Euthanasie"-Morden, in: Eder, Karl Rudolf, (Hg.), 150 Jahre Mariaberger Heime. Beiträge zur Geschichte geistig behinderter Menschen. Gammertingen 1997, S. 47 - 80
- Schlaich, Lebensunwert?, 1947, S. 23-24

Gustav Werner Stiftung zum Bruderhaus Reutlingen

- AK "Euthanasie" und Sterilisation im Bruderhaus (Hg.), "Das vergess' ich nicht mehr, solange ich lebe ..." Dokumentation über Sterilisation und Euthanasie in der Gustav Werner Stiftung zum Bruderhaus Reutlingen 1933-1945, Reutlingen: Eigenverlag, ²1994
- Morlok, Karl, Die Vernichtung "lebensunwerten Lebens" und die Heime der Gustav-Werner-Stiftung zum Bruderhaus, Berlin (Ms.): Bibliothek des Diakonischen Werks der EKD (M II 1d 110a), 1984, 13 S.
- Stöckle, Thomas, Reutlingen in der "Euthanasie" Aktion T4. Die Vernichtung "lebensunwerten Lebens" in den Jahren 1940/41, in: Reutlinger Geschichtsblätter, (1995) NF 35, S. 103-124

Gottlob Weiser Haus der Ev. Diakonissenanstalt Schwäbisch Hall

- Breuning, Lydia, Bericht über die Euthanasie-Aktion in der Diakonissenanstalt Schwäbisch Hall (vom 05.12.1968), Berlin (Ms.): Bibliothek des Diakonischen Werkes der EKD (M Ia 785b), 3 S.
- Breuning, Renate, "So geschah es bei uns in der Diakonissenanstalt Schwäbisch Hall" mit Berichten von Schwester Anna Fritz, Schwester Anna Schweitzer und Schwester Hedwig Eberle, in: Blätter aus dem Evangelischen Diakoniewerk Schwäbisch Hall e.V., (1991) 1, Sonderbeilage: "Euthanasie" vor 50 Jahren - und heute? Dokumentation über eine Veranstaltungsreihe im November 1990 im Evangelischen Diakoniewerk Schwäbisch Hall e.V., S. 14-27
- Breuning, Renate, Begegnung mit der Staatsmacht 1940, in: Evangelisches Diakoniewerk Schwäbisch Hall (Hg.), Das Diak in Schwäbisch Hall, Aalen, 1996, S. 121-123
- Breuning, Wilhelm, Kurzer Bericht (vom 22. Nov. 1940), Berlin (Ms.): Bibliothek des Diakonischen Werkes der EKD (M Ia 785b), 2 S.
- Evangelisches Diakoniewerk Schwäbisch Hall (Hg.), "Euthanasie" vor 50 Jahren - und heute? Dokumentation über eine Veranstaltungsreihe im November 1990 im Evangelischen Diakoniewerk Schwäbisch Hall e.V., in: Blätter aus dem Evangelischen Diakoniewerk Schwäbisch Hall e.V., (1991) 1, Sonderbeilage.
- Laible, Gisela, Bericht über die Euthanasie-Aktion in der Diakonissenanstalt Schwäbisch Hall (vom 26.03.1986), Berlin (Ms.): Bibliothek des Diakonischen Werkes der EKD (M Ia 785b), 2 S.
- Schlaich, Lebensunwert?, 1947, S. 41-48

Heil- und Pflegeanstalt Stetten i.R.

- Kalusche, Martin, Chronik der Heil- und Pflegeanstalt Stetten im Remstal im Nationalsozialismus. Januar 1933 bis Januar 1941. Kernen (Ms), 1995

- Kalusche, Martin, "Dorf und Anstalt waren wie durch einen tiefen Graben getrennt." - Die Zweigeinrichtung Rommelshausen und Hangweide der Heil- und Pflegeanstalt Stetten i.R. in den Jahren 1933-1945. In: Rommelshausen (Hg.), 850 Jahre Rommelshausen - 1146-1996, Rommelshausen, 1996, S. 58-65
- Kalusche, Martin, "Das Schloß an der Grenze". Kooperation und Konfrontation mit dem Nationalsozialismus in der Heil- und Pflegeanstalt Stetten i.R., Heidelberg: Diss. theol., 1996
- Klee, NS-Staat, 1983: passim
- Schlaich, Ludwig (Hg.), Vernichtung und Neuanfang - Das Schicksal der Heil- und Pflegeanstalt in Stetten i.R. Anstalt der Inneren Mission, und ihrer Schwachsinnigen und Epileptischen während des Krieges und die Wiedereröffnung der Anstalt, Stuttgart (Quell Verlag der Evang. Gesellschaft: 97. Jahresbericht der Anstalt), 1946
- Schlaich, Lebensunwert?, 1947, S. 25-41
- Schlaich, Ludwig, Lebensunwert? Kirche und Innere Mission Württembergs im Kampf gegen die Vernichtung "lebensunwerten" Lebens, in: Hase, Hans Christoph von (Hg.), Evangelische Dokumente zur Ermordung der 'unheilbar Kranken' unter der nationalsozialistischen Herrschaft in den Jahren 1933-1945, Stuttgart: Innere Mission und Hilfswerk der EKD, 1964, S. 64-107
- Warum wir wachsam sein müssen. Euthanasiegedanken heute - Euthanasietaten vor 50 Jahren. Gedanken und Begründungen der Euthanasie sind latent in jedem Menschen und in jeder Bevölkerung vorhanden, in: Anstalt Stetten, 142. Jahresbericht, Stetten: Eigenverlag, 1991/1992, S. 35-39

Heim Pfingstweide, Tettnang

- Klee, NS-Staat, 1983: passim
- Schlaich, Lebensunwert?, 1947, S. 21-23

Zieglersche Anstalten, Wilhelmsdorf

- Berg, Dietrich, Dem Leben in Haus Höchsten nachgespürt, in: Zieglersche Anstalten (Hg.), Vor Gott ist nicht einer vergessen, Wilhelmsdorf: Eigenverlag, 1985, S. 4-17
- Habich, Ralph, Die Not des Heimleiters Heinrich Herrmann mit der Ermordung seiner Pfleglinge, in: Die Zeit, 41 (1986) 11, S. 67-68
- Klee, NS-Staat, 1983: S. 221
- Pröllochs, Fritz, Zieglersche Anstalten in Wilhelmsdorf: Die Nöte eines Heimleiters (Blick in die eigene Geschichte: Die Vernichtungsaktionen in oberschwäbischen Einrichtungen für psychisch Kranke und behinderte Menschen), in:

Akademie der Diözese Rottenburg-Stuttgart (Hg.); Mandry, Christof (Red.), Euthanasie - 50 Jahre nach der Aktion "Gnadentod" - Weingarten, 14. - 16. September 1990. Stuttgart: Eigenverlag (Materialien 2/95), 1995, S. 27-32
– Zieglersche Anstalten (Hg.), Vor Gott ist nicht einer vergessen, Wilhelmsdorf: Eigenverlag, 1985

Paulinenpflege, Winnenden

– Gedenktafel für die Opfer des Nationalsozialismus. Auch die Paulinenpflege war dabei, in: Paulinenpflege/ Weinmann, Thomas (Hg.), 172 Jahre Paulinenpflege Winnenden. Winnenden: Eigenverlag, 1995, S. 9-10
– Henninger, Margarethe, Die Paulinenpflege unter Haken- und Kronenkreuz. Pfarrer Parteigenosse Ewald Müller, Anstaltsleiter von 1931 bis 1946, in: "Hier, in der kleinsten Zelle unsres Staates ..." Winnenden 1933-1945 (hg.: Stadtarchiv Winnenden; Schurig, R., Red.). Winnenden (Winnenden - Gestern und Heute Bd 6). 1995, S. 123-142
– "Kirche und Diakonie im Dritten Reich". Ein Vortrag von Eberhard Röhm ... anläßlich der Gedenkveranstaltung für unsere NS-Opfer, in: Weinmann, Thomas (Hg.), 172 Jahre Paulinenpflege Winnenden, Winnenden: Eigenverlag, 1995, S. 9-10

Mecklenburg

Lobetalarbeit, Lübtheen

– Die Anfänge. In: Brief aus Lobetal, (1987) 59, S. 1-3
– Lobetalarbeit Celle (Hg.), 1947-1947 - 40 Jahre Lobetalarbeit, Celle: Eigenverlag, 1987

Bayern mit bayr. Pfalz

Neuendettelsauer Pflegeanstalten

– Dehn, Günter, Warum sie sterben mußten. Die Neuendettelsauer Anstalten und die "Euthanasie", in: Deutsches Allgemeines Sonntagsblatt, 44 (1991) 45, S. 18
– Diakoniewerk Neuendettelsau (Hg.), Warum sie sterben mußten. Dokumentation zur öffentlichen Präsentation des Buches, Neuendettelsau: Eigenverlag, 1991
– Diakoniewerk bekennt sich zu Mithilfe bei Euthanasie, in: Stuttgarter Zeitung, 21. 10. 91

- Fuchs, Karl, Wir dürfen sie nie vergessen!, in: Neuendettelsauer Chronik, 72 (1986) 3, S. 4-5
- Fuchs, Karl, Das Euthanasieprogramm des Dritten Reiches und seine Auswirkungen auf das Diakoniewerk Neuendettelsau (Vortrag auf der Dekanatssynode Heidenheim in Polsingen), Berlin (Ms.): Bibliothek des Diakonischen Werkes der EKD (M Ia 636b), 1987
- Fuchs, Karl, Verpflichtende Erinnerung. Karl Fuchs über die "Euthanasie" 1940/41, in: Neuendettelsauer Chronik, 77 (1991) 2, S. 4-5
- Gebel, Hans Georg/ Grißhammer, Heinrich, Dokumentation zu den Krankenverlegungen aus den Neuendettelsauer Anstalten 1941, dem Verhalten der Inneren Mission und Kirche 1936-42 und der heutigen Reaktion von Kirche und Diakonie auf die Nachfrage nach den Ereignissen, Berlin: Eigenverlag, 1977
- Gespräche mit Zeitzeugen, in: Neuendettelsauer Chronik, 76 (1990), 2, S. 4-5
- Klee, NS-Staat, 1983: S. 244 ff
- Miederer, Heinz, Mahnung und Trost, in: Der weite Raum, 23 (1985) 1, S. 12
- Miederer, Heinz/ Rössler, Hans/ Hahn, S. Linda, Gedenktafel für "Euthanasie"-opfer. 1940 erreichte die Aktion "lebensunwertes Leben" Neuendettelsau, in: Neuendettelsauer Chronik, 67 (1981) 3, S. 9-11
- Müller, Christine-Ruth/ Siemen, Hans-Ludwig, Warum sie sterben mußten - Leidensweg und Vernichtung von Behinderten aus den Neuendettelsauer Pflegeanstalten im "Dritten Reich", Neustadt a.d.Aisch (Einzelarbeiten aus der Kirchengeschichte Bayerns Bd 66), 1991
- Müller, Christine-Ruth, Die Neuendettelsauer Anstalten und die Verlegung der Pfleglinge in staatliche Heil- und Pflegeanstalten während der Euthanasiemaßnahmen in den Jahren 1940/41 (eine theologie- und diakoniegeschichtliche Analyse), in: Müller, Christine-Ruth/ Siemen, Hans-Ludwig, Warum sie sterben mußten, Neustadt a.d. Aisch, 1991, S. 3-122
- Müller, Christine-Ruth, Dokumentation zu den Verlegungsaktionen in den Neuendettelsauer Anstalten in den Jahren 1940/41, in: Müller, Christine-Ruth/ Siemen, Hans-Ludwig, Warum sie sterben mußten, Neustadt a.d. Aisch, 1991, S. 175-236
- Müller, Christine-Ruth, Warum sie sterben mußten - Die Neuendettelsauer Anstalten und die Verlegung der Pfleglinge in staatliche Heil- und Pflegeanstalten während der nationalsozialistischen Euthanasiemaßnahmen in den Jahren 1940/41, in: Theologica practica, 28 (1993) 1, S. 41-49
- Nach 50 Jahren Schweigen durchbrochen. Die Diakonissenanstalt Neuendettelsau und die Euthanasiediskussion, in: Evangelischer Pressedienst, 11/1991
- Nach 50 Jahren: Zeichen der Trauer und Erinnerung, in: Neuendettelsauer Chronik, (1992) 1, S. 6-7
- NS-Kooperation (Neuendettelsau), in: Rheinischer Merkur, 46 (1991) 46, S. 28

- Ratz, Christoph, Die Erinnerung an die Opfer der "Euthanasie" in Einrichtungen für Menschen mit geistiger Behinderung in Süddeutschland - 50 Jahre danach, Würzburg: Diplomarbeit, 1993
- Rössler, Hans, "Ich will noch nicht sterben, rette mich doch" Die Diakonissenanstalt und die nationalsozialistische Gewaltaktion "Gnadentod", in: Rössler, Hans (Hg.), Unter Stroh- und Ziegeldächern. Aus der Neuendettelsauer Geschichte, Neuendettelsau, 1982, S.198-209
- Rössler, Hans, Die "Euthanasie"-Diskussion in Neuendettelsau 1937-1939, in: Zeitschrift für bayerische Kirchengeschichte, 55 (1986), S. 199-208
- Rössler, Hans, Ein neues Dokument zur "Euthanasie"-Diskussion in Neuendettelsau 1939, in: Zeitschrift für bayerische Kirchengeschichte, 57 (1988), S. 87-92
- Schober, Theodor, "Warum sie sterben mußten": Was sagt Professor Schober dazu?, in: Neuendettelsauer Chronik, (1992) 2, S. 13-14
- Siemen, Hans-Ludwig, Die Auswirkungen und Folgen der Euthanasie des Nationalsozialismus auf die Neuendettelsauer Anstalten aus medizinhistorischer Sicht, in: Müller, Christine-Ruth/ Siemen, Hans-Ludwig, Warum sie sterben mußten, Neustadt a.d. Aisch, 1991, S. 125-171
- Verpflichtende Erinnerung - Die Verbrechen an Menschen mit geistiger Behinderung aus der Diakonissenanstalt Neuendettelsau, Neuendettelsau (Faltblatt), 1991
- Wo das Unbegreifliche greifbar wird - 60 Mitarbeiter besuchen Schloß Hartheim, in: Neuendettelsauer Chronik, 77 (1991) 4, S. 6-7

Bethesda, Landau

- Im Blickpunkt 9, Informationsblatt für die Mitarbeiter der ev. Diakonissenanstalt Speyer, Nr. 9. September 1989

Provinz Sachsen und Anhalt

Mädchenheim St. Johannes, Bernburg

- Klee, NS-Staat, 1983: S. 319

Michaelisstift, Gefell

- Rauh, Werner, Das Michaelisstift zu Gefell, gegründet 1849, Gefell: Eigenverlag, 1991

Pfeiffersche Anstalten, Cracau/Magdeburg

- Hinz, Roswitha. Bericht zur Zwangssterilisation und Euthanasie in den Jahren 1933 - 1945 in ihren Auswirkungen auf Heimbewohnerinnen und Heimbewohner in den Pfeifferschen Stiftungen, Magdeburg 1994.
- Ulbrich, Martin, Erlaubte Lebensvernichtung? Ein Wort wider die Forderung Binding-Hoche, in: Die Innere Mission im evangelischen Deutschland, 15 (1920), 170-172
- Ulbrich, Martin, Zur Ausrottung minderwertigen Menschenlebens. In: Zeitschrift für Krüppelfürsorge, Bd. 17 (1924), 62 ff
- Ulbrich, Martin, Dürfen wir unterwertiges Leben vernichten? Ein Wort an die Anhänger und Verteidiger der Euthanasie, Berlin-Dahlem (Zeitfragen der Inneren Mission H. 7), 1925

Neinstedter Anstalten, Neinstedt/Harz

- Goettle, Gabriele, Heimbewohner. Kurzer Besuch in einer Anstalt, in: die tageszeitung, vom 25.03.96, S. 15-17
- Löffler, R., Die Auswirkung der Euthanasiemaßnahmen der NS-Zeit in den Neinstedter Anstalten, in: Diakonisches Werk der evangelischen Kirchen in der DDR (Hg.), Eugenik und "Euthanasie" im sogenannten Dritten Reich - Stand der Forschung und Diskussion in den beiden deutschen Staaten, Berlin: Eigenverlag, 1990, Nachlieferung, 12 S.

Sachsen

Katharinenhof, Groß Hennersdorf

- Klee, NS-Staat, 1983: S. 25
- Meltzer, Ewald, Das Problem der Abkürzung "lebensunwerten Lebens", Halle: Marhold, 1925
- Meltzer, Ewald, Euthanasie auch bei Geisteskranken, in: Ethik, 10 (1933/34), S. 82-90
- Meltzer, Ewald, Die Euthanasie, die Heiligkeit des Lebens und das kommende Strafrecht. In: Die christliche Volkswacht, (1936), S. 139-143
- Trogisch, Jürgen, Bericht über Euthanasiemaßnahmen im "Katharinenhof" Großhennersdorf, in: Fröhlich helfen 86 - Teil I, Berlin (Handreichungen des Diakonischen Werks - Innere Mission und Hilfswerk - der Evangelischen Kirchen in der DDR), 1986, S. 40-43
- Trogisch, Jürgen, Wie kam es zur Vernichtung der Heimbewohner des Katharinenhofes in den Jahren 1940/41, in: Zur Orientierung, 17 (1993) 4, S. 28-29

- Trogisch Jürgen, Gibt es im Himmel auch für Kinder Personalessen? - Das Jahr 1940 im Katharinenhof. In: Diakoniewerk Oberlausitz (Hg.), Katharinenhof Beiträge zum Weg einer diakonischen Einrichtung. Großhennersdorf: Eigenverlag, 1996, S. 24-38

Thüringen

Marienheim, Arnstadt

- Behr, Friedrich, Krüppelfürsorge aus evangelischem Ethos, in: Die Innere Mission, (1934) 6
- Behr, Heinrich, "Euthanasie" und das Marienstift Arnstadt 1933-1945, in: Fröhlich helfen 86 - Teil I, Berlin (Handreichungen des Diakonischen Werks - Innere Mission und Hilfswerk - der Evangelischen Kirchen in der DDR), 1986, S. 38-40
- Behr, Heinrich, Marienstift Arnstadt, Berlin, 1986

Landessiechenhaus, Quittelsdorf

- 100 Jahre Stiftung Johanneshof, Quittelsdorf, 1993

Stiftung Finneck, Rastenberg

- Geschichte der Stiftung Finneck, in: Stiftung Finneck(Hg.), Die Stiftung Finneck, Rastenberg, o.J., S. 4-6

Provinz Hannover

Kästorfer Anstalten, Gifhorn

- Wolff, Johannes/ Janssen, Karl, Geschichte der Diakonischen Heime in Kästorf e.V. 1883-1983, Gifhorn (herausg. von den Diakonischen Heimen in Kästorf). 1983
- Klee, NS-Staat, 1983: S. 40, 56 ff

Frauenheim Himmelthür, Hildesheim

- Diakonisches Werke Himmelsthür (Hg.), Baross, Sabine Ritter von (Red.), 1884 - 1994. 110 Jahre Diakonisches Werke Himmelsthür in Hildesheim e.V., Himmelsthür: Eigenverlag, 1994, S. 30-37
- Rüter-Ehlermann/ Rüter, Tötungsverbrechen, Bd VII, 1971, S. 112-113

Pflegehaus Jeggen/Heimstätte Jeggen, Wissingen

– Chronik der Ev.-Luth. Heimstätte Jeggen e.V., o.O., o.J.

Rotenburger Werke, Rotenburg/Han.

– Albrecht, Alexandra, Dokumentation des Schreckens. Arbeitsgruppe der Rotenburger Anstalten arbeitet eigene Geschichte auf, in: Kurier am Sonntag, vom 03.05.92
– Caspari-Steffen, Gabriele, Die Zeit nach 1945, in: Rotenburger Anstalten (Hg.), „Zuflucht unter dem Schatten deiner Flügel?" Die Rotenburger Anstalten der Inneren Mission in den Jahren von 1933 bis 1945, Rotenburg: Eigenverlag, 1992, S. 77-80
– Grotjahn, Thomas, Transporte in den Tod, in: Post aus den Rotenburger Anstalten der Inneren Mission, (1990) 26, S. 13-14
– Grotjahn, Thomas, Vor fünfzig Jahren. Ein dunkles Kapitel unserer Geschichte, in: Post aus den Rotenburger Anstalten der Inneren Mission, (1991) 28, S. 24-26
– Grotjahn, Thomas, Die Rasse und Bevölkerungspolitische Diskussion vor 1933, in: Rotenburger Anstalten (Hg.), "Zuflucht unter dem Schatten deiner Flügel?" Die Rotenburger Anstalten der Inneren Mission in den Jahren von 1933 bis 1945, Rotenburg: Eigenverlag, 1992, S. 23
– Grotjahn, Thomas, Die Zwangssterilisation, in: Rotenburger Anstalten (Hg.), "Zuflucht unter dem Schatten deiner Flügel?" Die Rotenburger Anstalten der Inneren Mission in den Jahren von 1933 bis 1945, Rotenburg: Eigenverlag, 1992, S. 26-35
– Grotjahn, Thomas, Die Meldebogenaktion, in: Rotenburger Anstalten (Hg.), "Zuflucht unter dem Schatten deiner Flügel?" Die Rotenburger Anstalten der Inneren Mission in den Jahren von 1933 bis 1945, Rotenburg: Eigenverlag, 1992, S. 38-45
– Grotjahn, Thomas, Chronologie der Räumung, in: Rotenburger Anstalten (Hg.), "Zuflucht unter dem Schatten deiner Flügel?" Die Rotenburger Anstalten der Inneren Mission in den Jahren von 1933 bis 1945, Rotenburg: Eigenverlag, 1992, S. 46-48
– Grotjahn, Thomas, Das Schicksal der jüdischen Bewohnerin und Bewohner, in: Rotenburger Anstalten (Hg.), "Zuflucht unter dem Schatten deiner Flügel?" Die Rotenburger Anstalten der Inneren Mission in den Jahren von 1933 bis 1945, Rotenburg: Eigenverlag, 1992, S. 55-58
– Kiss, Maria, Zuflucht unter dem Schatten deiner Flügel?, in: Rotenburger Anstalten (Hg.), "Zuflucht unter dem Schatten deiner Flügel?" Die Rotenburger Anstalten der Inneren Mission in den Jahren von 1933 bis 1945, Rotenburg: Eigenverlag, 1992, S. 5-14

- Kiss, Maria/ Thoborg, Erich, "Da mußten wir alle schnell raus". Ein Gespräch mit Herrn Erich Thoborg, Rotenburg über seine Erinnerung an die Räumung des Hauses, in dem er lebte und an den Abtransport von Mitbewohnern, in: Zur Orientierung, 17 (1993) 4, S. 2-3
- Klee, NS-Staat, 1983: S. 421
- Quelle, Michael, Die Rotenburger Anstalten in den Jahren 1933-1945, Bremen: wissenschaftl. Hausarbeit, 1985
- Quelle, Michael, Die Verlegungen, in: Rotenburger Anstalten (Hg.), "Zuflucht unter dem Schatten deiner Flügel?" Die Rotenburger Anstalten der Inneren Mission in den Jahren von 1933 bis 1945, Rotenburg: Eigenverlag, 1992, S. 59-76
- Rüter-Ehlermann/ Rüter, Tötungsverbrechen, Bd VII, 1971, S. 111-112
- Rotenburger Anstalten (Hg.), Gedenkschrift zur Errichtung des Mahnmals, Rotenburg: Eigenverlag, 1988
- Rotenburger Anstalten (Hg.), "Zuflucht unter dem Schatten deiner Flügel?" Die Rotenburger Anstalten der Inneren Mission in den Jahren von 1933 bis 1945, Rotenburg: Eigenverlag, 1992
- Rotenburger Anstalten an NS-Verbrechen beteiligt. Arbeitskreis zur Aufarbeitung der Geschichte der Euthanasie tagt in Rotenburg, in: Rotenburger Anzeiger, vom 02.05.92
- Suesse, Thorsten/ Meyer, Heinrich, Die Konfrontation Niedersächsischer Heil- und Pflegeanstalten mit den Euthanasiemaßnahmen des Nationalsozialismus. Schicksal der Patienten und Verhalten der Therapeuten und zuständigen Verwaltungsbeamten, Hannover: Diss. med. 1984
- Suesse, Thorsten/ Meyer, Heinrich, Abtransport der "Lebensunwerten". Die Konfrontation niedersächsischer Anstalten mit der NS- "Euthanasie", Hannover, 1988
- Unger, Wilhelm, Geschichte und Geschichten 1930-1970, in: Rotenburger Anstalten (Hg.), 100 Jahre Rotenburger Anstalten der Inneren Mission, Rotenburg: Eigenverlag, 1980, S. 37-63

Provinz Schleswig-Holstein

Diakonissenanstalt Bethanien, Kropp

- Jenner, Harald, Die Diakonissenanstalt Kropp im Nationalsozialismus, in: Jenner, Harald, Ein langer Weg ... Kropper Anstalten - Diakonissenanstalt - Diakoniewerk Kropp. 111 Jahre: helfen - heilen - trösten, Kropp: Eigenverlag, 1990, S. 65-97
- Jenner, Harald, "Euthanasie"verbrechen in Schleswig-Stadtfeld und Scheswig-Holstein, in: Jenner, Harald (Hg.): Frühjahrstagung des Arbeitskreises zur

Geschichte der "Euthanasie" und Zwangssterilisation vom 12.-14. Mai 1995 in Schleswig, Hamburg: Eigenverlag, 1996, S. 14

Erziehungs- und Pflegeheim Vorwerk, Lübeck

– Jenner, Harald, Das Kinder- und Pflegeheim Vorwerk in Lübeck in der NS-Zeit, in: Strohm, Theodor/ Thierfelder, Jörg (Hg.), Diakonie im „Dritten Reich". Neuere Ergebnisse zeitgeschichtlicher Forschung, Heidelberg (Veröffentlichungen des Diakoniewissenschaftlichen Instituts Bd 3), 1990, S. 169-204
– Jenner, Harald, "Euthanasie"verbrechen in Schleswig-Stadtfeld und Schleswig-Holstein, in: Jenner, Harald (Hg.), Frühjahrstagung des Arbeitskreises zur Geschichte der "Euthanasie" und Zwangssterilisation vom 12.-14. Mai 1995 in Schleswig. Hamburg: Eigenverlag, 1996. S. 19-20

Ricklinger Anstalten des Landesverein für Innere Mission, Rickling

– Eichmann, Bernd, Rickling-Kuhlen: Eine Baracke wie viele. In: Eichmann, Bernd, Versteinert - verharmlost - vergessen. KZ-Gedenkstätten in der Bundesrepublik Deutschland, Frankfurt: Fischer Taschenbuch Verlag (Fischer Boot Nr 7561), 1985, S. 21-28
– Jenner, Harald, "Euthanasie"verbrechen in Schleswig-Stadtfeld und Schleswig-Holstein. In: Jenner, Harald (Hg.), Frühjahrstagung des Arbeitskreises zur Geschichte der „Euthanasie" und Zwangssterilisation vom 12.-14. Mai 1995 in Schleswig, Hamburg: Eigenverlag, 1996, S. 14-19
– Klee, NS-Staat, 1983: S. 391
– Sutter, Peter, Der sinkende Petrus. Rickling 1933-1945, Rickling: Eigenverlag, 1986
– Wunder, Michael, Die Transporte in die Ricklinger Anstalten, in: Böhme, Klaus/ Lohalm, Uwe (Hg.), Wege in den Tod - Hamburgs Anstalt Langenhorn und die Euthanasie in der Zeit des Nationalsozialismus, Hamburg: Ergebnisse Verlag (Forum Zeitgeschichte Bd 2), 1993, S. 256-267

Provinz Schlesien

Heil- und Pflegeanstalt Schreiberhau

– Rondthaler, Rudolf, Unser Schreiberhauer Rettungshaus, in: Riesengebirgsbote, 33 (1982) Nr. 3 - Nr. 8

Braunschweig

Neuerkeröder Anstalten, Neuerkerode

- Klieme, Joachim, Die Neuerkeröder Anstalten in der Zeit des Nationalsozialismus, Neuerkerode: Eigenverlag, 1984
- Klieme, Joachim, Zur Einbeziehung der Evangelischen Stiftung Neuerkerode in die NS-Maßnahmen zur Eugenik und "Euthanasie", in: Zur Orientierung, 17 (1993) 4, S. 32-33
- Klieme, Joachim, Eugenik und "Euthanasie" im Lande Braunschweig. In: Pollmann, K.E. (Hg.), Der schwierige Weg in die Nachkriegszeit, Göttingen, 1995, S. 235-263
- Klieme, Joachim, Ausgrenzung aus der NS-Volksgemeinschaft. Die Neuerkeröder Anstalten in der Zeit des Nationalsozialismus 1933 - 1945, erscheint 1997
- Neuerkeröder Anstalten, 100 Jahre Dienst der Diakonie in Neuerkerode (Festschrift), Neuerkerode: Eigenverlag, 1968, S. 10, 50
- Suesse, Thorsten/ Meyer, Heinrich, Die Konfrontation Niedersächsischer Heil- und Pflegeanstalten mit den Euthanasiemaßnahmen des Nationalsozialismus. Schicksal der Patienten und Verhalten der Therapeuten und zuständigen Verwaltungsbeamten, Hannover: Diss. med. 1984, S. 161-163, 425-448

Rheinprovinz

Diakonie-Anstalten, Bad Kreuznach

- Bauer, Karl-Adolf, Das geknickte Rohr nicht zerbrechen ..., in: Die offene Tür, (1985) 158, S. 1-4, und in: Der weite Raum, 23 (1985) 1, S. 2-3
- Bauer, Karl-Adolf, Aus der Geschichte der Diakonie-Anstalten Bad Kreuznach. In: Evangelische Akademie Mülheim/Ruhr (Hg.), Diakonie im Dritten Reich, Mülheim: Eigenverlag (Begegnungen 5/87), 1987, S. 61-70
- Diakonie-Anstalten Bad Kreuznach (Hg.), Das geknickte Rohr nicht zerbrechen, in: Die offene Tür, (1985) 158, S. 1-19
- Hamburger, Martin, Johannes Hanke und die Diakonie-Anstalten Bad Kreuznach in der Zeit von 1933-1945. Anmerkungen zu V. Wittmütz, „Die Diakonie Bad Kreuznach in der Zeit des Dritten Reiches", in: Monatshefte Evangelische Kirchengeschichte im Rheinland, 39 (1990), S. 369-376
- Kaminsky, Uwe, Die Innere Mission im Rheinland und die Krankenmorde in der NS-Zeit. In: Diakonie im Rheinland, 29 (1992), 3, S. 37-48
- Kaminsky, Rheinland, 1995: passim
- Kaminsky, Uwe, Die Rheinische Provinzialverwaltung, die Einrichtungen der Inneren Mission und die Euthanasie - Zum Verhältnis staatlicher und konfes-

sioneller Wohlfahrtspflege in der NS-Zeit. In: Schaffer, W. (Red.), Folgen der Ausgrenzung - Studien zur Geschichte der NS-Psychiatrie in der Rheinprovinz, Köln (Rheinprovinz Bd 10), 1995, S. 89-114
- Klee, NS-Staat, 1983: S. 394
- Wittmütz, Volkmar, Die Diakonie-Anstalten Bad Kreuznach in der Zeit des "Dritten Reich", in: Diakonie-Anstalten Bad Kreuznach (Hg.), 100 Jahre Diakonieanstalten Bad Kreuznach. Nicht aufhören anzufangen, Bad Kreuznach: Eigenverlag, 1989, S. 217-242
- Wittmütz, Volkmar, Sterilisation und 'Euthanasie' in der rheinischen Inneren Mission, in: Norden, Günther van/ Wittmütz, Volkmar (Hg.), Evangelische Kirche im 2. Weltkrieg. Köln, 1991, S. 221-239

Waldruhe Bielstein

- Kaminsky, Uwe: Die Duisburger Diakonenanstalt im Zweiten Weltkrieg 1939-1945. In: Hildemann, Klaus/ Kaminsky, Uwe/ Magen, F.: Pastoralgehilfenanstalt - Diakonenanstalt - Theodor Fliedner Werk. 150 Jahre Diakoniegeschichte. Köln (Schriftenreihe des Vereins für Rheinische Kirchengeschichte Bd 114), 1994, S. 214-232
- Kaminsky, Uwe, Die Innere Mission im Rheinland und die Krankenmorde in der NS-Zeit, in: Diakonie im Rheinland, 29 (1992) 3, S. 37-48
- Kaminsky, Uwe, Die Rheinische Provinzialverwaltung, die Einrichtungen der Inneren Mission und die Euthanasie - Zum Verhältnis staatlicher und konfessioneller Wohlfahrtspflege in der NS-Zeit, in: Schaffer, W. (Red.), Folgen der Ausgrenzung - Studien zur Geschichte der NS-Psychiatrie in der Rheinprovinz, Köln (Rheinprovinz Bd 10), 1995, S. 89-114
- Kaminsky, Uwe, Zwangssterilisation und "Euthanasie" im Rheinland. Evangelische Erziehungsanstalten sowie Heil- und Pflegeanstalten 1933 bis 1945, Köln (Schriftenreihe des Vereins für Rheinische Kirchengeschichte Bd 116), 1995.

Heilanstalt für evangelische weibliche Gemütskranke, Düsseldorf-Kaiserswerth

- Kaminsky, Uwe: Die Innere Mission im Rheinland und die Krankenmorde in der NS-Zeit, in: Diakonie im Rheinland, 29 (1992), 3, S. 37-48
- Kaminsky, Rheinland, 1995: passim
- Kaminsky, Uwe, Die Rheinische Provinzialverwaltung, die Einrichtungen der Inneren Mission und die Euthanasie - Zum Verhältnis staatlicher und konfessioneller Wohlfahrtspflege in der NS-Zeit, in: Schaffer, W. (Red.), Folgen der Ausgrenzung - Studien zur Geschichte der NS-Psychiatrie in der Rheinprovinz, Köln (Rheinprovinz Bd 10), 1995, S. 89-114

Bethesda, Lintorf

- Kaminsky, Uwe, Die Duisburger Diakonenanstalt im Zweiten Weltkrieg 1939-1945, in: Hildemann, Klaus/ Kaminsky, Uwe/ Magen, Ferdinand, Pastoralgehilfenanstalt - Diakonenanstalt - Theodor Fliedner Werk. 150 Jahre Diakoniegeschichte, Köln (Schriftenreihe des Vereins für Rheinische Kirchengeschichte Bd 114), 1994, S. 214-232
- Kaminsky, Uwe, Die Innere Mission im Rheinland und die Krankenmorde in der NS-Zeit, in: Diakonie im Rheinland, 29 (1992) 3, S. 37-48
- Kaminsky, Uwe: Die Rheinische Provinzialverwaltung, die Einrichtungen der Inneren Mission und die Euthanasie - Zum Verhältnis staatlicher und konfessioneller Wohlfahrtspflege in der NS-Zeit, in: Schaffer, W. (Red.), Folgen der Ausgrenzung - Studien zur Geschichte der NS-Psychiatrie in der Rheinprovinz, Köln (Rheinprovinz Bd 10), 1995, S. 89-114
- Kaminsky, Rheinland, 1995: S. 245.

Evangelische Bildungs- und Pflegeanstalt Hephata, Mönchengladbach

- Gedenkstätte in Hephata erinnert an "Euthanasie"-Opfer, in: Behindertenhilfe aktuell, (1991) 4, S. 9
- Kaempf, Klaus, "Hephata" und die Maßnahmen der Nationalsozialisten, in: Evangelische Bildungs- und Pflegeanstalt Hephata Mönchengladbach (Hg.), 1859 - 1984: Beschützen - Begleiten - Helfen, Mönchengladbach: Eigenverlag, 1984, S. 33-39
- Kaminsky, Uwe: Die Innere Mission im Rheinland und die Krankenmorde in der NS-Zeit. In: Diakonie im Rheinland, 29 (1992), 3, S. 37-48
- Kaminsky, Köln, 1995: passim
- Kaminsky, Uwe, Die Rheinische Provinzialverwaltung, die Einrichtungen der Inneren Mission und die Euthanasie - Zum Verhältnis staatlicher und konfessioneller Wohlfahrtspflege in der NS-Zeit, in: Schaffer, W. (Red.), Folgen der Ausgrenzung - Studien zur Geschichte der NS-Psychiatrie in der Rheinprovinz, Köln (Rheinprovinz Bd 10), 1995, S. 89-114
- Klee, NS-Staat, 1983: S. 73
- Kowollik, Dagmar, „Das Besondere und das Alltägliche - leben und arbeiten in Hephata während des Nationalsozialismus". Mönchengladbach: Diplomarbeit (FH), 1989
- Kowollik, Dagmar, Anstaltsalltag zwischen Bewohner-Revolte, Prügelstrafe und Hitler-Begeisterung. Die evangelische Bildungs- und Pflegeanstalt "Hephata" in den 20er und 30er Jahren, in: Boland, K./ Kowollik, D., Heillose Zeiten. Zur lokalen Sozial- und Gesundheitspolitik in Mönchengladbach und Rheydt von der Zeit der Wirtschaftskrise 1928 bis in die ersten Jahre der NS-Herrschaft. Mönchengladbach, 1991, S. 67-71

- Leweling, Horst/ Mischel, Heinz, „Da kamen die Busse hier hochgefahren ..." Bewohner erinnern sich, in: Behindertenhilfe-aktuell, 4 (1989) 3, S. 1
- Leweling, Horst, Forschungen zur Anstaltsgeschichte ("Hephata" Mönchengladbach), in: Diakonisches Werks der evangelischen Kirchen in der DDR (Hg.), Eugenik und "Euthanasie" im sogenannten Dritten Reich - Stand der Forschung und Diskussion in den beiden deutschen Staaten, Berlin: Eigenverlag, 1990, S. 51-57
- Leweling, Horst, Verlegt von „Hephata" nach Scheuern - weiterverlegt nach Hadamar, in: Behindertenhilfe-aktuell, 4 (1989) 3, S. 2
- Leweling, Horst, Zwangssterilisation, "Euthanasie" und die Anstalt "Hephata" in Mönchengladbach, in: Hephata Informationen, (1991) 3
- Leweling, Horst, Zwangssterilisation, "Euthanasie" und die Anstalt „Hephata" in Mönchengladbach, in: Seidel, Ralf/ Werner, Wolfgang Franz (Hg.), Psychiatrie im Abgrund. Spurensuche und Standortbestimmung nach den NS-Psychiatrie-Verbrechen, Köln (Rheinprovinz Bd 6), 1991, S. 40-45

Evangelisches Mädchenheim, Ratingen

Kaminsky, Rheinland, 1995: passim

Stiftung Tannenhof, Remscheid-Lüttringhausen

- Haun, Johannes, Aus der Geschichte der Stiftung Tannenhof, in: Evangelische Akademie Mülheim/Ruhr (Hg.), Diakonie im Dritten Reich, Mülheim: Eigenverlag (Begegnungen 5/87), 1987, S. 71-80
- Kaminsky, Uwe, Die Innere Mission im Rheinland und die Krankenmorde in der NS-Zeit, in: Diakonie im Rheinland, 29 (1992) 3, S.37-48
- Kaminsky, Uwe, Die Rheinische Provinzialverwaltung, die Einrichtungen der Inneren Mission und die Euthanasie - Zum Verhältnis staatlicher und konfessioneller Wohlfahrtspflege in der NS-Zeit, in: Schaffer, W. (Red.), Folgen der Ausgrenzung - Studien zur Geschichte der NS-Psychiatrie in der Rheinprovinz, Köln (Rheinprovinz Bd 10), 1995, S. 89-114
- Kaminsky, Rheinland, 1995: passim
- Klee, NS-Staat, 1983: S. 72
- Wolff, Martin, Die Stiftung Tannenhof in der Zeit des Nationalsozialismus. Bericht und Dokumentation. o.O. (Remscheid) (Ms). o.J. (1986)

Heil- und Pflegeanstalt, Waldbröl

- Kaminsky, Uwe, Euthanasie vor der "Euthanasie" - Sterbehilfe und Euthanasie vor dem Dritten Reich. In: Diakonie im Rheinland, 27 (1990) 2, S. 46-51

- Kaminsky, Uwe, Die Duisburger Diakonenanstalt im Zweiten Weltkrieg 1939-1945, in: Hildemann, Klaus/ Kaminsky, Uwe/ Magen, Ferdinand, Pastoralgehilfenanstalt - Diakonenanstalt - Theodor Fliedner Werk. 150 Jahre Diakoniegeschichte. Köln (Schriftenreihe des Vereins für Rheinische Kirchengeschichte Bd 114), 1994, S. 214-232
- Kaminsky, Uwe, Die Innere Mission im Rheinland und die Krankenmorde in der NS-Zeit, in: Diakonie im Rheinland, 29 (1992) 3, S. 37-48
- Kaminsky, Uwe, Die Rheinische Provinzialverwaltung, die Einrichtungen der Inneren Mission und die Euthanasie - Zum Verhältnis staatlicher und konfessioneller Wohlfahrtspflege in der NS-Zeit, in: Schaffer, W. (Red.), Folgen der Ausgrenzung - Studien zur Geschichte der NS-Psychiatrie in der Rheinprovinz, Köln (Rheinprovinz Bd 10), 1995, S. 89-114
- Kaminsky, Rheinland, 1995: passim
- Kuhlberg, Helmut, Die Auswirkungen des Gesetzes zur Verhütung erbkranken Nachwuchses in der Heil- und Pflegeanstalt Waldbröl, Bonn: Diss. med., 1934

Westfalen

von Bodelschwingh'sche Anstalten, Bielefeld-Bethel

- AK 'Geschichte Bethels' (Hg.), Lesetexte zum Problemkreis "Eugenik, Sterilisation, Euthanasie", Bielefeld: Eigenverlag, 1983.
- Benad, Matthias, "In den meisten Fällen lassen die Kranken diesen kleinen Eingriff ohne jeden Widerstand vornehmen ...". Allgemeine Beobachtungen und eine Fallstudie zu Eugenik und Zwangssterilisationen in Bethel 1933-1945, in: Wort und Dienst. Jahrbuch der Kirchlichen Hochschule Bethel (hrsg. Hans-Peter Stähli), NF 23 (1995), S. 201-220
- Bodelschwingh, Friedrich von, Die Frage des "lebensunwerten" Lebens und das erste Gebot, in: Hase, Hans Christoph von (Hg.), Evangelische Dokumente zur Ermordung der 'unheilbar Kranken' unter der nationalsozialistischen Herrschaft in den Jahren 1933-1945, Stuttgart (Innere Mission und Hilfswerk der EKD), 1964, S. 117-127
- Bodelschwingh, Friedrich von, Lebensunwert? - Eine Stellungnahme von Pastor F. v. Bodelschwingh, Bethel-Bielefeld: Eigenverlag, 1967.
- Busch, Johannes, Bethel und die Tötung kranker und behinderter Menschen im Dritten Reich, Bielefeld: Eigenverlag (Der Bote von Bethel Nr. 166), 1989.
- Fricke, Dietrich, Friedrich von Bodelschwingh und Bethel in der NS-Zeit von 1941-1943, Heidelberg: wissenschaftl. Arbeit Diakoniewissenschaftliches Institut, 1989.
- Gedenken zum 1. September. Weil sie anders waren: erniedrigt, ermordet, verscharrt, Bielefeld: Eigenverlag (Bethel-Beiträge 42), 1989.

- Hellmann, Manfred, Als die Todesboten kamen. Vor 50 Jahren erteilte Hitler den Euthanasiebefehl, in: Berliner Sonntagsblatt, 44 (1989) 35, S. 6
- Hochmuth, Anneliese, Bethel in den Jahren 1939-1943. Eine Dokumentation zur Vernichtung lebensunwerten Lebens, Bielefeld: Eigenverlag (Arbeitsheft 1), ⁴1979.
- Hochmuth, Anneliese, Eine Dokumentation zur Vernichtung lebensunwerten Lebens, in: dies., Bethel in den Jahren 1939-1943, Bethel: Eigenverlag (Bethel Arbeitsheft 1), ⁴1979, S. 3-35
- Hochmuth, Anneliese, Kurzreferat über den Forschungsstand zum Thema "Eugenik, Sterilisation und Euthanasie in Bethel", in: Diakonisches Werk der evangelischen Kirchen in der DDR (Hg.), Eugenik und "Euthanasie" im sogenannten Dritten Reich - Stand der Forschung und Diskussion in den beiden deutschen Staaten, Berlin: Eigenverlag, 1990, S. 60-63
- Hochmuth, Anneliese, Spurensuche in Anstaltsakten und Lesetexte zu Eugenik, Sterilisation, "Euthanasie", Judenverfolgungen und Kriegsereignisse in Bethel 1929-1945 - aus Archiv- und Bibliotheksbeständen der v. Bodelschwinghschen Anstalten Bethel, Bethel (hrsg. von Matthias Benad, Wolf Kätzner, Eberhard Warns). 1997
- Kaminsky, Rheinland, 1995: passim
- Der Kampf um die Kranken: "Das machen wir nicht mit" - Interview mit Dr. Gertrud Runge, Bethel, in: Der weite Raum, 23 (1985) 1, S. 10-11
- Klee, NS-Staat, 1983: passim
- Kühl, Stefan, Bethel zwischen Anpassung und Widerstand. Die Auseinandersetzung der von Bodelschwinghschen Anstalten mit der Zwangssterilisation und den Kranken- und Behindertenmorden im Nationalsozialismus, Bielefeld (Hg: Allgemeiner Studentenausschuß - Standort: Hauptarchiv der von Bodelschwinghschen Anstalten Bethel).
- Milberg, Claudia/ Jeske, Roland, Bethel und die Euthanasie im Dritten Reich. Eine geschichtliche Arbeit zur Teilnahme am Wettbewerb "Alltag im Nationalsozialismus", Hamburg: Körber-Stiftung, 1983.
- Rüter-Ehlermann/ Rüter, Tötungsverbrechen, Bd VII, 1971, S. 113
- Schliephake, Dirk, Fritz von Bodelschwingh, Bethel und die Auseinandersetzung mit der Sterilisierung und der "Euthanasie-Aktion" 1877-1940, Heidelberg: wissensch. Arbeit am Diakoniewissenschaftlichen Institut, 1989.
- Schmuhl, Rassenhygiene, 1987: passim
- Stolk, Johannes/ Muynck, Abraham de, Bethel und Berlin - mehr als nur eine Erinnerung? Über den Widerstand Friedrich von Bodelschwinghs gegen die nationalsozialistischen "Euthanasie"-Aktionen, in: Geistige Behinderung, 27 (1988) 2, S. 83-92

Stiftung Eben-Ezer, Lemgo

- Groeneveld, Bernd, Eben-Ezer in der Zeit vor und während der Herrschaft des Nationalsozialismus (1928-1945), in: Bauer, I./ Berger, K. u.a., 125 Jahre Stiftung Eben-Ezer, Lemgo: Eigenverlag, 1987, S. 95-181

Wittekindshof, Volmerdingen/Bad Oeynhausen

- Jahre der Bedrängnis (1931-1947), in: 100 Jahre Wittekindshof. Diakonische Einrichtung für Geistigbehinderte, Bad Oyenhausen: Eigenverlag, S. 199.
- Klee, NS-Staat, 1983: S. 422

Hamburg

Alsterdorfer Anstalten, Hamburg

- Auf dieser schiefen Bahn (Buchbesprechung), in: Frankfurter Rundschau, vom 16.09.1987
- Beisetzung in Ehren und Würde. Gedenken an 10 Alsterdorfer Opfer der 'Euthanasie', in: Umbruch - Zeitschrift für Mitarbeiterinnen und Mitarbeiter der Evangelischen Stiftung Alsterdorf, (1996) 6, S. 1
- Das dunkelste Kapitel Alsterdorfs (Buchbesprechung), in: Lokalanzeiger Langenhorn, vom 16.09.1987
- Feierstunde als Gedenkstunde und Mahnung. Gedenkfeier und Beisetzung für zehn Alsterdorfer 'Euthanasie'-Opfer, in: Umbruch - Zeitschrift für Mitarbeiterinnen und Mitarbeiter der Evangelischen Stiftung Alsterdorf, (1996) 6, S. 4-5
- Genkel, Ingrid, Pastor Lensch - ein Beispiel politischer Theologie, in: Wunder, Michael/ Genkel, Ingrid/ Jenner, Harald, Auf dieser schiefen Ebene ..., Hamburg, 1987, S. 59-82
- GEW-Landesverband Hamburg (Hg.), Von der Aussonderung zur Sonderbehandlung - Lehren und Forderungen für heute - Dokumentation aus Anlaß der Massen-Abtransporte aus den Alsterdorfer Anstalten in die Tötungsanstalten der "Euthanasie", Hamburg: Eigenverlag, 1983.
- Gewalt, Dietfried, Von der bleibenden Gefährdung kirchlicher Behindertenarbeit (Buchbesprechung), in: Religionsunterricht und Konfirmandenunterricht für Gehörlose und Schwerhörige (Hamburg), (1988) H. 25, Sp. 7-12
- Gunkel, Ralf, Langer Weg. Die Alsterdorfer Anstalten im Nationalsozialismus, in: Deutsches Allgemeines Sonntagsblatt, (1988) 13
- Jenner, Harald, Friedrich Lensch und die Alsterdorfer Anstalten 1930-1945, in: Wunder, Michael/ Genkel, Ingrid/ Jenner, Harald, Auf dieser schiefen Ebene ..., Hamburg, 1987, S. 127-154

- Jenner, Harald, Die Meldebögen in den Alsterdorfer Anstalten, in: Wunder, Michael/ Genkel, Ingrid/ Jenner, Harald, Auf dieser schiefen Ebene ..., Hamburg, 1987, S. 169-180
- Kein Vergessen mehr möglich. Euthanasie-Opfer jetzt in der Stiftungsadresse, in: Umbruch - Zeitschrift für Mitarbeiterinnen und Mitarbeiter der Evangelischen Stiftung Alsterdorf, (1993) 9, S. 1-2
- Klee, NS-Staat, 1983: passim
- Klee, Ernst, Der lange Weg zur Wahrheit. Alsterdorfer Dokumentation, in: Die Zeit, 43 (1988) 2
- Kuhlbrodt, Dietrich, "Euthansie"-morde und strafrechtliche Verfolgung in Hamburg, in: GEW-Landesverband Hamburg (Hg.), Von der Aussonderung zur Sonderbehandlung, Hamburg, 1983, S. 31-35
- Pastor "gab Behinderte zur Tötung" frei. Alsterdorf in der NS-Zeit, in: Winterhuder Wochenblatt, vom 07.10.1987
- Romey, Stefan, "Euthanasie" in Hamburger Anstalten, in: Behindertenpädagogik, 19 (1980) 3, S. 215-233
- Romey, Stefan/ Wunder, Michael, Asylierung - Sterilisierung - Abtransport. Die Behandlung geistig behinderter Menschen im Nationalsozialismus am Beispiel der Alsterdorfer Anstalten, in: Wunder, Michael/ Sierck, Udo (Hg.), Sie nennen es Fürsorge, Berlin, 1982, S. 43-64
- Schuldhafte Anpassung. Die Abschiebung geistig Behinderter aus den Alsterdorfer Anstalten (Buchbesprechung), in: Süddeutsche Zeitung, vom 12.04.1988, S. 10
- Stöckmann, Jochen: Ärzte und Pastoren auf der schiefen Ebene. Die Alsterdorfer Anstalten erinnern an organisierte Morde im Dritten Reich, in: Hannvoversche Allgemeine Zeitung, vom 17.11.87
- Teschner, Hans-Günther, "Auf dieser schiefen Bahn ...". Die Alsterdorfer Anstalten und die Euthanasie (Buchbesprechung), in: evangelischer pressedienst, vom 17.09.1987
- Teschner, Hans-Günther, Alsterdorfer Anstalten im 3. Reich (Buchbesprechung), in: Nordelbische Kirchenzeitung, vom 10.10.1987, S. 8
- Wunder, Michael, Die Ermordung behinderter und kranker Menschen aus Hamburg, in: GEW-Landersverband Hamburg (Hg.), Von der Aussonderung zur Sonderbehandlung, Hamburg, 1983, S. 14-21
- Wunder, Michael, 'Ausgesuchte, abgelaufene sekundäre Demenzen ...' Die Durchführung des "Euthanasie-"programms in Hamburg am Beispiel der Alsterdorfer Anstalten, in: Projektgruppe für die vergessenen Opfer des NS-Regimes (Hg.), Verachtet - verfolgt - vernichtet, Hamburg, 1986, S. 84-101
- Wunder, Michael/ Genkel, Ingrid/ Jenner, Harald, Auf dieser schiefen Ebene gibt es kein Halten mehr. Die Alsterdorfer Anstalten im Nationalsozialismus, Hamburg, 1987

- Wunder, Michael, Auf dieser schiefen Ebene gibt es Halten mehr, in: Wunder, Michael/ Genkel, Ingrid/ Jenner, Harald, Auf dieser schiefen Ebene ..., Hamburg, 1987, S. 29-58
- Wunder, Michael, Die Karriere des Doktor Kreyenberg - Heilen und Vernichten in Alsterdorf, in: Wunder, Michael/ Genkel, Ingrid/ Jenner, Harald, Auf dieser schiefen Ebene ..., Hamburg, 1987, S. 97-125
- Wunder, Michael/ Jenner, Harald, Das Schicksal der jüdischen Bewohner der Alsterdorfer Anstalten, in: Wunder, Michael/ Genkel, Ingrid/ Jenner, Harald, Auf dieser schiefen Ebene ..., Hamburg, 1987, S. 155-168
- Wunder, Michael, Die Abtransporte 1941, in: Wunder, Michael/ Genkel, Ingrid/ Jenner, Harald, Auf dieser schiefen Ebene ..., Hamburg, 1987, S. 181-188
- Wunder, Michael, Der Exodus von 1943, in: Wunder, Michael/ Genkel, Ingrid/ Jenner, Harald, Auf dieser schiefen Ebene ..., Hamburg, 1987, S. 189-236
- Wunder, Michael, Mahnung vor gewissenloser Wissenschaft und tödlicher Ethik. Nach mehr als 50 Jahren werden sterbliche Überreste von Alsterdorfer 'Euthanasie'-Opfern beigesetzt, in: Umbruch - Zeitschrift für Mitarbeiterinnen und Mitarbeiter der Evangelischen Stiftung Alsterdorf, (1996) 4, S. 3

Anscharhöhe

- Jenner, Harald, 100 Jahre Anscharhöhe 1886-1986. Die Anscharhöhe in Hamburg Eppendorf im Wandel der Zeit, Neumünster, 1986

Oberdonau

Diakonieanstalt Gallneukirchen/Linz

- Dolch, Franziska, Die Vernichtung "unwerten Lebens" in Gallneukirchen (Vortrag im Rahmen des evang. u. kath. Bildungswerkes im Amtshaus Gallneukirchen anläßl. des Gedenktages 1938/1988 "Zerstörte Hoffnungen"), Berlin (Ms.): Bibliothek des Diakonischen Werkes der EKD (M Ia 270c)
- Evangelisches Diakoniewerk Gallneukirchen (Hg.), "Euthanasie" eine überholte aber doch aktuelle Frage, Gallneukirchen: Eigenverlag, 1970.
- Evangelisches Diakoniewerk Gallneukirchen (Hg.), Der Gallneukirchner Bote - Sonderfolge 1981: Gnadentod 1941 - Eine Denkschrift, Gallneukirchen: Eigenverlag, 1981.
- Heitkamp, Gisela, "Abgegangen nach: unbekannt" - Euthanasie im Dritten Reich: Auf Karteikarten des Evangelischen Diakoniewerks Gallneukirchen wurden die persönlichen Daten der behinderten Menschen vermerkt, in: Die Zeit, 48 (1993) 36
- Klee, NS-Staat, 1983: S. 311

- Neuhauser, Johannes/ Pfaffenwimmer, Michaela (Hg.), Hartheim - wohin unbekannt. Briefe und Dokumente, Weitra, 1992
- Schiller, Karl Erwin, Euthanasie im Laufe der Geschichte, in: Evangelisches Diakoniewerk Gallneukirchen (Hg.), "Euthanasie" eine überholte, aber doch aktuelle Frage, Gallneukirchen: Eigenverlag, 1970, S. 2-14

Die Mitarbeiter dieses Bandes:

Beck, Christoph, geb. 1949, Dipl. Pädagoge, Referent für Behindertenarbeit im Diakonischen Werk der Evangelischen Landeskirche in Baden.

Jenner, Harald, geb. 1955, Dr. phil., Historiker, Archivbetreuung Diakonischer Einrichtungen.

Kätzner, Wolf, geb. 1935, MA, Historiker, Leiter des Hauptarchivs der v. Bodelschwinghschen Anstalten, Bethel.

Kaminsky, Uwe, geb. 1962, Dr. phil, Historiker, Mitarbeiter der Forschungsstelle für Zeitgeschichte in Hamburg.

Kiss, Maria, geb. 1939, Dipl. Pädagogin, Vorstand Rotenburger Werke der Inneren Mission, Rotenburg.

Klieme, Joachim, geb. 1926, Dr. theol, Pfarrer i.R., 1972 - 1989 Direktor der Evang. Stiftung Neuerkerode.